KB105310

실전 온라인 유통 마케팅

3개월 내 99% 성공하는
실전 온라인 유통 마케팅

초판 4쇄 발행 | 2021년 1월 5일

지은이 | 유노연
발행인 | 안유석
편집장 | 박경화
책임편집 | 채지혜
디자인 | 김경미
자료 수집,정리 | 김수아
펴낸 곳 | 처음북스. 처음북스는 (주) 처음네트웍스의 임프린트입니다.

출판등록 | 2011년 1월 12일 제 2011-000009호
전화 | 070-7018-8812
팩스 | 02-6208-3032
이메일 | cheombooks@cheom.net
홈페이지 | cheombooks.net
트위터 @cheombooks | 페이스북 /cheombooks

ISBN 979-11-7022-196-8 03320

3개월 내 99% 성공하는

실전 온라인 유통 마케팅

유노연 지음

처음북스

머리말

2018년 9월, 나의 첫 번째 책 『매출 100배 올리는 유통 마케팅 비법』이 출간되었다. 20년 전 처음 유통을 접했을 때 제대로 된 실전 유통 책이 우리나라에 한 권도 없어 유통을 알아가는 데 고생한 기억을 떠올리며 그때의 나와 같이 유통을 막 시작한 사람이나 중소기업, 개인 판매업자를 대상으로 내 20년 제조·유통·마케팅 경력을 집대성하여 집필했는데, 너무나도 많은 분들이 책을 읽고 국내 유통에 대해 전체적으로 눈이 트였다는 소감을 주셔서 정말 행복했다. 많은 분들이 실제로 큰 도움을 받았다고 하니 내가 국내 유통업계의 교육과 발전에 일조했다는 느낌이 들어 큰 보람을 느꼈다. 출간 후 교보문고, 예스24, 알라딘, 영풍문고, 인터파크, 반디앤루니스 등 모든 온·오프라인 서점에서 네 달 이상 경제·경영 분야 장기 베스트셀러로 소개될 때마다 뿌듯함도 많이 느꼈다.

첫 책이 나온 후 많은 독자 분 및 내가 운영하는 네이버 카페 유통노하우연구회 회원 분들에게 온라인 유통에 대해 좀 더 깊이 알고 싶다는 요청을 많이 받았다. 첫 번째 책은 실전 유통의 교과서 같은 개념의 책이라 온라인과 오프라인 유통 마케팅을 고루 다루다 보니 아무래도 현대의 트렌드인 온라인 유통을 깊이 있게 다루지는 못하였다. 예비 유통인이나 유통 초보자 입장에서 진입 장벽이 높고 관리 비용이 많이 들어가는 오프라인 유통보다 온라인 유통 쪽에 관심이 많이 가는 것은 당연한 일일 것이다. 나도 변화가 더딘 오프라인 유통 쪽보다는 급변하고 있는 온라인 유통 쪽에 포커스를 맞춰 두 번째 책을 써야겠다고 내심 마음먹고 있던 터라 일 년 만에 『3개월 내 99% 성공하는 실전 온라인 유통 마케팅』을 출간하게 되었다.

우리 주변에는 상품은 있는데 유통 마케팅이 되지 않아 제대로 사업을 진행하지 못하는 사람들이 많이 있다. 그러나 첫 번째 책에서도 언급했듯이 사실 좋은 상품이 잘 팔리는 것이 아니라 잘 팔리는 상품이 좋은 상품이다. 일단 내가 상품을 가지고 있고 그 상품이 보통 수준 이상만 되면 유통 마케팅을 통해 충분히 잘 팔리게 만들 수 있다. 내 생각에 요즘 나오는 상품은 거의 다 품질이 우수하므로 상품이 성공하느냐 실패하느냐의 핵심은 결국 판매자의 유통 마케팅 능력에 달려있다.

특히 온라인 시대에 발맞추어 온라인 유통 마케팅의 중요성이 더욱 올라가고 있다. 오프라인 유통이 안정적이긴 하지만 온라인 유통을 모르면 미래를 기약할 수 없다. 현재 오프라인 유통만으로 사업을 하고 있는 업체들은 거의 하나도 빠짐없이 미래를 불안해하고 있다. 왜일까? 결국 온라인 유통이 대세가 될 것임을 알고 있기 때문이다. 오프라인의 대표적인 대형 유통업체인 롯데마트, 이마트, 홈플러스도 타 온라인 유통에 고객을 빼앗겨서 매년 매출 및 영업이익이 계속 줄어드는 탓에 온라인·모바일 유통에 전사적인 집중을 하고 있는 상황이다. 대형 오프라인 유통업체들도 이런데 여기에 상품을 공급하고 있는 오프라인 전문 상품 공급업체들은 오죽하겠는가?

오프라인에만 안주하다가는 어느 순간 나락으로 떨어질 수 있음을 명심해야 한다. 지금 시대에 온라인 유통은 선택이 아니라 필수이다. 온라인 유통 및 마케팅을 잘 하는 업체들은 어떤 상품을 팔더라도 자신감이 있다. 기본적인 온라인 유통과 마케팅 시스템을 알고 있기 때문에 상품만 바뀔 뿐 전체적인 유통 마케팅은 기존에 갈고닦은 실력으로 충분히 해나갈 수 있어서다. 더 늦기 전에 지금이라도 온라인 유통과 마케팅을 공부하고 익혀서 빨리 온라인 세상으로 나와야 한다. 쌍팔년도 오프라인 유통에만 목매다 보면 당신의 미래는 암흑으로 바뀔 것이다.

온라인 유통의 경우 필연적으로 온라인 마케팅과 연계되어 있어 이 두 가지를 접목해서 책을 집필하느라 많이 힘들었다. 다행히 온라인 유통과 마케팅에 관심이 많아 가족과 친구, 주변 지인들의 반대를 무릅쓰고(?) 수천만 원을 들여 수년간 전국의 수많은 온라인 유통과 마케팅 교육, 강의, 세미나를 수강한 것이 큰 도움이 되었다. 온라인 마케팅에 대한 이해 없이 온라인 유통 관련 책을 썼다면 아마 깊이가 많이 떨어졌을 텐데 참 다행스러운 일이라고 생각한다.

앞으로 살아가면서 온라인 마케팅은 반드시 배워야 한다. 온라인 마케팅만 제대로 할 줄 알면 어떤 상품도, 서비스도 판매할 수 있다. 나는 일정 수준 이상의 경지에 오른 지금도 매일매일 온라인 마케팅을 공부하고 있다. 좋은 강의, 교육이 있다고 하면 비싼 수강료를 내고서라도 반드시 듣는다.

일반적인 책의 페이지 수는 250페이지 정도인데 이번 책 『3개월 내 99퍼센트 성공하는 실전 온라인 유통 마케팅』은 일반 책의 두 배에 달하는 470여 페이지에 달한다. 그러나 사실 온라인 유통 마케팅을 전체적으로 설명하는 데 470여 페이지는 턱도 없이 부족하다. 내가 알고 있는 더 많은 온라인 유통 마케팅 정보를 독자들에게 알려주고 싶으나 지면의 한계상 470페이지 정도로 마감할 수밖에 없었다. 나름 꼭 알아야만 하는 핵심 내용만 뽑아서 다뤘지만 전체적인 온라인 유통 마케팅의 내용을 기술하는 데는 많이 부족함을 느꼈다. 그래서 이런 목마름을 해소하고자 책 출간과 함께 유통 마케팅 특화 교육 플랫폼인 유통 마케팅 사관학교(www.retailcampus.co.kr)에 내가 직접 강의하는 총 30시간, 80강 분량의 전체 온·오프라인 유통 마케팅을 다루는 심화 온라인 동영상 강의를 오픈하였다. 온·오프라인 유통 마케팅 전반에 대해 더 깊이 알고 싶은 독자들은 온라인 동영상 강의를 들으면 많은 도움이 될 것이라 생각한다.

이 책을 마지막 페이지까지 두세 번 정독하고 나면 어떤 상품이라도 온라인 유통 마케팅을 이용해서 판매할 수 있겠다는 자신감이 생길 것이다. 그리고 이 책을 읽지 않은 주변 사람들이 초등학생으로 보이는 신기한 경험을 하게 될 것이다. 이 책에서 소개한 많은 온라인 유통 마케팅 노하우를 모두 적용해보는 것은 맞지 않고 그렇게 할 수도 없다. 각자의 상황에 맞는 유통 채널 및 유통 마케팅 방법이 있다. 그러나 현재 내 상황에 맞지 않더라도 이 책에서 다루는 전반적인 유통 마케팅 노하우를 알고는 있어야 한다. 지금은 적용할 수 없는 노하우여도 다른 상황이 닥쳤을 때는 적용할 수 있을 것이며 이런저런 최신 유통 마케팅 방법을 알면 창의적으로 응용할 수도 있을 것이니 말이다.

이 책은 한 번만 읽고 마는 소설책이 아니다. 두 번, 세 번 정독해서 읽고 일을 하다 필요할 때 필요한 부분만 찾아서 보는 책이다. 아무쪼록 이 책이 당신의 사업에 큰 도움을 주고 창의적인 영감을 불러일으키기를 바란다.

그럼 이제부터 심오한 최신 온라인 유통 마케팅의 세계로 들어가 보자.

차례

PART3 급성장하는 모바일·SNS 유통 마케팅

PART4 온라인 유통 마케팅 핵심 실전 노하우1

PART5 온라인 유통 마케팅 핵심 실전 노하우2

* 저자가 직접 운영하는 커뮤니티 네이버카페 '유통노하우연구회'
* 유통 마케팅 마스터클래스 심화 온라인 동영상 강의: 유통마케팅 사관학교

PART1

왜 온라인 유통인가?

01

최근 유통 시장 트렌드

요즘도 오프라인 유통의 미래가 밝다고 얘기하는 사람을 본 적 있는가? 유통을 전혀 모르는 일반인조차도 온라인 유통이 대세라는 사실을 알고 있다. 유통업계에서 오프라인 유통이 어쩌고저쩌고 얘기하는 사람들은 시대에 뒤처진 사람들이라고 여겨지는 경향이 있다. 물론 오프라인 유통이 전체적인 덩치에서는 온라인 유통에 밀리지는 않지만 매년 매출이 감소하고 있고 온라인 유통에 빠르게 매출을 빼앗기는 것은 누구도 부인할 수 없는 사실이다.

'올해 유통업계는 매년 두 자릿수 고속 성장을 하고 있는 온라인 부문에서 활로를 모색할 것으로 전망됩니다. 새해에도 이어지는 규제와 오프라인 침체 속에 매출 부진의 탈출구를 온라인 사업에서 찾겠다는 계획입니다. 보도에 김혜수 기자입니다.

온라인으로 모든 걸 다 쇼핑할 수 있는 시대.
우리 삶에 온라인은 이제 떼려야 뗄 수 없는 존재가 됐습니다.
클릭 하나면 집 앞으로 배송되는 편리함 덕분에 온라인 쇼핑 시장도 해마다 성장하고 있습니다.

통계청 자료를 보면 지난해 1월~11월까지 온라인 쇼핑 거래액은 지난해 같은 기간(82조 6,752억 원) 보다 22.4% 급증한 101조 2,094억 원으로 100조를 돌파했습니다.

갈수록 성장세가 둔화되고 있는 오프라인 시장과 달리 온라인 시장의 성장세는 해마다 두 자릿수를 기록하면서 유통업계들도 온라인 시장에서 몸집 불리기에 나섰습니다.

의무휴업 대상 확대 등 올해 유통업계에 닥칠 규제와 함께 오프라인 매장의 폐점도 늘어나면서 업계는 온라인 사업으로 눈을 돌릴 수밖에 없는 상황입니다.

G마켓과 11번가, 쿠팡, 위메프 등 기존 온라인 업체는 물론 전통적 오프라인 유통업체인 롯데와 신세계, 현대백화점도 올해 온라인 사업에 모든 역량을 집중할 계획입니다.

이미 이커머스 사업본부를 설립한 롯데와 올해 3월 온라인 통합법인 출범을 앞둔 신세계그룹은 온라인 시장에서 제대로 된 한판 승부를 벌

여보겠다는 계획입니다.

정지선 현대백화점 그룹 회장 역시 어제 신년사를 통해 '온라인 쇼핑이 급격히 확대되고 있는 상황을 감안해 온·오프라인 사업을 통합적인 관점에서 볼 필요가 있다'라고 언급하기도 했습니다.

이미 지난해 손정의 일본 소프트뱅크 회장이 쿠팡에 2조 원이 넘는 자금을 추가로 투자하기로 하면서 올핸 막강한 자금력을 바탕으로 온라인 시장을 선점하기 위한 업계 간의 경쟁이 보다 치열해질 것으로 예상됩니다'

출처: 〈머니투데이〉 2019년 1월 3일, 김혜수 기자

유통에 문외한인 일반인이라도 위와 같은 뉴스 기사가 전혀 새롭거나 낯설지 않을 것이다. 이미 전통적인 오프라인 유통 공룡 롯데, 신세계도 오프라인 유통의 한계를 깨닫고 온라인 유통에 전사적인 역량을 집중하고 있다. 필자가 근무하는 대형 유통업체도 오프라인 유통에 대한 의존도를 낮추면서 온라인·모바일 유통에 모든 인력·비용·시스템 투자를 집중하며 사활을 걸고 있다. 대형 유통에 근무하는 사람들은 온라인·모바일에서 밀리면 3~5년 뒤에 회사가 존재하지 않을 수도 있다는 점을 누구나 알고 있다. 필자가 바이어 생활을 하던 10년 전만 해도 온라인 유통에서 엄청나게 잘 나간다고 하는 업체가 신규 입점 상담을 해도 시큰둥하게 반응을 보였던 것과 비교하면 격세지감을 느낀다. 그 당시 미래를 보고 온라인

유통을 선점했던 업체들 중 상당수가 지금은 해당 카테고리 분야의 엄청난 강자가 되어버렸다.

우리가 일반적으로 꿈의 유통이라 불리는 오프라인 대형마트의 현실을 보면 우리가 왜 온라인 유통으로 갈아타야 하는지에 대한 감이 올 것이다.

◎ 대형마트 연도별 매출액 및 점포 수 추이

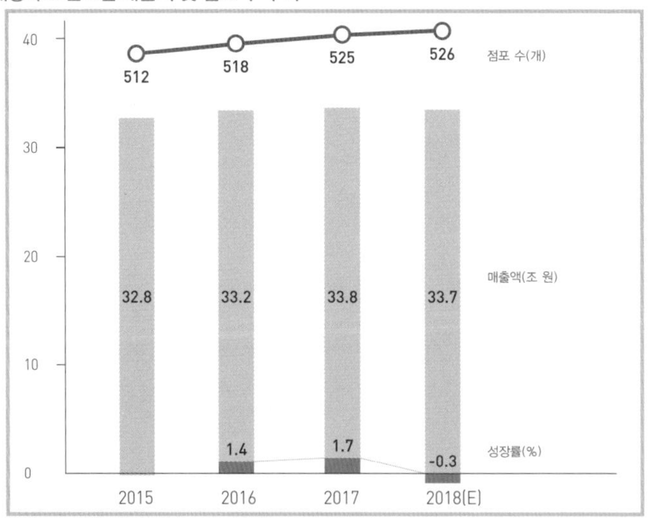

자료 | 매출액은 통계청 소매업태별 판매액(경상금액 기준), 2018년 매출액 및 점포수는 리테일매거진 추정

출처: 통계청, 〈리테일매거진〉(E는 추정 수치)

◎ 2018년 대형마트 월별 매출 성장률(전년 동기 대비)

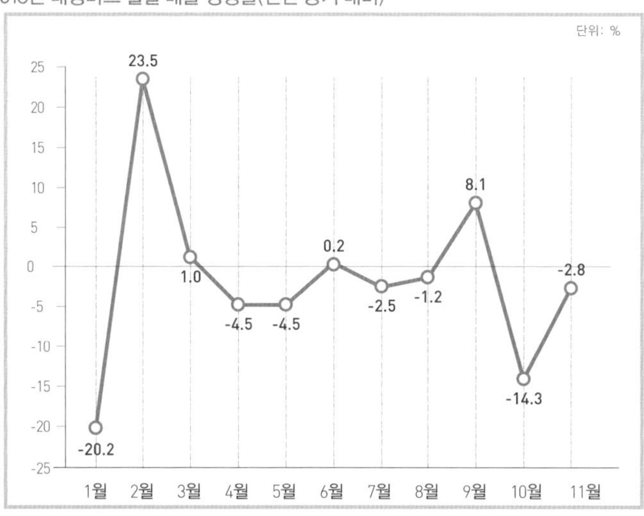

자료 | 산업통상자원부
주 | 대형마트 3사(이마트, 롯데마트, 홈플러스) 기준

출처: 산업통상자원부, 〈리테일매거진〉

유통업체의 가장 중요한 지표인 매출 외형이 줄어들고 있다는 것을 알 수 있으며 심지어 2018년에는 매출이 역신장 했다. 대형마트들이 모두 자체 온라인몰을 적극적으로 운영하고 있다는 것을 감안했을 때 대형마트의 순수 오프라인 유통 파트는 이미 수년 전부터 매출 역신장이 심화되고 있다. 게다가 이러한 하향 트렌드는 해가 갈수록 더욱 심각해질 것이다. 이런 사실을 알기 때문에 대형유통은 오프라인 점포 출점을 거의 하지 않고 기존 점포들도 수익이 안 나는 점포를 중심으로 폐점을 하고 있는 상황이다. 18년 기준으로 이

마트 2개점, 홈플러스 2개점, 롯데마트 1개점이 폐점했다. 현재 오픈하고 있는 점포들도 이미 오프라인 경기가 그나마 좋았던 몇 년 전에 계약이 체결된 점포들이라 어쩔 수 없이 오픈하는 경우가 많으며 심지어는 손실을 감수하고 계약을 해지하는 경우도 많다.

이미 쇠락의 길로 접어든 대형마트들은 기존 매장을 폐점하고 대대적으로 리뉴얼하며 실적 회복을 위해 안간힘을 쓰고 있지만 효과는 미비하다. 그에 대한 반등으로 모든 업체가 온라인 유통에 엄청난 투자를 하고 있으며 기존 온라인 유통강자들과의 기싸움은 더욱 치열해지고 있다.

오프라인 유통 중 사회적 트렌드인 1인 가구의 증가로 독보적으로 성과가 좋은 편의점 유통 채널의 경우도 향후 미래가 그리 밝지만은 않다.

◎ 연도별 편의점 점포 수 및 매출액 추이

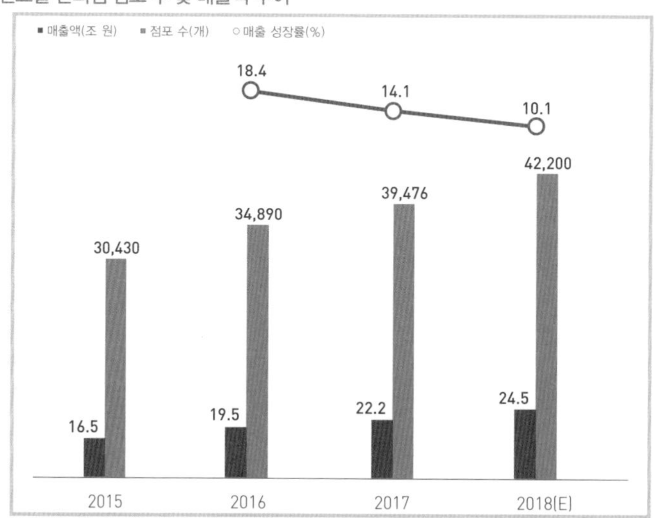

자료 | 통계청, 2018년 매출액은 리테일매거진 추정　　**주** | 점포수는 각 사 자료 취합

출처:통계청, 〈리테일매거진〉 (E는 추정 수치)

◎ 2018년 월별 점포 수 증가율 및 점당 매출액 성장률 추이

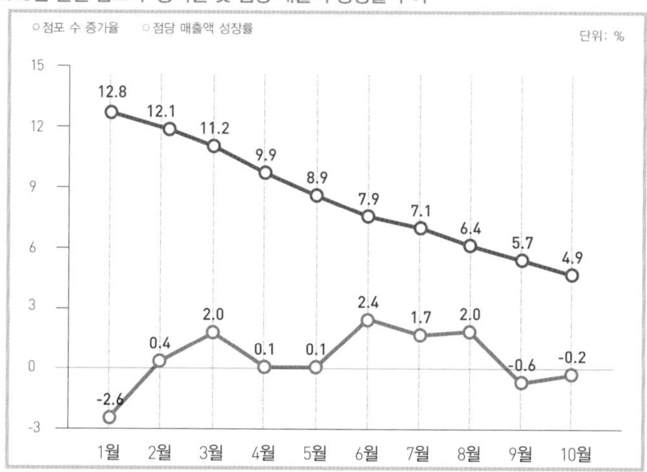

자료 | 산업통상자원부 주요 유통업체 매출 동향　　**주** | CU, GS25, 세븐일레븐 기준

출처: 산업통상자원부, 〈리테일매거진〉

표에서 보면 알 수 있듯이 매출 성장률은 매년 계속 감소하고 있으며 수익성 악화에 따라 점포 수 증가율도 꾸준히 감소하고 있다. 사회적 트렌드에 따라 가장 유망할(?) 수밖에 없는 오프라인 유통 채널인 편의점도 이러한 상황인데 다른 오프라인 유통 채널들의 경우는 더 말할 필요도 없다.

그럼 온라인 유통의 현실은 어떠한지 알아보자. 아래의 표를 보면 전체적인 온라인 유통의 트렌드에 대해 짐작해 볼 수 있다.

◎ 연도별 온라인쇼핑 시장 규모 추이

단위: 억 원

구분	2013	2014	2015	2016	2017	2018(E)
PC (성장률)	337,700	317,200 (-6.1%)	295,070 (-7.0%)	300,720 (1.9%)	393,100 (30.7%)	388,590 (-1.1%)
모바일 (성장률)	59,100	135,200 (128.8%)	244,270 (80.7%)	355,450 (45.5%)	526,920 (48.2%)	667,720 (26.7%)
홈쇼핑 (성장률)	89,400	91,500 (2.4%)	88,240 (-3.6%)	93,280 (5.7%)	104,700 (12.2%)	117,600 (12.3%)
TV홈쇼핑 (성장률)	89,100	90,700 (1.8%)	85,700 (-5.5%)	83,300 (-2.8%)	86,300 (3.6%)	87,600 (1.5%)
T커머스 (성장률)	300	800 (166.7%)	2,540 (217.5%)	9,980 (292.9%)	18,400 (84.4%)	30,000 (63.0%)
카달로그 쇼핑 (성장률)	8,200	6300 (-23.2%)	5,080 (-19.4%)	4,230 (-16.7%)	3,580 (-15.4%)	3,080 (-14.0%)
합계 (성장률)	494,400	550,200 (11.3%)	632,600 (15.0%)	753,680 (19.1%)	1,028,300 (36.4%)	1,176,990 (14.5%)

자료 | 한국온라인 쇼핑협회(2018), 통계청(온라인 쇼핑동향 통계 표본개편 결과에 따른 2017년 매출의 시계열 단절 발생, 2017년부터 중소규모 사업자 거래액 포함)

출처: 한국온라인 쇼핑협회, 통계청, 〈리테일매거진〉

온라인 유통의 경우 매년 두 자릿수 이상의 매출 신장을 하고 있으며 게다가 매출 규모도 큰 모바일 유통의 경우는 매년 엄청난 고신장을 하고 있다. 향후 모바일 시장은 더욱 확대될 것으로 생각되기 때문에 이런 트렌드는 계속 지속될 것이며 2019년에는 전체 온라인 쇼핑 중 모바일 쇼핑의 비중은 이미 60%가 넘었다. 40대 이상인 분들은 온라인 쇼핑하면 G마켓, 옥션, 11번가 같은 데서 PC로 구매하는 것을 생각하고 계시는 분들이 많겠지만 지금 현실은 오픈마켓, 소셜커머스, 종합몰, SNS 공동구매, 모바일앱 등에서 핸드폰을 이용해서 바로 손쉽게 온라인 쇼핑을 하는 것이 대세이다. 그렇기 때문에 온라인 유통 중에서도 모바일 쇼핑에 대한 관심을 적극적으로 기울여야 한다.

◎ 온라인 유통 채널·오프라인 유통 채널

온라인 유통채널	오픈마켓 · 종합몰(종합쇼핑몰) · 전문몰 · 소셜커머스 · 복지몰 · 홈쇼핑 · 도매몰 · SNS공동구매 · 네이버커머스 · 카카오커머스
오프라인 유통채널	백화점 · 할인점 · 기업형 슈퍼마켓 · 편의점 · 헬스&뷰티 스토어 · 카테고리 전문몰 · 하드디스카운트 스토어

※ 오프라인 대형 유통업체의 경우 거의 대부분이 자체 온라인몰을 운영 중이다

내가 좋은 상품을 가지고 있다면 공략할 수 있는 유통 채널들은 이렇게나 많이 있다. 관심을 가지고 찾아보면 유통 채널들이 너무 많아서 도리어 공략할 채널을 선별해야 하는 상황이다.

02 온라인 유통의 과거, 현재, 미래

국내 온라인 유통의 현재와 미래를 논하기 전에 먼저 국내 온라인 유통의 역사에 대해 알아야 한다.

1996년에 이르러 PC 통신과는 차별화된 인터넷이라는 용어가 대중화되면서 국내 최초의 온라인 쇼핑몰 인터파크가 탄생했다. 인터파크의 탄생에 자극을 받아서 대기업인 롯데, 신세계, 삼성, 한솔 등 당시 대기업들도 온라인 쇼핑몰을 론칭하였다. 이 당시의 온라인 쇼핑몰은 인터넷 업계 전반의 활성화가 되지 않았기 때문에 오프라인 유통 대비 규모는 극히 적었으며 사람들도 온라인 쇼핑몰에 대해 잘 인지하지 못하는 수준이었다. 그러나 이때부터 우리나라도 이커머스라는 개념이 시작되면서 인터파크를 필두로 롯데, 신세계 등 벤처기업과 대기업 종합몰 중심의 초기 온라인 유통시장이 형성되었다. 대기업 종합쇼핑몰이 비록 규모는 작았지만 어느 정도 인지도가 생기면서 특정 카테고리를 타깃으로 한 전문 쇼핑몰들도 탄생하였다. 전문 쇼핑몰의 대표주자는 도서 판매를 위주로 한 YES24, 영화 예매를 중개하는 Max movie였다. 이들도 기존에 없던 새로운 온라인 쇼핑 시장을 만들면서 성장하였다. 그리고 1997년 드디어 개인 간 경매 방식의 신개념 쇼핑몰 옥션이 탄생한다. 옥션은 중고 제품으로 출발하였으나 국내 최초로 '경매'라는 개념을 도입하여 온라인 쇼핑에 한 획을 긋게 된다. 옥션의 경우 지금의 오픈마켓처럼 개인 판매자들이 본인의 상품을 등록하고 타인에게 판매하는 구조로서 현재의 오픈마켓의 시발점이 되었다. 옥션의 뒤를 이어 오픈한 G마켓은 동대문 의류를 중심으로 패션 카테고리에 집중하여 옥션과의 차별화에 성공하게 된다. 또한 1999년 전후로 정부 주도의 개인 PC 시장 확대와 초고속 인터넷망 확대에 따라 온라인 유통 인프라는 급속도로 성장하게 된다. 옥션은 2001년에 이베이에 인수되는데 옥션과 G마켓의 경쟁은 2009년 4월 이베이가 G마켓을 인수하면서 막을 내리며, 이베이는 옥션과 G마켓을 소유하면서 국내 오픈마켓 시장을 사실상 장악하게 되었다. 그나마 이런 막강한 이베이에 대항해서 과포화상태인 오픈마켓 시장에 SK그룹의 OK캐시백과 SK텔레콤의 지원을 받은 11번가가 2008년에 출범하면서 지금의 이베이(G마켓, 옥션), 11번가의 구도가 형성이 되었다. 현재 11번가는 이베이의 대항마로서 확고한 입지를 굳혔으나 수익성 확보 측면에서 어려움을 겪고 있으며 M&A 시장에 자주 나온다는 소문이 무성하다.

오픈마켓과는 별도로 2000년 초반에 싸이월드, 네이버 블로그 등이 선풍적으로 유행하면서 비슷한 개념의 개인 독립형 쇼핑몰들과 카페24, 고도몰, 메이크샵 등을 활용한 개인 임대형 쇼핑몰들이 엄청나게 증가하였다. 최근 로레알에 막대한 금액에 매각된 대표적인 개인 쇼핑몰 '스타일난다'도 이때 탄생하였다. 이와 더불어 해외 브랜드들을 전문적으로 수입하는 국내 최초의 구매대행 사이트인 위즈위드도 오픈하고 뒤를 이어 경쟁 구매대행 사이트들도 속속들이 출현하며 2000년대 후반까지 번성하였다. 그러나 이후에는 구매대행 사이트들의 높은 수수료 및 한정된 구색으로 인해 '해외 직구'라는 새로운 온라인 유통형태로 대체되었다.

개인 쇼핑몰 매출 1등 업체 '스타일난다'

오픈마켓의 우세와 개인 쇼핑몰들의 호황 속에 기존의 온라인 유통 강자였던 대기업 종합몰들은 다른 방식으로 경쟁을 하게 된다. 특히 오픈마켓과의 경쟁에서 정면 승부로는 이기기가 힘들다는 것을 간파한 대기업 종합몰들은 2000년대 초중반 급성장한 홈쇼핑과의 제휴를 통해 패권을 회복하려 하였다. 이들은 현대몰·현대홈쇼핑, CJ몰·CJ홈쇼핑, 롯데종합몰·롯데홈쇼핑(이전 우리홈쇼핑), 등의 계열사 제휴를 통해 매출 확대를 이뤄냈으며 계열사 간 효율적인 통합 관리를 통해 대기업 종합몰로서 확실한 포지셔닝을 구축하였다.

2005년에는 국내 온라인 유통에서 중요한 사건이 하나 일어나는데 바로 네이버 '지식쇼핑'의 탄생이다. 가격비교 검색은 사실

2000년 '다나와'가 선두주자이고 많은 다른 가격비교 사이트들도 있었지만 엄청난 고객 기반을 보유한 플랫폼인 네이버가 가격비교 서비스를 시작하면서 이 분야를 평정하게 된다. 네이버의 대항마였던 다음과의 격차가 더욱 벌어지게 되면서 국내 온라인 유통에서 네이버의 영향력이 커지게 된 계기가 되었다. 네이버 플랫폼의 막강한 영향력으로 인해 모든 온라인 유통업체들은 아직도 네이버의 영향력에 종속되어 있는 상황이다. 네이버가 워낙 시장 지배력이 강하기 때문에 향후에도 네이버를 넘어서는 플랫폼이 나오기는 쉽지가 않을 것이다.

오픈마켓, 대기업 종합쇼핑몰, 전문몰, 개인 쇼핑몰이 치열하게 경쟁을 하는 상황에서 국내 온라인 유통을 뒤흔드는 모바일 기반의 막강한 경쟁자가 출현하게 된다. 2009년 아이폰의 등장과 함께 2010년부터 아이폰 같은 스마트폰이 선풍적인 인기를 끌게 되는데 이때 미국에서 유행하던 소셜커머스라는 신 온라인 SNS 유통 채널이 국내에 도입되었다. 2010년 티켓몬스터를 시작으로 쿠팡, 위메프를 비롯한 많은 소셜커머스들이 출현하며 치열한 경쟁을 시작한다. 이들은 스마트폰으로 편하게 쇼핑한다는 콘셉트로 기존 전통 쇼핑몰 대비 엄청나게 저렴한 가격과 막대한 마케팅 비용투자로 단기간에 급성장하며 기존 오픈마켓, 종합몰들을 위협하였다.

너무 많은 상품이 있어서 상품 노출도 힘들고 대다수의 개개 상품 매출액이 보잘것없는 오픈마켓 대비 일별로 적은 수의 상품만을 놀랄만한 초특가로 판매하는 소셜커머스는 국내 유통의 붐을 일으키기에 충분했다. 이런 전성기 시절 소셜커머스가 국내 온라인 유통의 패권을 차지하게 될 것이라는 관측이 지배적일 정도로 그 파급력은 엄청났다. 그러나 이들은 막대한 비용 투자 대비 수익이 개선될 기미가 보이지 않고 있으며 지속적인 적자 누적으로 인해 새로운 탈출구로 오픈마켓 형태로의 전환을 하고 있는 상황이다. 소셜커머스는 국내 온라인 유통에서 매우 중요한 의의를 가지는데 그것은 PC 기반의 온라인 유통에서 모바일 기반의 온라인 유통으로의 전환을 불러왔다는 점이다. 소셜커머스 이후 탄생한 새로운 온라인 유통 채널들은 거의 모바일 기반으로 운영되고 있다. 고객 입장에서도 PC를 이용한 번거로운 온라인 쇼핑보다는 간편하고 편리한 핸드폰 기반의 모바일 쇼핑을 선호하게 되었다. 특히 2015년을 기점으로 모바일 쇼핑이 폭발적으로 성장하게 되는데 거의 모든 종합몰과 오픈마켓 및 롯데마트, 이마트, 홈플러스 같은 오프라인 대형 유통업체들도 별도의 모바일 앱을 개발하여 새로운 모바일 트렌드에 발맞추고 있다. 이들은 모바일 앱을 론칭하면서 기존의 일반적인 카테고리 나열식 상품 판매에서 탈피하여 소셜커머스의 '딜' 형태의 프로모션을 벤치마킹하여 막대한 매출을 만들어내고 있다. 한정적인 상품만을 보여줄 수 있는 모바일 환경의 특성상 '딜' 방식의 프로모션이 유리하기 때문에 앞으로도 이런 '딜' 방식의 판매가 모바일 쇼핑의 주류를 이룰 것이다.

소셜 커머스 '쿠팡

소셜 커머스 '위메프'

2013년 페이스북, 트위터 등 SNS가 국내에서 뜨거운 인기를 끌면서 판매에 적합한 시스템을 가지고 있던 토종 SNS인 카카오스토리 채널, 네이버밴드 공동구매가 시작되었고 2015년까지 큰 인기를 끌게 된다. 카카오스토리 채널 공동구매의 경우 전성기인 2015년 상위 23개 공동구매 업체들이 거의 2,000억 원의 매출을 올릴 정도로 큰 시장으로 부상하였으나 카카오스토리 채널 자체의 하향 트렌드 및 카카오의 회원 게시물 도달률 하향 조정 등으로 쇠락의 길을 걷고 있다. 그리고 네이버밴드의 경우도 밴드 자체의 인기가 떨어지면서 공동구매 매출도 동반 하락하고 있다. 이런 상황에도 불구하고 아직 카카오스토리, 밴드 공동구매의 경우 시장에서 브랜딩이 안 된 중소기업 우수 상품들의 틈새 판매채널로서 긍정적인 역할을 하고 있다. 그러나 한 개 카카오스토리 채널, 네이버밴드의 매출액이 전성기 시절 대비 1/10 수준으로 떨어졌으며 공동구매를 진행하는 다른 온라인 유통 채널들이 속속 등장하는 상태이기 때문에 향후 미래는 매우 어둡다고 할 수 있다. 카카오스토리 채널, 네이버밴드 공동구매에 이어 최근에는 모바일어플·인스타그램·페이스북·유튜브 공동구매가 점차 증가하고 있는 추세이다.

카카오스토리 채널 공동구매

우리나라 온라인 유통을 논할 때 온라인 업계의 거대 공룡 네이버에 대해서 자세히 알아야 할 필요가 있다. 일반인들이야 네이버와 유통과의 관련성에 대해 갸우뚱하겠지만 유통인들은 모두 네이버의 엄청난 영향력에 대해 체감하고 있다. 유통인들에게 애증의 관계인 네이버 가격비교를 생각하면 쉽게 이해가 될 것이다. 최저가에 공급할 수 있는 소수에게는 엄청난 혜택이 되고 나머지 다수에게는 좌절감을 안겨주는 시스템이 바로 네이버 가격 비교이다. 또한 거의 모든 오픈마켓, 소셜커머스, 종합몰들이 네이버쇼핑에 입점되어 있는 상황이다. 네이버에서 특정 상품을 검색하면 오픈마켓, 소셜커머스, 종합몰이 모두 나오지 않는가?

이런 온라인 유통업계의 현실을 인지한 네이버는 가격비교 검색 시스템에서 더 나아가 2014년에 '샵엔'이라는 온라인 유통 플랫폼으로 화려하게 온라인 유통시장에 직접 뛰어들게 된다. 지식쇼핑으로 가격비교 시장을 평정한 네이버는 새로운 형태의 쇼핑몰랫폼인 샵엔을 오픈하였는데 특이하게도 3%대의 결제수수료를 제외한 어떤 수수료도 판매자들에게 받지 않았다. 기존 온라인 유통업체들과 수익률에서 비교가 되지 않는 수준이어서 오래 안 가서 망할 거라고 대부분의 유통인들이 예측하였다. 그러나 샵엔은 2018년 스마트스토어로 진화하여 1인 기업, 소상공인, 중소기업들에게 선풍적인 인기를 끌며 네이버페이를 등에 업고 강력한 온라인 유통업계 전통의 강호인 오픈마켓, 종합몰을 위협하고 있다.

그리고 최근에는 네이버의 온라인 유통 장악이 더욱 심화되고 있다. 스마트스토어를 지원하는 네이버쇼핑과 컬래버레이션을 통해 네이버 이커머스는 더욱 강화되고 있는 상황이며 오픈마켓, 종합몰도 네이버쇼핑에 대한 매출 의존도가 갈수록 커지고 있다. 사실 네이버가 추구했던 것은 판매 수수료에 따른 수익창출이 목적이 아니라 온라인 쇼핑 플랫폼 장악이었으며 어느 정도 성공 궤도에 오르고 있는 상황이다. 이러한 네이버 이커머스의 핵심 스마트스토어는 강력한 네이버 플랫폼을 기반으로 앞으로도 성장을 계속할 것으로 예측해 본다.

온라인 유통의 최강자 '네이버쇼핑'

최근에는 이런 네이버(가격 비교 검색)에 영향을 받지 않는 모바일 SNS 기반의 판매가 뜨고 있는데 대표주자는 번개장터, 헬로마켓, 심쿵할인, 할인중독 같은 모바일 어플 커머스, 인스타그램·페이스북 커머스 그리고 네이버와 마찬가지로 거대한 고객 기반을 가지고 있는 카카오톡을 앞세운 카카오커머스다. 모바일 시대로 접어들면서 아직 전체적인 매출 외형은 작지만 모바일 어플·인스타그램·페이스북 커머스는 향후 발전 가능성이 크며 국민 메신저에서 더 나아가 온라인 유통에 본격적으로 진입한 카카오커머스는 주목할 만하다. 당분간 네이버의 독주를 그나마 막을 수 있는 유일한 업체가 카카오인데 카카오는 카카오 선물하기를 시작으로 카카오 메이커스, 카카오 스타일 그리고 2018년에는 네이버 스마트스토어와 비슷한 콘셉의 카카오톡 스토어를 론칭하였다. 카카오도 온라인 유통의 매출외형, 잠재력, 성장성을 알고 있기 때문에 전사적인 역량을 집중하여 카카오커머스에 집중하고 있는 상황이다.

그리고 오픈마켓, 소셜커머스, 종합몰, 네이버커머스, 카카오커머스의 거대 공룡들 틈에서 전문몰들이 최근 부상하게 된다. 1300K, 텐바이텐 같은 트렌디몰, 최근 급성장하고 있는 마켓컬리, 헬로네이처 같은 신선식품 전문몰, 펀샵, EarlyAdaptor 같은 얼리어답터몰, 유통기한 임박몰, 반품전문몰, 판촉품몰, 수제품몰 등이 다양한 소비자 니즈를 겨냥하여 부상하고 있다. 펀샵은 CJ, 1300K는 NHN, 텐바이텐은 GS, 헬로네이처는 CU, 번개장터는 네이버가 인수한 것도 이런 전문몰들의 잠재력과 성장성을 대기업들이 간파했기 때문이다. 이런 트렌드 속에 크라우드 펀딩이라는 이색 유통도 2017년부터 활성화되었다. 보통 크라우드 펀딩과 유통이 무슨 상관이냐라고 생각하기 쉬운 데 신상품 개발 또는 론칭 시 와디즈 같은 크라우드 펀딩 사이트를 통해 론칭하면 사전에 매출도 확보하고 개발자금도 충당하는 윈-윈 구조로 인해 최근 가장 핫하게 급부상하고 있다. 크라우드 펀딩에서 성공한 상품들은 다양한 온라인 유통 채널 MD로부터 러브콜을 받고 있으며 해외 바이어들로부터의 수입 요청 그리고 정부 지원 자금도 손쉽게 유치할 수 있다는 사실이 알려지면서 수많은 중소기업들이 크라우드 펀딩을 통한 신상품, 신규브랜드 론칭에 뛰어들고 있다.

카카오 쇼핑

전문몰 EARLYADOPTER

온·오프라인 유통 간의 경계가 없어지면서 예전에는 오프라인 유통만 하던 업체들도 온라인 유통으로 눈을 돌리고 있다. 오프라인 유통만 하다가는 미래를 기약할 수 없다는 것을 누구나 예측할 수 있기 때문이다. 전통적인 오프라인 유통의 강자 롯데, 신세계 같은 업체들도 온라인 유통에 집중 투자를 하고 있으며 규모가 작은 업체, 개인들도 오프라인에만 목매달지 않고 온라인 유통으로 합류하고 있다. 특히 신규 사업자의 경우는 진입장벽이 상대적으로 낮고 적은 투자로도 시작이 가능한 온라인 유통을 먼저 시작하고 규모가 커지면서 차츰 오프라인 유통으로도 진입하고 있는 추세이다.

롯데마트 온라인몰 : www.lottemart.com

새로운 유통 채널이 계속 생겨나는 점도 주목할만하다. 10년 전만 해도 판매할 수 있는 유통 채널이 한정적이었다. 할인점, 백화점, 슈퍼마켓, 편의점, 홈쇼핑, 오픈마켓, 온라인 쇼핑몰 정도였으나 지금은 어떠한가? 과거 유통 채널 이외에도 일일이 열거하기도 힘들 정도로 많은 온·오프라인 유통 판매채널들이 있다. 나의 상품을 판매할 유통 채널들이 다양하다는 점은 좋은 점이라고 할 수 있으나 역으로 얘기하면 한 개의 유통 채널에서 나오는 매출이 과거만 하지 못하다는 것은 단점이라고 할 수 있다. 많은 유통 채널들이 수시로 나오고 사라지고 있어서 어느 한 유통 채널에만 의지하다가는 큰 어려움에 처할 수 있기 때문에 항상 여러 유통 채널에 관심을 기울이고 유통 전략을 잘 수립해야 한다. 현재 뜨는 유통 채널, 앞으로 뜰 유통 채널 지는 유통 채널에 대해 항상 공부하고 이에 대한 준비를 하지 않으면 미래를 기약할 수 없는 것이 작금의 유통 현실이다.

제조업체와 유통업체의 경계도 모호해지고 있다. 전통적인 유통에서는 제조업체는 제조만 유통업체는 유통만 하고 있으나 지금은 온라인 유통의 발달로 인해 제조업체들도 쉽게 유통에 진입할 수 있게 되어서 웬만큼 눈이 트인(?) 제조업체들은 직접 유통 및 유통 제휴를 하며 제조만 할 때 보다 더욱 큰 매출 및 수익을 올리고 있다. 반대 급부로 유통업체들은 예전에는 제조업체의 상품을 유통만 하면 되었으나 지금은 제조업체들이 유통을 배워서 직접 유통으로 뛰어들면서 상대적으로 입지가 좁아지게 되었다. 그래서 본인만의 독자적인 상품에 대한 니즈가 커지면서 직접 상품을 기획하여 아웃소싱 생산 방식으로 제조하거나 해외에서 직접 상품을 수입하여 유통하는 경우가 갈수록 많아지고 있다.

또 한 가지 주목할만한 것은 온라인 판매·마케팅의 중요성이다. 동일한 사입가의 동일한 상품을 동일한 유통 채널에서 판매를 해도 어떤 업체는 하나도 못 팔고 어떤 업체는 엄청난 매출을 올린다. 이는 온라인 판매·마케팅 능력이 있느냐 없느냐에 기인한다. 그냥 상세페이지를 대충 만들어서 적당한 가격으로 유통 채널에 올려만 놓는 업체랑 온라인·SNS 상에 상품 관련 키워드·콘텐츠 다 구축하고 전략적인 가격을 세팅하여 체험단 진행하여 구매후기 정성껏 만들고, 끌리는 상세페이지를 멋지게 만들어서 효율적인 광고·홍보 마케팅까지 시행한 업체와는 매출이 하늘과 땅 차이일 것이다. 단언컨대 이런 온라인 판매·마케팅 능력을 쌓지 않으면 아무리 상품이 좋다 할지라도 온라인 유통에서 성공하기가 매우 어렵다. 생전 처음 보는 화장품이 아모레, LG생활건강 등 특A급 화장품보다 온라인 상에서 더 많이 팔리는 경우가 허다한데 왜 그럴까? 요새는 웬만한 상품들은 다 품질이 좋아서 유통 마케팅 능력이 상품의 성공과 실패를 좌우하기 때문이다. 그래서 필자는 항상 좋은 상품이 잘 팔리는 게 아니라 잘 팔리는 상품이 좋은 상품이라는 유통업계의 격언에 공감한다. 아무리 좋은 상품을 가진 업체라도 유통 마케팅 능력이 없으면 또는 유통 마케팅을 할 줄 아는 업체와의 제휴가 안 되어 있으면 온라인 유통에서 성공할 수 없다. 온라인 유통에 뛰어드는 모든 사람은 유통 마케팅 능력을 올리는데 혼신의 힘을 다해야 한다.

온라인 유통의 미래

네이버 최저가 가격 검색 및 네이버커머스 생태계의 영향력이 당분간은 지속되겠지만 장기적으로는 가격검색에서 자유로운 카카오커머스, 모바일어플, SNS커머스 그리고 유튜브 같은 동영상 플랫폼을 앞세운 1인 크리에이터들이 성장하면서 네이버가 만들어 놓은 최저가 전쟁이 약화될 것이다. 특히 엄청난 팬층을 확보한 1인 유튜브 크리에이터들의 영향력 커질 것이다. 중국의 1인 유튜브 크리에이터들인 '왕홍'들의 매출액은 이미 웬만한 중견기업의 매출액 수준을 넘어섰다. 우리나라도 뷰티 카테고리를 시작으로 이런 1인 크리에이터들의 시장이 형성돼가고 있으며 미래에는 거대한 팬층이 없는 개인이라 할지라도 유튜브, 페이스북 같은 SNS를 활용한 1인 판매가 활성화될 것이다. 현재 온라인 유통 채널을 좌지우지하고 있는 대형 유통업체들도 이런 영향력 있는 1인 크리에이터들과 연계하여 상품 판매를 시작할 것이다. 실제로 이미 CJ는 이런 SNS 인플루언서들과 제휴한 케이블TV 방송을 시작하였다. 이 방송에서는 인플루언서들이 하루 종일 상품 판매를 하고 있다. 우리나라도 1인 크리에이터가 혼자서 중국처럼 년 몇 천억은 아니어도 년 몇 백억씩 판매할 수 있는 날이 곧 도래할 것이다.

조회수 3,600만을 넘긴 한국 SNP 화장품 중국 왕홍 판매 (출처: 한국 면세 뉴스)

고객들의 다양한 니즈를 반영한 마켓컬리, EarlyAdaptor, 이유몰 같은 전문몰들이 지금 활성화되고 있는데 이런 트렌드는 향후에도 계속 지속될 것이며 개인의 다양성이 중요시되면서 이런 틈새 전문몰들에 대한 수요도 더욱 확대될 것이다. 그리고 스마트폰 대중화와 결제 시스템의 간소화로 온라인 쇼핑을 이용하는 연령대가 더욱 확대될 것이다. 현재 온라인 쇼핑에 대한 접근이 상대적으로 어려운 주니어, 시니어 연령층도 쉽게 온라인 쇼핑을 접근할 수 있게 되면서 이들을 대상으로 한 상품 시장이 더욱 커질 것으로 예측한다.
글로벌 경계가 허물어지면서 해외 직구, 역직구 시장도 더욱 커질 것이며 국가간 유통 장벽이 무너지는 것은 시간문제이다. G마켓, 11번가 등 오픈마켓은 이미 국내 셀러들이 글로벌 판매를 할 수 있는 시스템을 구축하고 운영 중이며 국내에 이미 다양한 해외 직구, 역직구 시장이 성장하고 있다. 아마존, 알리바바, 타오바오, 라쿠텐 같은 해외 사이트를 통해 상품을 구매 또는 판매하는 개인, 기업들이 많아지고 있으며 아마존은 한국에 사무소도 개설하며 기회를 엿보고 있다. 온라인 기술의 발달로 언어와 결제의 장벽이 갈수록 약화되어 국내 온라인 유통의 글로벌화는 피할 수 없는 현상이다. 실제로 이미 이런 해외 유통 비지니스에 미리 올라타서 상당한 수익을 거두고 있는 개인, 업체들도 많이 있으며 더욱 많은 개인, 업체들이 신규로 해외 수입·판매에 뛰어들고 있다.

03

국내의 온라인 유통 채널

국내의 온라인 유통 채널에 대해 살펴보자. 오프라인 유통이 주력이던 시절에는 할인점, 편의점, 백화점, 슈퍼마켓 등 몇 개 되지 않았던 유통 채널의 숫자가 온라인 유통이 출현하면서 엄청나게 늘어났다. 변화가 크지 않은 오프라인 유통 채널 대비 온라인 유통 채널은 변동 폭이 매우 큰데 매년 많은 신규 온라인 유통 채널들이 탄생하고 기존 유통 채널들이 사라지고 있다. 이런 급격한 유통 채널의 변화는 대기업 대비 자본, 인력이 충분하지 않은 신규 중소 사업자에게는 하나의 큰 기회가 되고 있다. 기존의 역사와 전통이 있는 대형 유통 채널에 신규 업체가 진입해서 자리잡는 것은 쉬운 일이 아니나 신규 유통 채널은 상대적으로 입점도 쉽고 해당 유통 채널이 급성장하게 되면 처음에 올라탄 입장에서 큰 혜택을 얻을 수 있다. 그렇기 때문에 중소 사업자들은 항상 새로운 신규 유통 채널의 출현과 기존 유통 채널의 변화에 관심을 기울여야 한다. 어느 유통 채널이든 초기에 안정적이지 않을 때 합류해서 자리잡은 업체들이 가장 큰 혜택을 본다는 것을 명심해야 한다. 10년 전 소셜커머스 론칭 때도 그랬고 카카오스토리 채널·네이버밴드 공동구매 때도 그랬으며 최근 크라우드 펀딩 유통 채널도 마찬가지였다.

전통의 온라인 유통 강자 오픈마켓 · 종합몰

온라인 유통 채널에도 전통의 강자가 있는데 오픈마켓, 종합몰이 역사도 길고 온라인 유통 채널의 터줏대감이라고 할 수 있다. 그러나 이들 온라인 유통 채널은 거의 20년의 역사를 가지고 있다 보니 유통 채널 내의 경쟁이 매우 치열하다.

오픈마켓	G마켓	www.gmarket.co.kr
	옥션	www.auction.co.kr
	11번가	www.11st.co.kr
	인터파크	www.interpark.com
	롯데ON	www.lotteon.com
종합몰	롯데닷컴	www.lotte.com
	현대H몰	www.hyundaihmall.com
	GS SHOP	www.gsshop.com
	CJ몰	www.cjmall.com
	신세계몰	shinsegaemall.ssg.com
	AK몰	www.akmall.com

국내 오픈마켓은 3강(G마켓·옥션·11번가) 1중(인터파크) 체재인데 G마켓과 옥션은 미국 회사인 이베이가 운영하고 있어 주인이 동일하다 보니 전체적인 운영 체계나 특징이 비슷한 면이 있다. 옥션 같은 경우는 20년 전 최초 오픈마켓 충성 남자 고객들이 그대로 남아있는 경향이 많아서 남성성이 강한 상품들의 판매가 잘 된다. 11번가는 SK가 운영하고 있는데 통신사인 SK가 운영하다 보니 전체적인 색깔이 젊은 층에 맞춰져 있으며 모바일 쇼핑 분야에 강점이 있다. 인터파크는 일반적인 상품 판매보다는 공연, 영상, 문화 상품들의 판매가 강하며 멸치쇼핑은 앞의 네 개 업체와는 차이가 많이

나는 중소규모의 오픈마켓이다. 오픈마켓은 누구나 입점이 가능한 쇼핑몰로서 워낙 판매자 및 상품들이 많다 보니 광고를 하지 않고는 노출이 되지 않는 구조라서 광고의 중요성이 매우 강조된다.

종합몰은 종합쇼핑몰이라고 하는데 유통 대기업들이 운영하는 역사가 깊은 쇼핑몰이다. 보통 종합몰 업체들은 백화점, 홈쇼핑을 동시에 운영하는데 각종 행사나 혜택들도 제휴하는 경우가 많다. 대기업이 운영하는 쇼핑몰답게 업체, 상품에 대한 검증이 깐깐한 게 특징이지만 일단 종합몰에 입점을 하게 되면 브랜드 파워가 올라가는 효과가 있다. 종합몰은 오프라인 유통의 백화점 개념으로 생각하면 된다. 종합몰은 가격이 일반 온라인 쇼핑몰들 대비 약간 비싸도 쿠폰 행사, 카드사 행사 등의 프로모션이 다양하고 고객서비스가 최고 수준이기 때문에 충성 고객들이 많이 있다.

국내 모바일 쇼핑 붐을 일으킨 소셜커머스

2010년대 초반 최고 전성기 때 국내 온라인 유통을 평정할 거라는 평가를 받았던 유통 채널이 바로 소셜커머스이다. 반값 할인 열풍을 불러일으킨 최초의 모바일 기반 공동구매 유통 채널인데 이후 수익구조가 개선되지 않아서 매우 힘든 상황이다.

위메프 : www.wemakeprice.com
티켓몬스터 : www.ticketmonster.co.kr
쿠팡 : www.coupang.com

국내 소셜커머스 시장을 선도하는 쿠팡

소셜커머스 업체들은 지속적인 적자 누적을 탈출하고자 다양한 시도들을 하게 되는데 결국 수익구조가 가장 탄탄하다고 하는 오픈마켓의 상품 등록식 판매 형태로 전환을 하고 있다. 그래서 소셜커머스 3사는 다양한 판매 방식을 진행하고 있는데 소셜커머스의 전통적인 MD 큐레이션 판매 방식인 '딜', 오픈마켓 형식의 상품 등록식 판매 그리고 쿠팡의 로켓배송 같은 사입 판매를 운영 중이다. 기존에는 '딜' 판매가 주력이었으나 최근에는 상품 등록식 판매와 사입 판매 비중이 높아져 가고 있다.

소셜커머스 3사 업체들 중 막대한 누적 적자에도 불구하고 쿠팡의 몸집 불리기가 심상치 않다. 리테일 분석업체 와이즈앱에 따르면 기존에 온라인 유통업체 중 거래액 1, 2위는 2018년 약 9조 매출로 추정되는 11번가와 G마켓이었다. 그런데 작년에 거래액 기준 3위이던 쿠팡이 2019년에는 전체 이커머스(전자상거래) 시장에서 압도적으로 거래액 1등을 달성할 것으로 예측된다. 쿠팡의 2019년 상반기 거래액이 7조 8천억으로 2019년 전체로 치면 무난히 10조 원을 넘어설 예정이다. 또한 쿠팡은 로켓배송, 로켓프레쉬, 로켓와우, 로켓직구 등 다양한 서비스와 경쟁력 있는 모바일 쇼핑 그리고 온라인 최저가 판매를 지향하면서 시장 지배력을 늘려가고 있다.

방송 기반의 온라인 유통 채널 홈쇼핑 · 인포머셜

온라인 유통 채널 중 방송 기반의 유통 채널이 있는데 LIVE 홈쇼핑, 인포머셜이 바로 그것이다. 이들은 전체 유통 채널 중에서 1시간 만에 가장 큰 매출을 올릴 수 있다. LIVE 홈쇼핑은 우리가 일반적으로 알고 있는 생방송으로 진행되는 홈쇼핑이며 인포머셜은 유사홈쇼핑이라고 불리는데 케이블 TV 프로그램 중간중간에 끼어서 방송되는 녹화 형태의 상품 판매 방송이다.

LIVE홈쇼핑	롯데 홈쇼핑	www.lotteimall.com
	GS 홈쇼핑	company.gsshop.com
	CJ 오쇼핑	www.cjoshopping.com
	현대 홈쇼핑	company.hyundaihmall.com
	NS 홈쇼핑	pr.nsmall.com
	홈앤쇼핑	www.hnsmall.com
	아임쇼핑(공영홈쇼핑)	www.publichomeshopping.com
인포머셜	인포벨	www.infobell.kr
	미디어닥터	www.mediadoctor.co.kr
	비즈제이	www.kbjshop.com

LIVE 홈쇼핑의 경우 단기간에 폭발적인 대박 매출을 기대할 수 있지만 높은 정액/정률 수수료(35~45%)와 높은 매출 목표에 따른 막대한 사전 재고 부담 때문에 위험 부담이 엄청나게 크다. 인포머셜의 경우는 녹화 형태의 방송이긴 하나 위험 부담이 적고 한 번 히트를 치게 되면 온라인 검색 수가 엄청나게 올라가서 온라인상에 브랜딩도 되고 LIVE 홈쇼핑 수준은 아니지만 꽤 큰 매출도 올릴 수 있다.

홈쇼핑 식품 방송 (출처 : NS 홈쇼핑)

베일에 싸인 알짜 쇼핑몰 복지몰

복지몰은 2010년 전후로 각 기업, 단체들이 직원, 회원들의 복지증진을 위해 선택적 복리후생 제도를 실시하면서 생겨난 쇼핑몰이다. 복지몰에는 기업, 관공서, 공공 단체 쇼핑몰도 있지만 특정 회

원을 대상으로 하는 카드사 포인트몰, 정유사 포인트몰, 통신사 포인트몰 등도 있다. 취지 자체가 직원, 회원 대상이기 때문에 일반인들은 구매를 할 수 없고 상품 공급업체 입장에서 온라인상에 가격 노출이 되지 않는다는 장점도 가지고 있다. 복지포인트 제도를 가지고 있는 복지몰들의 경우는 해당 복지포인트를 모두 복지몰에서 써야 하기 때문에 매출도 우수한 편이다. 게다가 일반 쇼핑몰들과는 달리 입점 업체나 입점 상품 숫자가 적기 때문에 상대적으로 경쟁이 덜 치열하다는 것도 장점이다. 그러나 복지몰은 직원, 회원들에게 복지 증진의 혜택을 주는 것이 목적이기 때문에 가격도 일반 쇼핑몰보다 저렴해야 하고 상품도 건강, 레저, 스포츠, 가전 등 복리후생 증진과 맞는 상품이어야 판매가 일어난다. 일반적으로 복지몰을 만든 기업, 단체들이 쇼핑몰 및 유통 경험이 없기 때문에 외부의 전문 복지몰 운영대행 업체들에게 복지몰을 위탁한다. 따라서 이런 복지몰 운영대행업체들에게 입점을 제안하는 것이 복지몰 입점의 기본이라 할 수 있다. 대형 복지몰 운영 대행업체들은 보통 수 백 개의 복지몰들을 운영 대행 하고 있기 때문에 이들이 운영하는 몇 개의 복지몰에서 테스트 판매를 하여 반응이 좋으면 수 백 개의 복지몰에 동시 입점을 할 수도 있다. 대표 복지몰 운영대행사인 이지웰페어는 1,000여 개 이상의 복지몰을 운영하고 SK베네피아도 800여 개 이상의 복지몰을 운영하고 있다.

- **주요 복지몰 운영 대행 업체**

이지웰페어 : www.ezwel.com
SK 베네피아 : www.benepia.co.kr
E-제너두 : www.etbs.co.kr
인터파크 비즈마켓 : www.biz-market.co.kr

오프라인 도매시장을 온라인으로 옮겨온 온라인 도매몰

예전 오프라인 유통 시절에는 내 상품을 판매해줄 도매·소매 판매업자들을 모집하는 것이 정말 어려운 일이었다. 그러나 온라인이 발달한 지금은 일정 수수료를 내면 도매·소매 판매업자들을 대신 모집해주는 온라인 도매몰이 있다. 온라인 도매몰은 두 종류가 있는데 상품을 미리 사입해야 하는 매입형 도매몰과 미리 사입하지 않고 도매몰에서 제공하는 상세페이지와 각종 데이터들을 통해 고객에게 판매가 일어나면 주문을 넣게 되는 배송대행형 도매몰이 있다. 매입형 도매몰의 독보적인 1등 대표업체는 도매꾹이며 배송대행형 도매몰은 온라인 판매자 창업과도 연계되어 있어서 온채널, 오너클랜, 도매토피아 등 많은 업체가 경쟁하고 있다. 도매몰을 통하면 쉽게 도·소매 판매업자 및 온라인셀러들을 모집할 수 있으나 한 가지 크게 주의할 점이 가격 관리가 제대로 안 된다는 것이다. 유통에서 가격이 무너지게 되면 상품 브랜딩 및 판매에 큰 어려움이 있을 수 있기 때문에 장기적으로 육성해야 할 대표 상품은 온라인 도매몰에 입점하지 않는 것이 좋다. 기획상품이나 시즌 상품 등 단기적으로 운영하거나 상품브랜딩이 크게 필요 없는 상품에 한해 온라인 도매몰에 입점하는 것을 추천한다.

◎ 대표적인 온라인 도매몰

매입형 도매몰	도매꾹	www.domeggook.com
배송대행형 도매몰	온채널	www.onch3.co.kr
	오너클랜	www.ownerclan.com
	도매토피아	www.dometopia.com
	W트레이딩	www.w-trading.co.kr
	도매매	http://domeme.com/
	온유비즈	www.onubiz.com

배송대행형 도매몰의 대표주자 온채널

기타 온라인 유통 채널

여태까지 언급한 유통 채널 외에도 SNS 공동구매, 카테고리 전문몰, 네이버커머스, 카카오커머스 등 다양한 유통 채널들이 존재한다. 이들 유통 채널들도 신규 사업자가 입점 및 매출을 올리기에 좋으니 자신의 상품과 맞는 유통 채널을 선택해서 도전해 보기 바란다.

SNS 공동구매	카카오스토리 채널 · 네이버밴드 · 모바일어플 · 페이스북 · 인스타그램 · 블로그 · 카페
카테고리 전문몰	얼리어답터몰 · 디자인몰 · 뷰티몰 · 땡처리몰 · 반품몰 · 판촉몰 · 애완용품몰 등
네이버커머스	네이버쇼핑 · 스마트스토어
카카오커머스	선물하기 · 카카오톡 스토어 · 스타일 · 메이커스

SNS 공동구매 (카카오스토리 채널 · 네이버밴드)

카테고리 전문몰 EARLYADOPTER

카카오커머스(선물하기, 스타일)

※ 이 책은 실전 온라인 유통 마케팅에 포커싱을 맞춘 책으로서 각각의 유통 채널에 대한 자세한 내용은 다루지 않고 있다. 각각의 온라인·오프라인 유통 채널의 세부적인 거래 조건, 특징, 장·단점, 공략 방법 등 유통 채널에 대한 디테일한 내용은 2018년 9월에 출간한 필자의 첫 번째 책『매출 100배 올리는 유통 마케팅 비법』과 필자가 직접 강의한 30시간 분량의 유통마케팅 심화 온라인 동영상 강의(유통마케팅 사관학교, www.retailcampus.co.kr)에 자세히 나와 있으니 참고하기 바란다.

PART2

가성비 갑 실전 온라인 유통

01

스마트스토어: 오픈마켓을 추격 중인 강력한 네이버 유통 플랫폼

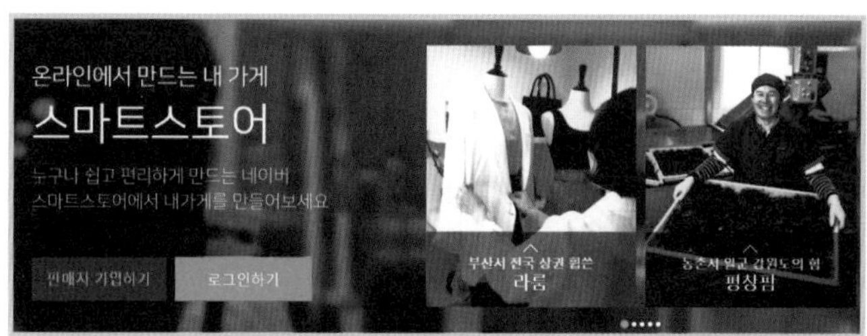

Part2, Part3에서는 최근에 급부상하고 있는 또는 가성비 좋은 온라인 유통 채널을 다루기로 하겠다.

왜 네이버 스마트스토어가 처음으로 소개되고 있을까?

그만큼 스마트스토어가 중요하고 발전 가능성이 높기 때문이다. 최근 스마트스토어에 대한 관심이 엄청나게 높아지고 있으며 스마트스토어 관련 책들이 줄줄이 출간되고 있다. 그리고 '스마트스토어로 직장 탈출하기', '스마트스토어로 월 천 만 원 벌기', '스마트스토어 특공대' 등등 스마트스토어 관련 강의, 교육들도 매일매일 생겨나고 있는데 무료 교육부터 천만을 호가하는 교육까지 다양하다. 최근 스마트스토어에 대한 뜨거운 열기는 예전 2000년대 초반, 중반에 개인 쇼핑몰, 오픈마켓 붐이 일었을 때가 생각난다. 그때는 개인 쇼핑몰을 만들고 조금만 노력하면 그리고 오픈마켓에 상품을 올리기만 해도 매출이 나오는 시절이었는데 지금 스마트스토어 광풍을 보면 그 시절로 돌아간 듯한 느낌이다. 그렇다고 오해하지는 말아야 할 것이 지금 스마트스토어를 만들고 상품을 등록하기만 하면 팔린다는 의미는 아니다. 하지만 그 정도로 스마트스토어가 타 온·오프라인 유통 채널에 비해 가성비가 좋고 유망하다는 것은 분명하다. 스마트스토어의 가장 중요한 강점은 오픈마켓의 경우 광고 없이는 상위 노출 및 큰 매출을 올리기가 사실상 거의 불가능한데 스마트스토어는 광고 없이도 판매량과 네이버쇼핑 SEO(Search Engine Optimization)만 잘 지키면 상위 노출도 가능하고 대박을 날리는 것도 가능하다는 점이다. 아직 스마트스토어의 광고가 거의 없기 때문에 가능한 일이지만 네이버도 언제 오픈마켓같이 많은 광고를 만들어낼지 모르기 때문에 지금 스마트스토어에 집중하는 것이 맞다.

사실 스마트스토어에 대해 제대로 설명하자면 책 한 권으로도 부족하기 때문에 여기서는 정말 중요한 핵심들만 짚고 넘어가겠다.

스마트스토어는 18년에 이어 19년에도 가장 핫한 유통 플랫폼이다. 다른 신규로 떠오르고 있는 유통 채널들도 앞으로 소개하겠지만 매출 규모 면에서 보면 스마트스토어를 따라올 수가 없다. 업계에 따르면 스마트스토어가 주력인 네이버쇼핑의 2018년 거래액이 무려 8조 원이라고 한다.

스마트스토어는 네이버에서 제공하는 무료 개인 쇼핑몰인데 사업자뿐만 아니라 개인도 사업자등록 없이 시작할 수 있다. 제작·유지·관리비가 없고 저렴한 수수료, 네이버쇼핑 자동 연동, 간편한 결제, 빠른 정산, 광고비에 대한 부담이 적다는 점 등 타 유통 플랫폼 대비 많은 장점이 있다. 사실 온라인 판매에서 가장 좋은 방식은 나만의 단독 쇼핑몰에서 판매를 하는 것이다. 그러나 단독 쇼핑몰의 경우 제작·유지·관리 비용이 많이 들고 치명적인 문제가 단독 쇼핑몰을 알려서 고객을 유입시키는데 엄청난 홍보 비용이 든다는 점이다. 자금이 취약하고 홍보에 자신이 없는 중소기업은 단독 쇼핑몰 대신에 스마트스토어로 온라인 판매를 시작하는 것이 현명한 선택이다. 스마트스토어를 운영하면서 나의 브랜드, 상품을 검색하는 사람이 하루에 몇 천 명 단위가 되면 그 때 단독 쇼핑몰을 운영하는 것이 좋다. 내 상품과 브랜드를 사람들이 모르는데 단독 쇼핑몰을 만들어 봤자 광고비용이 많이 들어가고 매출은 안 나와서 실패할 확률이 매우 높다.

그럼 스마트스토어의 핵심 포인트에 대해 하나하나 짚고 넘어가 보자.

네이버쇼핑 노출

스마트스토어는 오픈마켓과 비슷하다고 할 수도 있으나 오픈마켓은 광고 없이는 상품 노출 및 판매가 어려운 반면에 스마트스토어의 경우 아직까지 광고의 비중이 매우 적고 네이버쇼핑에 자동 연동되어 노출이 잘 된다는 점이 강점이다. 오픈마켓, 소셜커머스, 종합몰 매출의 상당부분이 네이버쇼핑 연동매출이라는 점을 감안했을 때 스마트스토어의 네이버쇼핑 자동노출이 얼마나 큰 의미를 지니는지 추측할 수 있다. 게다가 스마트스토어가 네이버의 서비스이다 보니 당연히 연동된 타 유통 채널들 대비 네이버쇼핑에서 훨씬 노출이 잘 된다. 상위 노출을 위한 광고비 부담이 큰 오픈마켓 대비 스마트스토어의 경우 네이버쇼핑의 가이드라인에 맞게 상품 등록을 하고 성실히 판매활동을 하면서 판매량과 구매후기가 쌓이면 광고 없이도 상위 노출이 가능하다. 스마트스토어에서 가장 중요한 포인트는 역시 상위 노출일 텐데 상위 노출에 대한 자세한 내용은 Part4에서 자세히 다뤄보도록 하겠다.

수수료

스마트스토어는 입점·등록·판매 수수료가 0%이고 네이버페이 결제 수수료 및 네이버쇼핑 연동하여 매출 발생 시 매출 연동 수수료 2%만 있기 때문에 온라인 유통 채널 중 가장 저렴하다. 그래서 중소기업이나 온라인 셀러들이 많이 몰리고 있다. 온라인 유통 중 가장 저렴하다고 하는 오픈마켓이 8~13%인 걸 감안하면 스마트스토어의 수수료가 얼마나 매력적인지 알 수 있다.

◎ 스마트스토어 수수료

입점/등록/판매 수수료
· 무료
네이버쇼핑 매출 연동수수료 (VAT 포함)
· 2%
네이버페이 결제수수료 (VAT 포함)
· 신용카드: 3.74% · 계좌이체: 1.65% · 무통장입금(가상계좌): 1%(최대 275원) · 휴대폰 결제: 3.85% · 네이버페이 포인트: 3.74%

출처: 네이버 홈페이지

판매대금 결제

개인 쇼핑몰의 큰 약점이 결제 시스템이다. PG(결제대행서비스)사를 이용해야 하는데 이 경우 구매자들이 결제하는 데 애를 먹는 경우가 많다. 결제하려고 하는데 추가로 컴퓨터에 뭘 설치해야 가능하다는 메시지가 뜨면 성질 급한 고객들은 포기하고 나가버린다. 그러나 스마트스토어는 '네이버페이'라는 결제 시스템을 공통적으로 사용하는데 네이버 아이디를 가진 고객이라면 자동으로 결제가 가능하기 때문에 결제가 수월하다. 또한 결제 대금 정산 조건이 우수하다. 소셜커머스, 종합몰의 경우 판매대금이 결제되고 45~65일 후에 돈을 받게 되는데 스마트스토어의 경우는 결제 대금 정산이 빠르다.

– 고객 구매 확정 : 구매확정 후 영업일 기준 1일
– 고매 구매 미확정 : 배송 완료 후 8일차 자동 구매확정 이후 영업일 기준 2일(약 10~12일)

다양한 SNS 연동

어느 온라인 유통 채널이나 고객 유입이 문제이다. 스마트스토어는 페이스북, 인스타그램, 블로그와의 연동이 가능하여 외부 채널에서 고객 유입이 용이하다. 실제로 외부 SNS에 사람을 많이 모은 파워 SNS 유저의 경우 스마트스토어를 통해 상당히 큰 매출을 올리고 있다. 이들 파워 SNS 유저들의 경우는 상품의 가격 경쟁력이 없어도 단순히 팬들을 유입 시키는 것에 의해 매출을 쉽게 만들어내고 있다.

복수의 스마트스토어 운영

스마트스토어의 경우 일정 조건 충족 시 5개까지 추가로 스마트스토어를 개설할 수 있다. 5개의 개인 쇼핑몰을 운영할 수 있는 것이나 마찬가지이다. 카테고리 또는 콘셉트가 상이한 상품군을 취급할 때는 복수의 스마트스토어를 운영하는 것이 유리하다.

✓ 복수 스마트스토어 운영조건

- 최소 6개월 전 가입
- 최근 3개월 총 매출 5백만 원 이상
- 최근 3개월 구매 만족도 85% 이상

입점 및 공략 방법

(1) 입점

스마트스토어 입점은 스마트스토어 판매자 센터에서 입점 관련 서류를 준비하여 가입신청을 하면 된다.

■ 가입신청 : https://sell.smartstore.naver.com

◎ 입점 필요 서류

사업자	
· 사업자등록증 사본 1부 · 통신판매업신고증 사본 1부 · 대표자 인감증명서(또는 대표자 본인 서명사실확인서) 사본 1부 · 대표자 혹은 사업자 명의 통장(또는 계좌개설확인서, 온라인통장표지) 사본 1부	
법인사업자	
· 사업자등록증 사본 1부 · 통신판매업신고증 사본 1부 · 법인 인감 증명서 사본 1부	· 법인 명의 통장 사본 1부 · 법인등기사항전부증명서 사본 1부

· **사업자등록증/ 통신판매업신고증:** 양 서류간 상호/ 대표자명 일치
· **인감증명서:** 최근 3개월 이내 발급/ 주민등록번호 뒤 7자리 마스킹
· **부가가치세 면세사업자/ 면세사업자:** 통신판매업신고증 필수

출처: 스마트스토어 판매자 센터

(2) 공략 방법

스마트스토어에 관한 모든 것은 친절하게도 스마트스토어 판매자 센터 내의 관련 매뉴얼들에 다 나와있다. 유료 스마트스토어 강의들을 듣기 전에 반드시 이 매뉴얼들 및 스마트스토어 관련 공지사항들을 확인하기 바란다. 이 매뉴얼들 및 공지사항들만 숙지하더라도 스마트스토어를 성공시킬 확률이 비약적으로 높아진다. 유료 강의 내용들 중 상당 부분이 이 스마트스토어 매뉴얼 및 공지사항에 있는 내용들이다. 일일이 하나씩 찾아가며 다운받는 게 귀찮다면 필자가 운영하는 네이버 카페 유통노하우연구회(https://cafe.naver.com/aweq123)의 '유통 마케팅 필수자료'게시판에 가면 한번에 다운받아 놓은 '네이버 스마트스토어 매뉴얼' 게시글(https://cafe.naver.com/aweq123/5198)이 있으니 여기서 다운받아도 된다. 그리고 판매를 하면서 네이버 애널리틱스(analytics.naver.com)나 스마트스토어내의 통계 프로그램으로 항상 내 스마트스토어의 매출, 고객을 분석하는 것이 필요하다. 막연히 판매만 해서는 매출을 늘려나가는 데 한계가 있기 때문에 이런 분석 프로그램을 통해 고객, 상품, 매출을 철저히 연구하여 개선 작업을 해나가야 한다.

스마트스토어의 네이버쇼핑 내 자체 노출에 의한 고객 유입에 더해서 SNS를 활용하여 고객을 유입시키는 것을 적극 추천한다.

블로그, 인스타그램, 페이스북을 활용해서 내 상품, 브랜드에 대한 홍보를 하게 되면 해당 SNS들을 통해 나의 스마트스토어로 고객이 유입이 되고 이들은 구매 전환도 매우 잘 된다. 실제로 SNS를 잘 활용하는 사람은 SNS를 활용하지 않는 사람들 대비 몇 배, 몇 십 배의 매출을 올리고 있다. SNS를 활용한 고객 유입이 더해지면 심지어 내 상품의 상품성이나 브랜드력이 약하더라도 구매로 이어질 확률이 훨씬 높아지게 된다.

특별한 이유가 없는 한 온라인 유통을 하는 모든 사람들은 스마트스토어 운영하기를 추천하는 데 운영을 하면서 꼭 해야 될 일들이 있다. 스마트스토어의 경우 다양한 무료 마케팅 활동을 지원하는데 럭키투데이, 기획전, 쇼핑윈도, 핫딜이 바로 그것이다. 이런 행사들에 선정이 되면 더욱 많은 사람들에게 노출이 되고 잘만 활용하면 큰 매출을 올리는 것도 가능하다. 이런 행사들은 무료이면서 그만큼 혜택이 크기 때문에 매일매일 꾸준히 제안하고 진행을 해야 한다. 타 유통 채널은 이런 행사를 진행하려면 보통 광고비가 필요한데 스마트스토어에서는 무료로 할 수 있게 해주니 당연히 해야 하지 않을까? 그러나 한 가지 명심해야 할 점은 위의 행사들을 진행한다고 무조건 매출이 나오는 것은 아니라는 것이다. 일단 어느 정도 매출이 나오고 구매평이 이미 쌓인 상품들 또는 시즌에 맞는 시즌 상품들이 위와 같은 행사에 노출되었을 때 매출이 극대화된다. 생각해보라. 잘 알려지지 않은 신제품이고 구매평도 한 개도 없는데 달랑 럭키투데이에 노출된다고 그걸 본 고객들이 쉽게 구매를 할 수는 없을 것이다. 그렇기 때문에 이런 특별행사를 진행할 때는 시즌 상품이나 기존에 어느 정도 판매량과 구매평이 쌓인 상품을 진행하는 것이 유리하다.

① 럭키투데이

럭키투데이는 매력적인 상품을 고객에게 특가로 제공하는 서비스인데 판매자가 상품 선정부터 럭키투데이 등록까지 직접 진행한다. 동일 기간 내 한 개의 상품만 진행 가능하며 최소 72시간 이상 진행 가능해야 한다. 단 타임특가 및 럭키투데이 시즌 프로모션 참여 셀러에 한해서는 한시적으로 예외 처리된다.

럭키투데이

럭키투데이 타임특가(시간 한정)

럭키투데이 등록 상품 필수 조건

- 동일 상품(혹은 카테고리 유사 상품) 중 최저가
- 할인율이 0%인 상품 진행 불가
- 전체 연령대에서 구매 가능한 상품
- 최소 72시간 이상 진행 가능한 상품
- N개의 옵션 상품으로 진행 시, 옵션 상품 수의 70% 이상은 균일가 (단, 상세페이지 내 옵션별 판매가를 표기한 셀러에 한해 30~70%까지 균일가 진행 가능)
- 브랜드 및 해외 배송, 상품의 경우 상세페이지 내 정품 관련 서류 첨부 필수 & 정품이 아닐 시 모든 책임은 판매자에게 있다는 내용 포함
- 캐릭터 상품의 경우 본사 직영몰, 본사 확인된 상품만 가능 (홀로그램, 바코드 등)
- 기존 C/S 처리 및 배송에 이슈가 있었던 상품은 진행 불가
- PC와 모바일 제안가 동일
- 모바일 상 세보기 가능한 상품

– 대표 이미지와 상세페이지 상품이 다를 경우 진행 불가
– 판매 시즌에 적합하지 않은 역시즌 상품은 진행 불가할 수 있음
– 주류, 전자담배, 성인용품, 술 등 온라인으로 판매 부적격한 상품은 진행 불가
– 중고, 스크래치, 반품, B급, 리퍼, 진열 등 신품이 아닌 상품 진행 불가

■ 럭키투데이 신청
: https://sell.smartstore.naver.com/#/vertical/hotdeal/luckto/list

② 기획전

기획전은 내 스토어의 상품을 다양한 방식으로 홍보하고 싶을 때 이용할 수 있는 프로모션이다. 기획전의 경우 행사 콘셉트에 따라 다양한 형태로 운영이 가능하다.

출처 : 네이버 쇼핑

기획전의 경우 또 하나의 장점이 다른 기획전 대비 행사 메리트가 있을 경우 다양한 경로로 노출이 된다는 점이다. 네이버 메인 화면, 네이버 핫딜, 네이버쇼핑, 네이버 모바일 등 여러 경로로 노출이 되면서 매출을 극대화할 수 있다. 기획전 등록 기간은 영업일 기준으로 등록일 3일 이후 시작되며, 진행 기간은 최소 14일 이내로 설정해야 한다. 승인 거부가 난 후 재심사 요청 시에도 동일한 기준으로 적용이 된다.

◎ 기획전 노출 조건

구분	상세조건
기획전 공통 조건	· 명확한 기획전 주제가 있어야 합니다. · 가품 및 배송, 재고에 대한 이슈가 없어야 합니다. · 기획전 내 등록 상품 수: 초소 50개 이상 ~ 500개 미만 (섹션당 최소 11개 이상 ~ 100개 이하 권장) · 상품 상세 내 모바일 미리보기가 가능해야 합니다. · 모바일/PC 할인 및 할인 혜택이 동일해야 합니다. · 기획전은 기간 내 1개의 기획전만 운영이 가능하며, 복수로 진행은 불가 합니다.
① 즉시 할인	· 기획전을 위한 할인 혜택이 적용되어야 합니다.
② 스토어찜/ 톡톡친구 할인 쿠폰	· 해당 고객 대상으로 추가 할인쿠폰 제공이 가능해야 합니다. · 쿠폰 할인 금액은 5% 이상(금액으로 1000원 이상)부터 진행 가능합니다.
③ 포인트적립	· 네이버페이 포인트가 적용된 상품만 진행이 가능합니다. (시스템 공통 적용 포인트 제외) · 판매 상품 가격의 최소 3% ~ 최대 20%까지 적용이 가능합니다. (금액 기준 2만원까지 적용 가능)

출처: 네이버쇼핑

◎ 할인 혜택 설정 및 배너 설정

구분	상세조건
할인 및 혜택 설정	· 신청하시고자 하는 기획전 등록상품의 할인 및 포인트 설정 등 각종 혜택이 기획전 기간에 맞춰 설정된 후 기획전 등록이 가능합니다. · 상품가, 할인가는 모바일/ PC 모두 동일해야 합니다. · 쿠폰기획전의 쿠폰 할인 금액은 5%이상(금액 1000원 이상)부터 진행 가능합니다.
배너 등록 시 유의사항	· 기획전 배너의 이미지는 기획전내 등록된 상품의 이미지만 허용가능하며, 배너상품은 기획전내 최상단 1, 2번째에 노출되어야 함. · PC&모바일 이미지 동일한 이미지를 권장함 · 텍스트 포함 이미지 심사거부대상 · 초상권, 저작권, 상표권 등 타인의 권리를 침해하는 이미지 사용 불가 · 선정/ 음란/ 신체노출 이미지 사용불가 · GIF 애니메이션 이미지 노출 불가하면, JPEG 및 PNG로 등록 하실 수 있습니다. · PC노출 시 이미지 자동 크롭 되며, 배너 내 이미지는 꽉 차지 않게 위, 아래 여백 있게 작업 권장 · 분할 컷 이미지는 지양하며, 대표 상품을 정확히 나타낼 수 있는 단독 상품 이미지 권장

출처: 네이버쇼핑

■ 기획전 신청

: https://sell.smartstore.naver.com/#/store/themeshopping/list

③ 쇼핑윈도

쇼핑윈도는 오프라인 상점을 운영하는 사업자들을 지원하기 위해 출시된 서비스이다. 푸드, 패션, 리빙, 애완, 키즈, 뷰티 등 전국 각지의 다양한 오프라인 매장의 정보들을 제공하는 O2O(Online to Offline) 플랫폼이다.

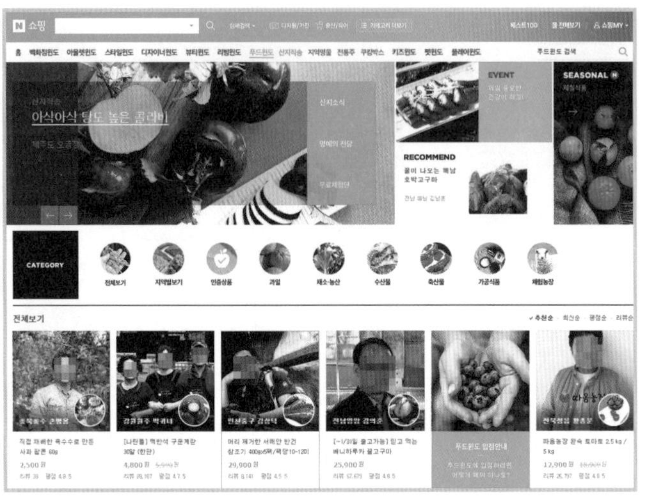

네이버쇼핑 푸드윈도

쇼핑윈도는 고객들이 전국 각지 유명 매장들의 상품을 온라인을 통해 쉽게 구매할 수 있게 도와주며 판매자 입장에서는 해당 지역에 한정되었던 고객층을 전국으로 확장시킬 수 있는 좋은 기회를 제공하고 있다. 과거에 오프라인 매장 운영자들이 별도의 온라인 쇼핑몰을 운영하다 힘들어서 포기하는 경우가 많았는데 네이버에서 쇼핑윈도를 통해 이들 오프라인 매장 운영자들을 지원하게 되었다. 쇼핑윈도뿐만 아니라 네이버톡톡, 네이버페이로 고객 응대 및 결제 시스템까지 지원하기 때문에 오프라인 매장 점주들이 쉽게 온라인 판매를 할 수 있다. 소상공인을 육성한다는 네이버의 정책과 맞아떨어져서 현재 네이버에서 집중적으로 육성하고 있다. 윈도 상위 판매자들의 경우 상품 리뷰가 몇 만 개씩 달릴 정도로 매출이 좋은데 현재 총 12개의 쇼핑윈도가 운영 중이다.

백화점 윈도 : 현재 백화점 디스플레이 상품 그대로
아울렛 윈도 : 브랜드 상품을 저렴하게 살 수 있는 방법
스타일 윈도 : 전국 곳곳의 유명한 옷 가게를 한꺼번에
디자이너윈도 : 패션디자이너의 최신 유행 상품을 온라인으로
뷰티윈도 : 화장품 및 뷰티 상품 전문 매장
리빙윈도 : 감각적이고 실용적인 리빙 아이템이 한자리에
푸드윈도 : 전국 팔도의 특산품 직거래 장터
키즈윈도 : 깐깐한 엄마들을 위한 육아,아동 상품 페스티벌
펫윈도 : 강아지, 고양이 등 애완동물을 위한 모든 상품
플레이윈도 : 디지털, 스포츠, 취미 관련 인기상품
아트윈도 : 모바일에서 즐기는 쉽고 편한 갤러리
해외 직구윈도 : 해외에서 현지 상품을 국내에 판매, 바로 배송

쇼핑윈도 신청을 한다고 해서 무조건 입점이 되는 것은 아니며 각 쇼핑윈도 별로 신청 조건이 다르기 때문에 반드시 사전에 신청 조건을 체크해야 한다. 가령 뷰티윈도는 오프라인 매장이 없어도 다른 조건들이 맞으면 입점 신청할 수 있지만 스타일윈도와 리빙윈도는 입점 조건으로 반드시 간판 및 쇼윈도가 있는 오프라인 매장을 운영하고 있어야 한다.

◎ 스타일 윈도 신청 조건

신청조건
· 간판 및 쇼윈도가 있는 오프라인 매장 · 오프라인 매장에서 판매하는 상품을 스타일윈도 가이드에 맞춰 상품 페이지 제작 · 온라인 판매 전반 관리(주문, 배송 등) · 사업자등록증 및 통신판매업신고증 · 네이버톡톡을 사용한 고객응대

출처: 네이버쇼핑

네이버에서 정책적으로 육성하고 있는 쇼핑윈도이기 때문에 참가자들에 대한 혜택이 다른 네이버 서비스에 비해 훨씬 크다. 지금 자체 쇼핑몰을 별도로 운영하고 있다 할지라도 쇼핑윈도와 스마트스토어는 동시에 운영해 볼 것을 추천한다. 자체 쇼핑몰의 경우 고객들에게 노출시키는 게 쉽지 않고 광고비가 많이 들어갈 수밖에 없는 구조이지만 쇼핑윈도와 스마트스토어는 네이버가 적극적으로 노출을 지원해 주기 때문이다.

각 쇼핑윈도별 신청 조건 확인은 네이버쇼핑(https://shopping.naver.com/) 최하단의 '쇼핑윈도 노출 안내'를 클릭해서 확인하면 되고 입점 신청은 '쇼핑윈도 노출안내' 내의 '1:1 문의하기'를 통해 하면 된다.

02

트래픽이 몰리는 특가행사: 광고비 없이 단기간 대박 매출

모든 사람들은 매출을 많이 올리고 싶어 한다. 특히 단기간에 큰 매출을 올리고 싶어 한다. 사실 오픈마켓, 종합몰, 스마트스토어에 상품을 올려놓고 판매를 하는 것은 단기간의 대박 매출의 개념보다는 매출이 서서히 쌓여서 큰 매출을 만드는 개념에 가깝다.

그러나 찾아보면 단기간에 대박 매출을 만들어 낼 수 있는 유통 루트들이 꽤 있다. 유통, 제조인들에게 참 매력적인데 당연히 이런 루트들은 진행이 쉽지가 않다. 많은 고객 트래픽이 몰리는 행사들이기 때문에 MD들이 꼼꼼하게 상품을 선정하여 일정 수준 이상 매출이 나올법한 상품들만 진행을 하기 때문이다. 보통 온라인 최저가 조건 수준이어야 하며 그게 아니면 고객을 확 끌어들일만한 뭔가가 있어야 한다. 내 상품에 자신이 있다고 하면 이런 행사들은 매출을 만들기 위해 당연히 참가하는 것이 좋다. 매출만 생각한다면 엄청난 트래픽이 몰리는 이런 특가 행사에 지속적으로 참가하는 것이 큰 도움이 된다. 그러나 이런 행사에 자주 노출이 되면 일반 상품이 아니라 행사용 상품이라는 인식이 생길 수 있기 때문에 상품의 장기적인 브랜딩에는 도움이 안 된다는 것도 잊지 말아야 한다. 사실 이런 특가 행사들은 광고비 들이지 않고 큰 매출을 올릴 수 있는 기회이기 때문에 경쟁도 치열하고 MD들의 눈높이도 매우 높다. 그렇기 때문에 행사 상품을 메리트 있게 만들고 인디언 기우제처럼 선정될 때까지 계속 꾸준히 제안을 하여야 한다. 보통 워낙 많은 행사 제안이 들어오기 때문에 선정되지 않은 경우에 별도 답변이 없는 경우가 많다. 그럼 이런 고객 트래픽이 몰리는 특가 행사들에 대해 하나하나 살펴보자.

오픈마켓 특가딜 (슈퍼딜, 쇼킹딜, 올킬)

'딜'은 사실 소셜커머스에서 출발하였다. 소셜커머스가 지금처럼 성장하는데 가장 큰 역할을 한게 '딜'이라는 판매 방식이었다. 짧은 기간 동안 상품을 초특가로 판매하여 엄청난 매출을 올리는 방식이 '딜'이다. 오픈마켓들도 이런 소셜커머스의 '딜'을 벤치마킹하여 자체적으로 '딜' 방식의 특가 행사를 만들었다. 오픈마켓의 고객 유입이 엄청나기 때문에 이런 오픈마켓 '딜'에 선정이 되면 짧은 기간에 큰 매출을 올릴 수 있다. 물론 수많은 판매자들이 입점 제안을 하기 때문에 선정되는 게 쉽지는 않다. 입점 신청을 하면 MD가 검토 후 승인하는 시스템이다.

별도의 추가 비용 없이 좋은 노출 구좌를 보장받을 수 있기 때문에 큰 메리트가 있다. G마켓은 슈퍼딜, 옥션은 올킬, 11번가는 쇼킹딜이 있다. 그런데 옥션의 올킬은 두 가지 방식이 있는데 메인 페이지에 오픈되는 올킬과 카테고리 올킬이 있다. 카테고리 올킬은 가령 어떤 키워드를 검색했을 때 그 키워드에 올킬이라는 광고가 노출되는 방식인데 메인 페이지 올킬보다는 행사 매출이 떨어진다.

① G마켓 슈퍼딜, 옥션 메인 올킬

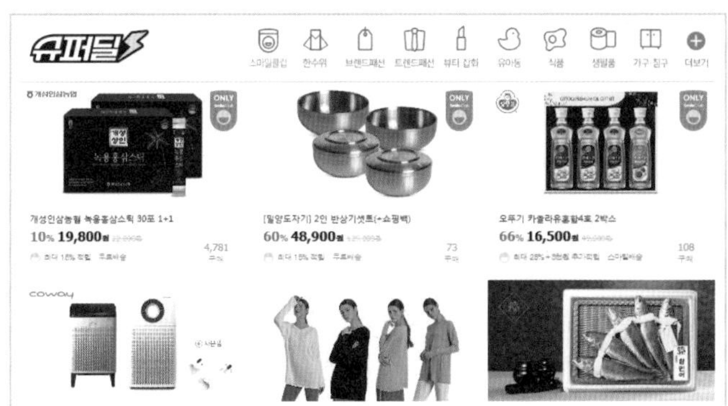

G마켓 슈퍼딜

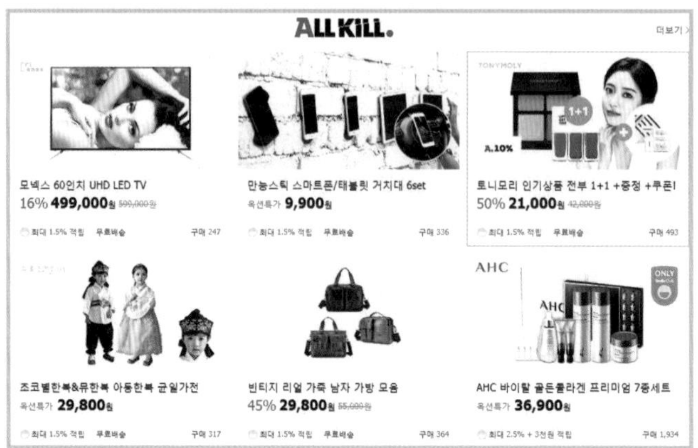

옥션 메인 올킬

입점 제안(www.esmplus.com)

판매자 관리 사이트 ESM Plus 좌측 하단 'ESM PLUS 문의하기' → '프로모션 제안'

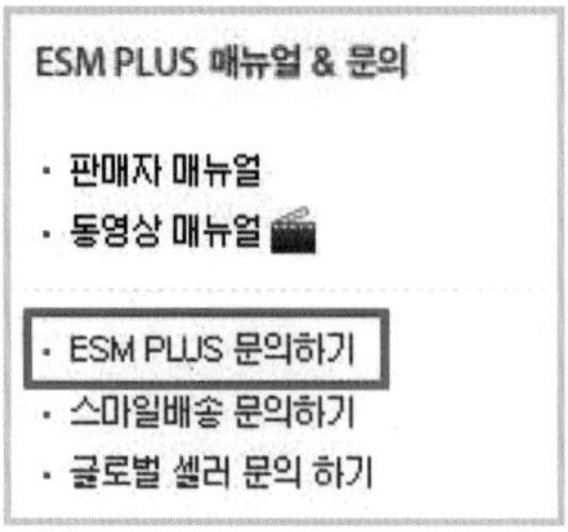

ESM PLUS 매뉴얼 & 문의

- 판매자 매뉴얼
- 동영상 매뉴얼
- ESM PLUS 문의하기
- 스마일배송 문의하기
- 글로벌 셀러 문의 하기

문의 접수하기

문의유형					
상품등록/수정	주문배송	정산/판매예치금	광고	계정관리	ebay이미지호스팅
미니샵/스토어	추천옵션등록요청	카테고리 매칭요청	브랜드 생성요청	이베이물류 서비스이용	이베이물류 센터운영
가이드/품질지수문의	ESMPLUS모바일	다국어상품명요청	가격비교 매칭 요청	프로모션 제안	기타

세부유형 선택: ◉ 프로모션 제안

제목

내용

HTML작성 에디터작성

Font Size... Font Family. Font Format

문의 접수 시 아래 주요 정보를 기재해 주시면 문의사항을 파악하는데 도움이 되며 더욱 정확한 답변이 가능합니다.

1. 요청 사이트 :
2. 권한 신청 판매자 ID :
3. 요청 내용(구체적으로 서술) :

(참고)요청 주신 내용은 상품 & 판매id의 경쟁력과 판매 히스토리 등 다양한 정보를 검토 후 회신 드리고 있으며, 이러한 과정에서 회신이 지연될 수 있음을 참고 부탁 드립니다.

첨부파일: 찾기

•파일형식은 1MB이하, 최대 5개까지 jpg, png, xls만 가능합니다.

등록하기 다시작성

② 옥션 카테고리 올킬

카테고리 올킬은 하루 만 원으로 진행되는 광고인데 행사기간은 1일부터 90일까지 선택할 수 있다.

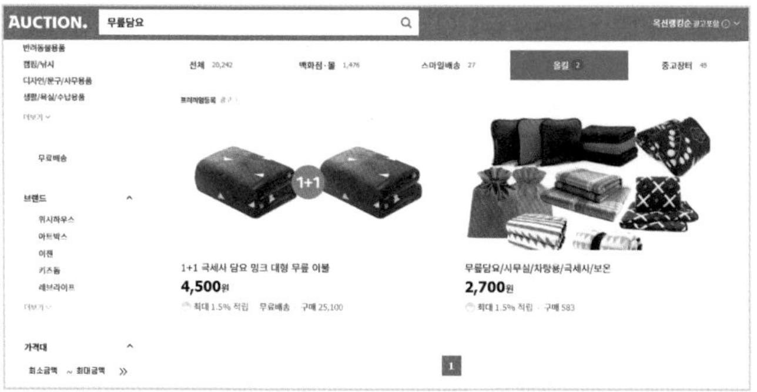

옥션 '무릎담요' 카테고리 올킬

◎ 카테고리 올킬 Q&A

Q&A

Q1 카테고리 올킬의 광고비는 얼마 인가요?

• 카테고리 올킬 광고비는 1일 1만원 입니다.

또한 노출 기간은 1일부터 최대 90일까지 설정하실 수 있습니다.

Q2 카테고리 올킬을 진행중인 상품은 연장이 가능한가요?

• 카테고리 올킬 노출기간에는 연장이 불가능합니다.

노출 기간 종료 후 다시 신청하여 승인을 받으셔야 합니다.

Q3 카테고리 올킬 노출 기준은 어떻게 되나요?

• 카테고리 올킬 신청 시, 올킬 배너를 등록 해 주시면 상단에 노출됩니다.

노출 순서 Default는 MD추천순이며 판매인기순/ 마감임박순/ 신규등록 순으로 정렬할 수 있습니다.
배너이미지 미등록 시에는 카테고리 올킬 하단에 작은 이미지로 노출됩니다.
하단 상품의 노출 순서는 위와 같이 상단 노출 기준과 동일하게 적용됩니다.

Q4 카테고리 올킬을 구매한 상품은 변경이 가능한가요?

• 구매하신 기간 동안 상품의 변경은 불가능 합니다.

다른 부가서비스와 마찬가지로 재고 부족/ 판매 중지의 경우, 상품 배너에 SOLD OUT 표기되며, 구매하신 기간 동안 노출됩니다.
또한 조기 판매 종료로 인한 부가서비스는 환불이 불가하니 이점 유념해 주시기 바랍니다.

Q4 카테고리 올킬을 위한 심사 기준은 어떤 것이 있나요?

• 구매하신 올킬 심사 기준은 3가지입니다.

상세페이지 제작 가이드 준수/ 소구문구 가이드 준수/ 배너 제작 가이드 준수입니다.
3가지 항목의 가이드를 반드시 준수해 주셔야 올킬 승인이 가능합니다.

출처: 이베이

입점 제안

판매자 관리 사이트 ESM Plus 좌측 '광고·부가서비스' → '옥션 부가서비스' → '올킬 신청'

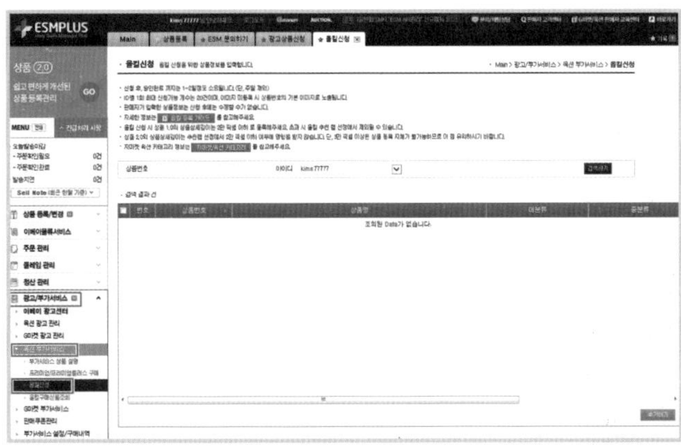

③ 11번가 쇼킹딜

쇼킹딜 신청은 시작일로부터 최소 3일 전에 신청해야 하며 반드시 11번가에 등록되어 있는 상품이어야 한다. 기간은 1일부터 30일까지 선택할 수 있다. 쇼킹딜 판매 기간을 1일로 설정하면 '원데이딜' 코너에도 자동 노출된다. 수수료는 7~20%로 카테고리별로 상이하다.

11번가 쇼킹딜

입점 제안(http://soffice.11st.co.kr)

11번가 셀러오피스 상단 프로모션 관리 → 쇼킹딜 참여 신청

네이버 타임특가

네이버에서도 많은 무료 특가 행사들을 지원한다. 럭키투데이, 기획전, 쇼핑윈도 등이 있는데 이 중에서 타임특가는 단기간 매출로는 최고라고 할 수 있다. 네이버의 고객 유입이 엄청나기 때문에 네이버 메인에 노출되는 타임특가는 이 장에서 소개되는 모든 특별 행사들 중 거의 최고 수준이라고 할 수 있다. 타임 특가는 선정된 행사 상품의 메리트도 높고 딱 12시간만 집중적으로 진행된다. 그렇기 때문에 상품 제안을 하더라도 선정되기가 정말 어렵다.

네이버 타임특가

입점 제안

네이버쇼핑파트너 공식 블로그를 통해 카테고리별 타임특가 일정 확인 및 입점 제안을 할 수 있다.

쇼핑파트너 공식 블로그 : https://blog.naver.com/naver_seller

소셜커머스 특가 행사

소셜커머스는 지금처럼 오픈마켓화되기 전까지 '딜'이라는 특가행사가 주 판매 방식이었다. 지금도 '딜'이 운영되고 있는데 많은 '딜' 중에서도 행사 메리트가 있고 매출이 잘 나올법한 것들만 모아서 특가딜이라는 것을 운영한다. 당연히 일반'딜'들보다 이런 특가딜이 노출도 잘 되고 매출도 훨씬 잘 나온다.

① 위메프

위메프에도 여러 가지 특가 행사가 있다. 특가행사의 이름은 계속 바뀌지만 항상 많은 특가 행사를 운영 중이다. 소셜커머스 중 위메프의 특가행사가 가장 다양하고 강하다고 인식되고 있는데 이 중에서 투데이특가는 예전부터 단기간에 엄청난 매출이 나오기로 유명했다.

'위메프 투데이특가'

② 티켓몬스터

티켓몬스터도 '티몬데이', '1212타임', '타임어택', '무한타임', 가격·카테고리 균일가 행사 등 다양한 특가행사들을 운영하고 있다.

소셜커머스 특가행사 입점 제안

소셜커머스 특가행사는 각 사의 해당 카테고리별 MD들에게 제안하고 MD들이 선정하는 방식으로 운영된다.

G마켓 G9

G마켓에서 소셜커머스 같은 '딜'행사 전문 사이트를 운영하는데 이 사이트가 G9이다. MD들이 큐레이션을 통해 메리트 있는 상품을 선정하여 노출시키는 장점이다. 등록상품이 너무 많아서 노출이 안 되는 오픈마켓 대비 상품 노출 측면에서 유리하다. G9는 이베이에서 운영하는 상품 등록식 오픈마켓인 G마켓, 옥션과는 달리 MD가 승인해야 입점이 가능하다.

G9 : www.g9.co.kr

입점 제안 (http://www.esmplus.com)

ESMPLUS 전문관 관리 → G9사이트 관리 → G9 판매자 신청·확인

원어데이

소셜커머스가 나오기 전까지 최고의 인기를 누렸던 틈새 유통 채널이다. 그 당시에는 하루에 1품목을 파격적인 초특가로 판매한다는 콘셉트로 고객몰이를 했었다. 소셜커머스가 나오면서 큰 타격을 받았지만 아직도 메리트 있는 상품을 제안하면 꽤 매출이 나온다. 일단 예전 전성기 때만큼은 아니지만 원어데이의 기본 충성고객들이 있기 때문이다.

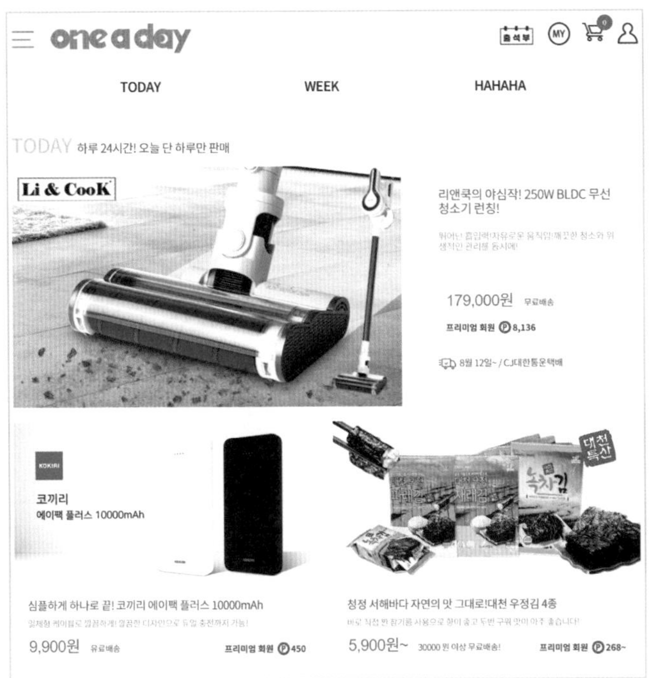

원어데이 : www.oneaday.co.kr

입점 제안

원어데이 홈페이지 내 하단의 '상품 판매신청'

www.oneaday.co.kr/Etc/Affiliate/?act=@form

상품기술서

업체현황	상호명		대표이사		
	주소				
담당자	성명/직함		연락처/ 사무실		
	E-mail		연락처/ 핸드폰		
상품내역					
상품명			모델명		
가격	원어데이 제안가 (VAT포함)		배송비 포함유무		
	온오프라인 최저가		검색기준일		
구성		재질		재고 수량	
색상		소비전력		중량	
규격		원산지		제조원	
유의사항		무상 A/S기간		A/S전화	

상품해설	사진 & 슬라이드
· 구성/ 제원 · 제품 특징 · A/S 및 유의사항	· 이미지 첨부

출처: 원어데이 상품 제안서 양식 (출처 : 원어데이 홈페이지)

기타 공략해볼 만한 오픈마켓, 소셜커머스 프로그램

소셜커머스 사입판매 프로그램

쿠팡이 초반에 위메프, 티켓몬스터 대비 앞서나갔던 원동력은 로켓배송이었다. 쿠팡이 직접 판매자로부터 사입해서 재고관리도 하고 묶음 배송을 해주면서 익일 배송까지 해주면서 고객들을 끌어들였다. 로켓배송의 명성은 지금도 확고하며 쿠팡에서 매출의 주력을 이루고 있다. 쿠팡에서 판매할 때 로켓배송이 있는 카테고리는 로켓배송이 아닌 상품들의 매출이 상대적으로 저조하다. 쿠팡에서 재고 부담을 줄이고자 빠른 판매를 요구하기 때문에 상품 노출이 일반 상품들 대비 확연히 잘 된다. 그렇기 때문에 로켓배송 상품들이 매출이 좋을 수밖에 없다. 로켓배송 상품들은 재고 부담 리스크를 줄이기 위해 보통 회전이 잘 되는 일상 생필품 위주이다. 쿠팡이 사입을 해서 재고까지 책임을 지기 때문에 공급가가 매우 낮고 판매가도 일반 상품들 대비 저렴하다. 고객들 입장에서도 자주 구매하는 일상 생필품이 가격도 저렴하고 묶음 배송 및 익일 배송까지 되는데 선호하지 않을 수가 없다. 위메프에서도 쿠팡을 벤치마킹하여 원더배송이라는 프로그램을 운영하고 있다. 쿠팡의 경우 익일배송 콘셉트의 로켓배송에서 진화하여 새벽 배송 콘셉트셉의 로켓프레시라는 서비스도 론칭하여 운영 중인데 마켓컬리, 헬로네이쳐 같은 프리미엄 신선식품몰 및 할인점 당일 배송 서비스를 타깃으로 하고 있다.

주의할 점

소셜커머스 사입 시스템을 이용할 때 주의할 점이 있다. 먼저 소셜커머스가 요구하는 공급가에 납품할 수 있는지 여부와 나의 가격 운영 전략과 맞는지 여부이다. 소셜커머스에서 사입했기 때문에 판매 가격은 소셜커머스에서 정하는데 보통 시스템에서 자동으로 움직인다. 동일 상품 또는 비슷한 상품들의 가격들을 검색해서 자동으로 소셜커머스 원칙에 따라 가격이 변경된다. 그렇기 때문에 가격이 크게 흔들릴 소지가 있으며 나의 상품임에도 불구하고 네이버쇼핑에서 소셜커머스 사입 상품과 내가 보유한 동일 상품이 서로 가격 경쟁(?)을 벌이는 경우도 발생할 수 있다.

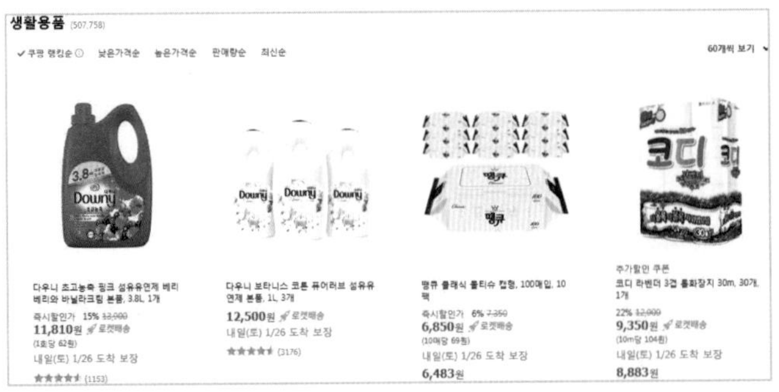

쿠팡 로켓배송

위메프 원더배송

오픈마켓 묶음 배송·익일 배송 프로그램

오픈마켓도 소셜커머스의 사입판매 프로그램을 약간 벤치마킹하여 묶음배송, 익일배송이 가능한 프로그램을 운영하고 있다. 이베이(G마켓·옥션)의 스마일배송이 바로 그것이다. 스마일배송은 오픈마켓이 직접 사입을 하지는 않지만 판매자들이 이베이의 물류센터로 상품을 입고시키면 주문이 들어왔을 때 묶음배송 및 익일배송을 해주는 프로그램이다. 묶음배송과 익일배송은 고객이 구매할 때 큰 메리트를 느끼는 항목이기 때문에 이베이는 스마일배송 상품들을 좋은 위치에 적극적으로 노출시킨다. 노출 우선순위는 해당 서비스에 등록된 상품들 중에서 상품 인기도에 따라서 결정된다.

노출 위치
G마켓: 파워상품-파워클릭-플러스상품-**스마일배송**-포커스상품-일반상품
옥션: 찬스쇼핑-파워클릭-파워등록-**스마일배송**-프리미엄등록-일반상품

위와 같이 1페이지의 광고 구좌들 사이에 스마일배송 상품들이 들어가 있는 것을 확인할 수 있고 당연히 일반 상품들보다 노출 면에서 유리하다. 판매자 입장에서는 어차피 해야 하는 오픈마켓 광고비보다 적은 비용으로 좋은 위치에 노출시키는 것이 가능하다. 다만 상품 입고를 결정할 때 회전율이 좋은 상품을 입고 시켜야 효율적인 운영이 가능하다. 이런 묶음배송, 익일 배송 프로그램들은 비교적 적은 금액의 보관비, 인건비만 내면 되는데 회전율이 좋은 상품이라고 하면 이 서비스를 이용하는 것이 이득이다. 또한 결제 대금 정산면에서도 유리한데 고객의 구매확정이 없으면 보통 결제 대금 정산이 일주일 이상이 걸리나 스마일배송의 경우 D+1(배송 후 1일)에 정산된다.

스마일 배송 상품 입고 신청 (http://www.esmplus.com)

스마일 배송 : ESM Plus 좌측 하단 '스마일배송 문의하기'

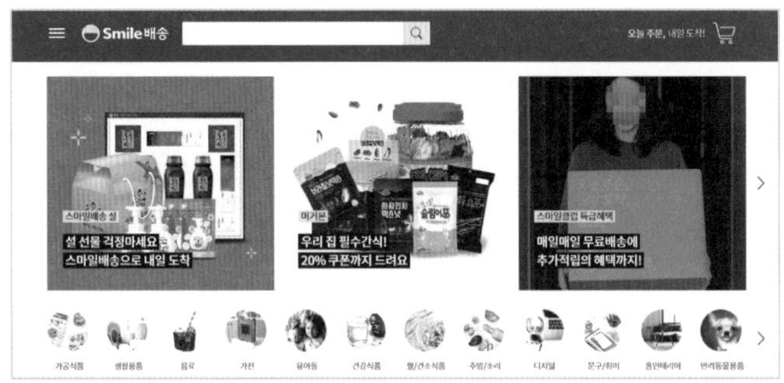

스마일 배송

03

크라우드 펀딩 판매 : 신제품 출시할 때 최고의 유통 플랫폼

크라우드 펀딩으로 상품을 판매한다는 소식을 들어봤는가? 일반인들에게는 크라우드 펀딩으로 상품을 판매한다는 것이 생소한 얘기지만 틈새 유통 플랫폼으로 크라우드 펀딩 판매가 18년도부터 최고 인기를 누리고 있다. 필자도 몇 년 전 크라우드 펀딩으로 상품을 판매한다는 얘기를 들었을 때 의구심을 가졌고 실제로 매출도 많지 않아서 무시하고 있었는데 18년도부터 크라우드 펀딩 판매 시장이 급상승하고 있고 평균 펀딩액도 상당한 수준까지 늘어나고 있다. 영화나 공연 예술 쪽에서 크라우드 펀딩을 한다는 말이 몇 년 전부터 들려왔지만 이제는 유통도 크라우드 펀딩을 활용하는 단계까지 왔다.

크라우드 펀딩의 원조는 미국인데 많은 크라우드 펀딩 사이트들이 선풍적인 인기를 누리고 있고 스타트업의 초반 자금 확보뿐만 아니라 대기업까지 신상품 브랜딩, 홍보용으로 적극 뛰어들고 있다. 미국에서의 성공을 기점으로 각국에서 크라우드 펀딩 사이트들이 속속 생기고 있다. 미국 같은 경우 킥스타터, 인디고고를 통해 스타트업 기업이 세계적인 기업으로 성장한 사례도 많이 나오고 있다.

• **해외 유명 크라우드 펀딩 사이트**

킥스타터(미국) : www.kickstarter.com
인디고고(미국) : www.indiegogo.com
마쿠아케(일본) : www.makuake.com
ZECZEC(대만) : www.zeczec.com

우리나라도 이러한 해외 크라우드 펀딩 사이트들의 성공을 벤치마킹하여 와디즈, 텀블벅, 크라우디 같은 크라우드 펀딩 사이트들이 급속도로 성장하고 있다. 현재 와디즈가 국내 크라우드 펀딩 시장의 70%를 점유하고 있다.

• **국내 유명 크라우드 펀딩 사이트**

와디즈 : www.wadiz.kr
텀블벅 : www.tumblbug.com
크라우디 : www.ycrowdy.com

국내 1등 크라우드 펀딩 '와디즈'

크라우드 펀딩은 투자형(지분형), 리워드형(보상형) 두 가지로 구분된다. 우리가 일반적으로 아는 크라우드 펀딩이 투자형인데 '어떤 회사·상품·브랜드에 투자를 하고 지분을 받는다'라는 개념으로 증권 발행(주식, 채권 등)의 형식으로 투자를 받는 구조이다. 상품보다는 회사, 브랜드에 대한 투자가 많고 펀딩 금액도 리워드형보다 훨씬 크다. 리워드형은 펀딩한 서포터(크라우드 펀딩에서는 펀딩 투자자를 서포터라고 한다)에게 먼저 주문을 받고 펀딩 목표 금액이 달성되면 그때 약속한 제품이나 서비스를 보내주는 방식이다. 투자형보다 일반적으로 펀딩 금액이 적고 쉽게 접근할 수 있기 때문에 중소기업, 소상공인에게 인기가 높다. 이 장에서는 최근 급격히 활성화되고 있는 리워드형 그리고 크라우드 펀딩 시장의 70%를 점유하는 와디즈의 크라우드 펀딩 기준으로 알아보겠다.

크라우드 펀딩은 스타트업 기업을 대상으로 투자 유치하는 게 일반적이었다. 그러나 최근 크라우드 펀딩 시장은 스타트업 기업뿐만 아니라 일반 중소기업들도 신상품, 신규 브랜드의 판매 채널, 홍보 채널 확보 차원에서 적극 뛰어들고 있다. 자금력이 부족한 중소기업이 신제품을 출시하면 홍보하고 판매하는 과정이 엄청나게 힘들고 실패 확률도 높았으나 크라우드 펀딩을 이용하면 이런 리스크를 많이 줄일 수 있다. 크라우드 펀딩 초기에는 자금이 부족한 스타트업·중소 기업들이 주를 이루었으나 최근에는 자금이 필요 없는 중견 기업들도 신상품, 신규 브랜드 홍보를 위해 참여하고 있는 상황이다. 미국 같은 경우는 대기업도 제품 브랜딩 및 홍보를 위해 참여하고 있기 때문에 국내도 이런 트렌드로 갈 것으로 예측한다. 이와 같이 크라우드 펀딩에 대한 관심이 높아지다 보니 펀딩액도 높아지고 펀딩에 참가하는 서포터들 수도 급속히 늘어나고 있다. 와디즈에서 진행된 샤플 백팩의 경우는 이해하기 쉬운 리워드 소개와 메이커 소개, 오프라인 시연회를 통해 무려 15억 원의 펀딩에 성공했다. 다만 크라우드 펀딩에서 한 가지 문제점은 크라우드 펀딩 업체들이 상품 및 유통에 대한 전문성이 떨어지다 보니 일정 수준에 미달하는 업체와 상품들이 펀딩에 올라와서 투자자들이 피해를 보는 사례도 발생한다는 점이다.

그렇다 할지라도 만약 필자가 신제품을 출시한다고 하면 많은 장점을 가지고 있는 크라우드 펀딩을 무조건 적극적으로 활용할 것이다. 유통은 계속 변화하기 때문에 크라우드 펀딩을 활용한 유통도 언제까지 가성비가 좋을지 알 수 없다. 지금이 바로 크라우드 펀딩 유통에 올라탈 적기이다. 크라우드 펀딩 유통이 대중화되고 경쟁이 치열해지면 지금과 같은 효과는 보지 못할 것이다.

투자형 (와디즈)

리워드형 (와디즈)

카카오 메이커스와 크라우드 펀딩의 차이
시중에 없는 상품을 선판매 하는 것이 크라우드 펀딩이고 시중에 있는지 없는지 여부와 상관없이 온라인에 노출이 안 된 상품을 판매하는 것이 카카오 메이커스다.

◎ 크라우드 펀딩의 장점

- 제품 제작 비용을 미리 확보
- 제품 출시 전 선 판매로 사전 매출 및 충성 고객 확보
- 고객의 니즈를 사전에 파악하여 제품 개선하여 출시 가능
- 신제품, 신규 브랜드의 광고비 절감, 홍보 활성화
- 펀딩 종료 후 외부에서 제품 구매 요청, 제휴 요청 활성화
- 펀딩 성공 시 제품 · 회사의 브랜드 파워 강화
- 정부 지원 자금 신청 시 유리함

위에 크라우드 펀딩의 여러 가지 장점에 대해 언급했는데 솔직히 말해서 자금이 부족한 중소기업의 입장에서 현재 신제품 론칭 플랫폼으로는 크라우드 펀딩이 최고라고 할 수 있다. 일단 펀딩에 어느 정도 성공하면 여러 루트를 통해 협력이나 제휴 요청이 들어온다. 다이렉트로 특판 문의도 들어오고 상대적으로 갑의 입장에서 업무를 진행할 수 있다. 이미 크라우드 펀딩을 통해 제품에 대한 검증이 어느 정도 되었기 때문에 상대방이 가격이나 결제 등에서 무리한 제안을 할 확률도 적어지고 여러 제안 업체 중에서 나와 맞는

업체를 선택할 수도 있다.

신제품의 경우 실패할 확률이 80% 이상인데 사전에 신제품의 시장성과 고객 반응을 검증할 수 있고 고객 반응을 캐치하여 제품을 개선하여 출시할 수도 있다. 진행 중에 도저히 성공할 가망이 없다고 생각되면 포기할 수도 있는데 이는 많은 시간, 돈, 노력을 아껴주는 효과가 있다. 또한 해외 진출을 노리는 업체는 크라우드 펀딩이 더욱 유리한데 이미 국내의 크라우드 펀딩 업체들의 수준이 올라와서 해외의 바이어들이나 에이전트들이 국내에서 펀딩에 성공한 상품들을 눈여겨보고 괜찮은 상품은 직접 수입하여 판매하는 경우도 점점 늘어나고 있다.

✓ 크라우드 펀딩 진행 시 주의할 점

- 시장에서 판매되지 않는 신제품 조건
- 이미 판매되고 있는 제품이라면 모델, 디자인, 규격을 변형해서 출시하고 기존에 팔리고 있는 제품은 일단 판매 중지
- 상품성 뿐만 아니라 크라우드 펀딩 사이트에 올리는 상세페이지의 콘텐츠가 판매에 결정적인 영향을 끼침. 사진보다는 동영상이 훨씬 효과가 좋음

  서포터들을 끌어들일 수 있는 차별화된 스토리 필요
- 초반 펀딩 달성률, 펀딩 금액, 지지 서명이 펀딩 성공에 큰 영향을 끼침
- 목표 금액이 높다고 펀딩 성공률이 높아지는 게 아니고 달성률이 더 중요

  (펀딩 성공을 위해 일부러 목표금액을 낮추고 달성률을 높이는 경우 많음)

■ 펀딩 신청

와디즈 : www.wadiz.kr/web/wsub/openfunding/reward

텀블벅 : https://tumblbug.com/start

와디즈 리워드 펀딩 진행 프로세스

① 펀딩 오픈 시작

② 프로젝트 검토 요청 및 심사

③ 오픈 예정 진행(선택사항)

④ 프로젝트 오픈

⑤ 프로젝트 종료 및 정산

⑥ 리워드 준비 및 배송

* 오픈까지 평균 10일 소요, 프로젝트 오픈부터 종료까지 평균 25~30일 소요 총 30~50일 소요

크라우드 펀딩 수수료

① 와디즈

기본 : 수수료 7%, 결제 대행(PG사) 수수료 2.4%

부가 서비스 : '오픈 예정'서비스 3%, '데이터 플러스' 서비스 2%

② 텀블벅

기본 : 수수료 5%, 결제 대행 수수료 3%

크라우드 펀딩 카테고리

거의 모든 카테고리 상품들의 크라우드 펀딩이 가능하다.

와디즈 카테고리 (출처 : 와디즈 홈페이지)

◎ 와디즈 결제 및 정산 과정

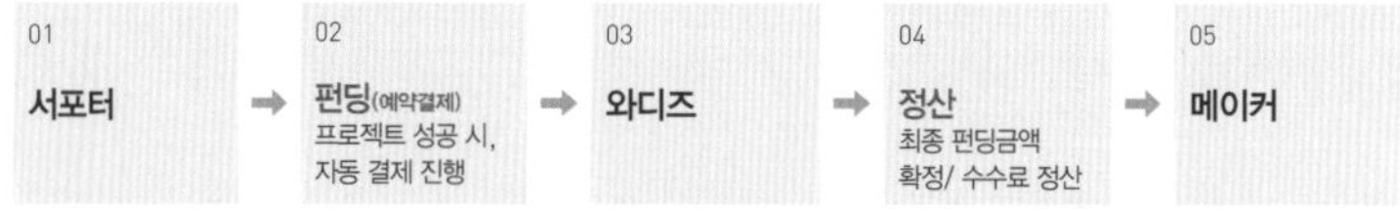

프로젝트 성공 시 마감일 +1 영업일부터 최대 +4 영업일에 걸쳐 결제 실행

출처: 와디즈 홈페이지

◎ 와디즈 정산금 입금 과정

01. 결제진행	02. 최종 펀딩금액 확정	03. 정산입금 요청서, 첨부서류 및 수령 확인	04. 정산금 입금
프로젝트 마감 이후, 서포터의 펀딩금액 카드 결제가 실행됩니다. (최대 4영업일 소요)	결제실행 이후, 메이커의 최종 펀딩금액이 확정됩니다.	펀딩금액 확정 이후, 와디즈는 정산금 입금요청서&첨부서류를 메이커에게 안내합니다. 메이커로부터 서류 수령이후, 정산금 입금 절차가 진행됩니다.	PG사의 와디즈 입금절차이후 정산금 입금이 됩니다. 정산금 입금은 매주 화요일, 목요일에 진행됩니다.

최종 펀딩 금액 2천만 원 초과시 2차로 분할 정산
* 1차: 80% 지급, 2차: 리워드 발송 확인 후 20% 지급
정산 받은 후 법인세법, 소득세법, 부가가치세법 등 법령에 따라 세금신고 및 납부

출처: 와디즈 홈페이지

Tip

와디즈 정산시 필요서류

① 개인인 경우

· 정산금 입금 요청서

· 대표자의 인감증명서 또는 본인서명 사실 확인서

② 개인 사업자인 경우

· 정산금 입금 요청서

· 대표자의 인감증명서

③ 법인 사업자인 경우

· 정산금 입금 요청서

· 법인 인감증명서

와디즈의 경우 신규 사업자의 크라우드 펀딩을 돕기 위해 '와디즈 스쿨'이라는 교육 프로그램을 운영하고 있다. '와디즈 스쿨'에서 다양한 온 · 오프라인 강의를 통해 교육이 진행되니 관심 있다면 반드시 참고하기 바란다. 또한 법인사업자에 한해서 와디즈의 투자자 연결 서비스를 신청하여 이용할 수 있다. 와디즈는 은행 및 금융기관, 벤처캐피탈, 사모펀드, 해외투자자, 전문 투자자와의 네트워크가 잘 되어 있다.

와디즈 스쿨 : www.wadiz.kr/web/school/main? type =r eward & month=2019-01

다시 한 번 강조하지만 신제품, 신규 브랜드를 론칭할 때 크라우드 펀딩보다 나은 유통 플랫폼은 국내에서 찾아보기 힘들다. 조건이 된다면 반드시 시도해 보길 강력 추천한다. 그러나 크라우드 펀딩 실패 시 제품 및 브랜드에 대한 신뢰가 떨어질 수 있고 펀딩에 성공했더라도 품질·배송에 문제가 발생할 경우 도리어 역효과를 낼 수 있다는 것도 명심하기 바란다. 크라우드 펀딩 플랫폼의 경우 제품 전문가가 아니기 때문에 품질 검수 측면에서 약할 수밖에 없는데 최근 품질, 배송에서 문제가 많이 발생해서 서포터들의 원성을 사는 경우가 많이 발생하고 있다.

04

식품 전문 유통 판매: 식품 특화 온라인 유통 채널 공략

온라인 유통 판매의 주력 카테고리는 식품이 아닌 생활잡화, 패션 같은 비식품이다. 식품의 경우는 아무래도 신선도 문제나 품질에 대한 검증이 어렵기 때문에 온라인 유통 채널보다는 아직까지 오프라인 유통 채널이 주력이다. 식품은 대기업이 운영하는 할인점, 슈퍼마켓 등에서 많이 구매하는 것이 현실이다. 비식품, 패션 쪽은 오프라인 유통 채널에서 거의 온라인 유통으로 넘어왔으나 식품 카테고리는 아직 오프라인 유통 채널의 힘이 강하다. 그러나 식품 카테고리도 최근 들어 서서히 온라인 유통 채널로 확대되고 있는 상황이다. 사실 생활잡화, 패션 같은 경우는 워낙 판매자도 많고 경쟁이 치열하기 때문에 온라인 유통판매가 쉽지가 않으나 식품 같은 경우는 경쟁이 적기 때문에 오히려 온라인 판매에서 유리한 측면이 있다. 게다가 충성고객을 보유하고 있는 식품만 특화해서 판매하는 유통 채널들이 최근 몇 년 사이에 급속도로 성장하여 이런 유통 채널만 잘 공략한다면 좋은 결과를 얻을 수 있다. 그럼 하나하나 식품 특화 유통 채널에 대해 알아보자.

프리미엄 식품 전문 온라인몰

최근 1~2년 사이 급성장한 프리미엄 식품 전문 유통 채널이 있다. 프리미엄 식품 유통 채널의 대표주자는 마켓컬리와 헬로네이처인데 이들은 엄격한 품질관리와 퀄리티 있는 새벽 배송, 당일 배송이라는 강력한 무기를 바탕으로 매년 엄청난 성장을 해오고 있다. 밤 11시 이전에만 주문하면 다음날 아침 7시 전 신선한 식품들이 도착한다는 점이 주부들에게 폭발적인 반응을 불러일으켰다. 큐레이터가 작품을 수집하고 전시하고 기획하듯 식품 전문가가 직접 제품을 골라서 합리적인 가격에 제공하는 큐레이션 커머스 서비스의 대표 성공사례로 꼽힌다.

마켓컬리 : www.kurly.com
헬로네이처 : www.hellonature.net

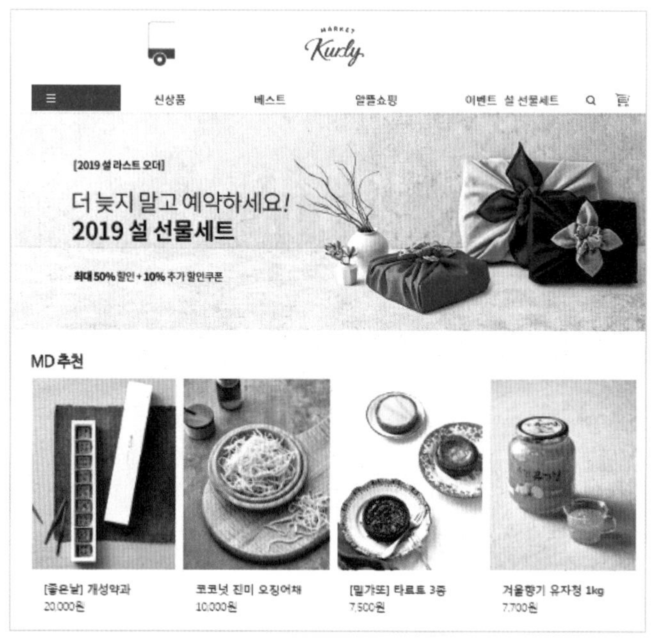

프리미엄 신선식품 전문몰 마켓컬리

마켓컬리는 서비스 시작 첫해인 2015년 매출 29억 원을 기록했고, 2016년에는 174억 원, 2017년 465억 원을 기록했는데 2018년 매출은 1,000억 원을 돌파했다. 이런 매출 수직 상승은 앞으로도 계속 지속될 것으로 보인다. 신문기사에 따르면 마켓컬리의 엄청난 잠재력으로 인해 현재 카카오를 포함한 많은 대기업들이 마켓컬리 인수를 추진하려고 기회를 엿보고 있다. 마켓컬리의 경쟁사인 헬로네이처는 2018년 CU 편의점으로 유명한 BGF리테일이 인수하여 운영하고 있다. 마켓컬리는 2019년부터 전지현을 광고모델로 고용하여 매출 확대에 박차를 가하고 있다. 마켓컬리의 최근 성장세를 보면 필자는 2000년대에 네이버가 전지현을 모델로 기용하던 때가 떠오른다.

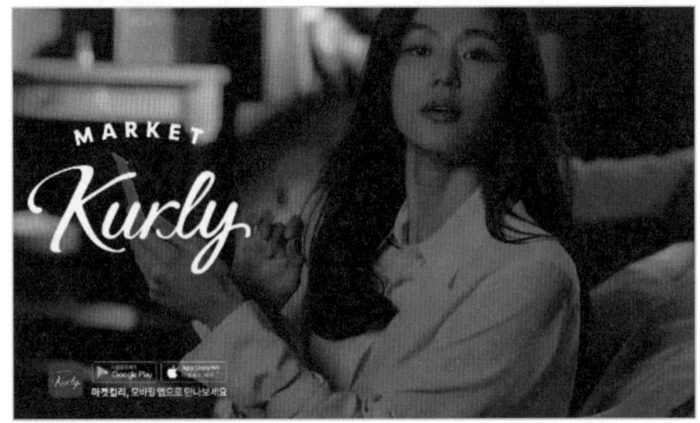

전지현을 기용한 2019년 마켓컬리 광고

최근 마켓컬리와 헬로네이처는 엄마들의 입소문을 타고 무섭게 성장하고 있는데 이들 식품 전문몰의 경우 고객 기반이 탄탄하고 재구매 상품 위주여서 장기적으로 큰 매출을 기대해 볼 수 있다. 현재 마켓컬리는 회원수가 수 십만 명에 달하며 신선식품이 주력이나 가공식품도 일부 판매가 되고 있다. 새벽 배송, 당일 배송을 위해 운영도 일반 온라인몰들처럼 판매 수수료제가 아닌 직매입 위주로 운영이 된다. 매입량은 판매되는 속도에 따라 다른데 유통기한 내에 팔릴 거 같지 않으면 할인을 하는데 이때 매출이 확 올라온다. 마켓컬리와 헬로네이처가 급성장하면서 상품 입점은 갈수록 어려워지고 있는데 각 업체 홈페이지 하단의 입점 제안 코너를 통해 입점 신청하면 된다. 입점 제안을 하면 마켓컬리는 영업일 기준 10일 이내, 헬로네이처는 영업일 기준 14일 이내에 통과 여부를 알려준다.

◎ 헬로네이처 입점 제안 양식

업체명 *
Your answer

업체 주소지 *
Your answer

홈페이지 주소 *
Your answer

담당자명 *
Your answer

담당자 연락처 *
Your answer

담당자 이메일 *
Your answer

식품제조업 허가 유무 *
○있음
○없음
○기타

식품제조업 허가 유무 *
○신선식품
○가공식품
○기타

입점제안 상품 상세 설명 *
Your answer

출처: 헬로네이처 홈페이지

네이버쇼핑 푸드윈도

네이버쇼핑 푸드윈도도 식품만 전문적으로 판매하는 가성비 좋은 유통 채널이다. 푸드윈도는 스마트스토어를 운영해야 입점할 수 있는데 네이버의 막대한 고객 기반을 활용하기 때문에 노출만 잘 되면 매출 활성화에 도움이 된다. 보통 신선식품 위주이나 신선식품을 원재료로 한 가공식품도 판매된다. 푸드윈도 상위 판매자들의 경우 보통 구매리뷰가 몇 천 개, 판매량이 몇 만 개 단위이다. 그렇기 때문에 푸드윈도 입점 조건에만 맞는다면 무조건 입점해서 판매를 해야 하는 유통 채널이다.

네이버쇼핑 푸드윈도

◎ 푸드윈도 카테고리

❶ 산지 직송

생산자가 직접 생산하여 산지에서 고객에게 직배송되는 식품 관련 상품군
(샘플 테스트 요청할 수 있으며 테스트 결과에 따라 입점 불가 및 퇴점 가능)

❷ 지역 명물

지역 하면 떠오르는 식품이나 지역 시장 내 매장을 보유하여 직접 생산하고 고객에게 직배송되는 상품군
(샘플 테스트 요청할 수 있으며 테스트 결과에 따라 입점 불가 및 퇴점 가능)

❸ 전통주

주류 중 전통주 면허를 받아서 생산한 상품군

❹ 쿠킹박스

즉석조리식품 중 Recipe에 따른 조리과정이 있는 쿠킹박스형 상품군

위의 네 가지 카테고리별로 각각 입점 조건이 상이한데 네이버 쇼핑(https://shopping.naver.com/) 최하단의 '쇼핑윈도 노출안내'를 클릭하고 '푸드윈도'를 선택하면 각 카테고리 별로 입점 조건을 확인할 수 있다. 입점 신청은 앞의 푸드윈도 입점 조건 페이지 최하단의 '1:1 문의하기'에서 할 수 있다.

| 회원정보

아이디 kimsglobalmart

이메일 @ ✔직접입력

답변 받으실 이메일 주소를 꼭 기재해 주셔야 합니다

스마트스토어/윈도 상호 ☐없음

답변알림요청 ☐ SMS 알림 요청 동의 문의 답변 SMS 알림 및 고객응대 외의 용도로는 사용되지 않습니다

010 ▼ - -

| 문의유형

상담분류 쇼핑윈도 가입/심사 ▼ 푸드윈도 ▼

| 문의내용

제목 0/50

내용

2. 대표자명
3. 스마트스토어명
4. 스마트스토어 URL
5. 판매상품
(상품명, 가격, 스마트스토어 상품 URL)
6. 회사소개 및 브랜드 소개서 (첨부)

문의 시 주민번호, 계좌번호와 같은 개인정보 입력은 자제하여 주시기 바랍니다 478/5,000

문의내용에 욕설, 성희롱 등의 내용이 포함된 경우 상담이 제한될 수 있습니다

파일첨부 파일첨부

2MB 이하의 파일 3개까지 첨부하실 수 있으며 exe, zip, pdf 등 일부 파일형식은 첨부하실 수 없습니다

푸드윈도 입점 신청 양식 (출처 : 네이버쇼핑 홈페이지)

대기업 운영 식품전문몰

동원F&B가 운영하는 온라인 식품전문쇼핑몰 '동원몰'도 성장세가 가파르다. 동원몰은 2007년에 오픈했는데 동원F&B, 동원산업, 동원홈푸드 등 동원그룹 관련 1,000여 종의 식품, 식자재를 포함해 타사 식품, 생활용품에 이르기까지 10만 여종의 다양한 식품, 생활용품을 판매하고 있다. 오픈 첫해인 2007년 연 매출 2억 원에서 출발해 매년 50% 이상의 신장률을 보이면서 회원 수 70만 명 돌파 및 300억 원 대의 매출을 올리고 있다. 동원몰은 대기업의 풍부한 자금력과 기존 동원 제품 충성 고객 기반을 바탕으로 회원 등급별 할인쿠폰과 쇼핑 지원금 등 다양한 혜택을 제공하여 식품 구매 고객들을 끌어들이고 있다.

동원몰 : www.dongwonmall.com

동원몰의 이러한 성장세는 고객층을 연령별, 성별 등 다양한 기준으로 나누어 구매 성향을 철저히 분석하고, 고객들의 요구 사항을 적극 반영한 다양한 서비스 덕분에 가능했다. 동원몰의 '밴드배송' 서비스는 고객들의 호응이 가장 좋은 서비스로, 동원 제품 1000여 개를 비롯해 코스트코 2000여 개 상품과 대형할인마트 상품 5000여 개, 총 8000여 개 상품을 묶어서 배송하는 서비스다. 또한 식품 제조사 기반의 쇼핑몰로서는 최초로 모델 마케팅을 진행하기도 했으며, 식품 전문 인공지능 챗봇, '푸디(Foody)'를 론칭하기도 했다. 이런 여러 가지 장점 때문에 여러 식품전문몰 중에서도 대기업이 운영하는 동원몰에 입점하는 것이 유통판매에 유리하다.

동원몰 입점 제안 : 동원몰 홈페이지 하단 '신규 입점' 클릭

◎ 동원몰 입점 프로세스

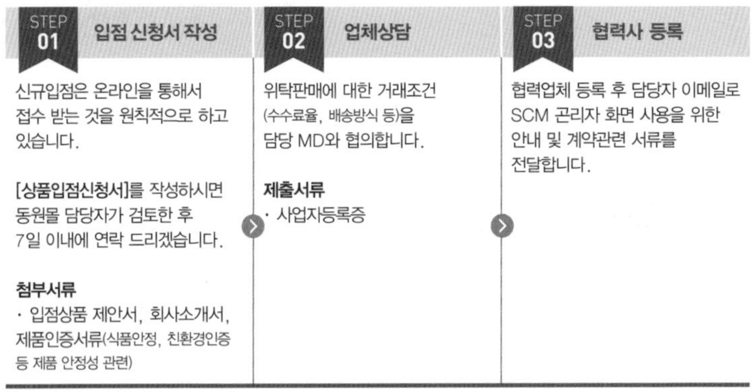

STEP 01 입점 신청서 작성
신규입점은 온라인을 통해서 접수 받는 것을 원칙적으로 하고 있습니다.
[상품입점신청서]를 작성하시면 동원몰 담당자가 검토한 후 7일 이내에 연락 드리겠습니다.
첨부서류
· 입점상품 제안서, 회사소개서, 제품인증서류(식품안정, 친환경인증 등 제품 안정성 관련)
STEP 02 업체상담
위탁판매에 대한 거래조건 (수수료율, 배송방식 등)을 담당 MD와 협의합니다.
제출서류
· 사업자등록증
STEP 03 협력사 등록
협력업체 등록 후 담당자 이메일로 SCM 관리자 화면 사용을 위한 안내 및 계약관련 서류를 전달합니다.

출처: 동원몰 홈페이지

식품 전문 B2B 도매몰

일반적으로 널리 알려진 온채널, 오너클랜 같은 비식품 위주의 B2B 배송대행 도매몰처럼 식품 분야에서도 최근 급성장하고 있는 회원제 식품 전문 B2B 도매몰 위플이 있다. 위플을 통해 식품 공급사는 내 상품을 모든 온라인상에서 판매해주는 온라인 영업사원들을 얻을 수 있다. 보통 식품 제조업체가 도·소매 판매 루트를 뚫는데 어려움을 겪는데 위플을 이용하면 쉽게 온라인 도·소매 채널을

구축할 수 있다. 일반적으로 식자재뿐만 아니라 일반 가공식품들까지 전체를 취급하는 식품 전문 B2B 배송대행 도매몰이 있다고는 생각하지 못하고 있었는데 위플이 화려하게 출범하여 시장을 개척하고 있다. B2B 판매자들 및 상품 공급사 양쪽 다 모집하며 규모를 확대하고 있다.

식품 B2B 배송대행 도매몰 위플 : http://mywiple.com

입점 신청 : 홈페이지 내 '상담 문의' 클릭

우체국 쇼핑몰

우체국 쇼핑몰은 농어촌 지역 경제 활성화를 위해 시작된 산지 직송 서비스로서 우정사업본부가 운영하는 공공 온라인 쇼핑몰이다. 1986년 농수산물 수입개방(우루과이라운드)으로 인해 우리 농어민은 판로 개척이 어려워졌고, 이때부터 우체국 쇼핑은 전국 우체국 네트워크를 통해 소상공인, 생산자와 소비자를 직접 연결하여 안심 먹거리를 제공하고 있다. 그렇기 때문에 우체국 쇼핑몰은 각종 정부단체와 지자체의 전폭적인 지원을 받아서 식품 위주의 지역 특산물 판매에서 엄청난 강점을 보이고 있다. 또한 우체국의 엄청난 고객 기반도 활용하여 일반 쇼핑몰과는 달리 고정적인 충성고객이 풍부하다. 우체국 쇼핑은 9,000여 개의 공급사가 있으며 10만여 개의 상품을 판매하고 있으며 매년 약 1800억 원의 매출을 올리고 있다.

우체국 쇼핑은 지자체와의 연계행사 및 정부단체와의 특별행사들도 자주 개최하여 행사 및 상품 메리트를 높이고 있으며 고객들의 만족도도 매우 높다. 우체국 쇼핑몰은 우체국 B2B라는 B2B 사이트도 운영 중인데 여기도 입찰 구매, 공동구매, 법적 의무구매에 따른 높은 거래액으로 인해 B2B 업계에서 화제를 불러일으키고 있다.

우체국 쇼핑 : https://mall.epost.go.kr

입점 신청

우체국 쇼핑몰 홈페이지 하단 '입점 안내' 클릭

우체국 쇼핑몰은 입점 심사를 깐깐하게 하는 편이라 준비해야 할 것이 많다.

Tip

공통 입점 서류

- 우체국 쇼핑 양식 입점 신청서(인감날인 필수)
- (필수) 사업자등록증(사본)
- (필수) 통신판매업 신고증 또는 주류 통신 판매업 신고증(사본)
- (필수) 법인 또는 대표자 명의 우체국 통장(사본)
- (필수) 법인 인감증명서
  또는 개인사업자의 경우 대표자 개인 인감증명서(사본)

※ 추후 계약 진행 시 원본 제출

- (해당) 법인 등기부등본(사본)
- (해당) 영업등록증, 공장등록증(사본)

◎ 식품유형별 추가 서류

1차식품(농수축산물)

(필수) 원산지 증명서
(필수) 생산자확인가능서류
(농산물업체 농지원부/수산물업체 수매확인서 등, 축산물업체 영업신고증 등 1부 제출)
(해당) 무농약/유기농 인증서 → 관련 잔류 농약성적서(필수)
(해당) GAP 인증서

가공식품

(필수) 품목제조보고서, 유통기한 설정사유서
(필수) 원산지 증명서
(필수) 자가품질검사성적서(공인기관성적서)
(필수) 제품사진(제품확대사진/표시면 등)
(필수) 수질검사성적서
(해당) 유기가공식품 인증서 → 관련 잔류 농약성적서(필수)
(해당) 영양성분 시험성적서
(해당) HACCP 인증서
(해당) 수입식품: 수입면장, 원산지 증명서

건강기능식품

(필수) 품목제조보고서, 유통기한 설정사유서
(필수) 원산지 증명서
(필수) 자가품질검사성적서(공인기관성적서)
(필수) 제품사진(제품확대사진/표시면 등)
(필수) 수질검사성적서
(해당) 영양성분 시험성적서
(해당) GMP 인증서

출처 : 우체국 쇼핑몰 홈페이지

네이버 식품 공동구매 카페

네이버 카페 중에 신선식품 및 지방 특산물 중심의 공동구매 카페들이 있다. 이 카페들에서는 신선식품이 주력이지만 신선가공품 및 가공식품들도 활발히 거래가 이루어지고 있다. 솔직히 정식적인 유통 채널이라고 하기는 그렇지만 야전에서는 상당히 인지도 있고 유명한 공동구매 카페들이다.

보통 일정 금액을 내고 판매자 등록을 하고 게시판에 본인의 상품을 올려서 판매를 하는 시스템인데 많은 회원수를 바탕으로 거래가 활발히 이루어진다. 일반 공동구매 카페들과 달리 판매자 등급제도 운영하고 있으며 나름 관리가 되고 있다. 그러나 온라인 공동구매의 특성상 사기 등 거래상의 문제가 발생할 수 있으니 주의해야 한다.

- **주요 온라인 식품 공동구매 카페**

농라(https://cafe.naver.com/tlsxh)

농산물, 수산물 직거래 카페 회원수 81만 명

판매자 신청 : https://cafe.naver.com/tlsxh/19180

농라수터(https://cafe.naver.com/soosannara)수

산물 직거래 카페, 회원수 7만 명

판매자 신청 : https://cafe.naver.com/soosannara/6

농라마트(https://cafe.naver.com/nonglamart#)

농산물, 수산물, 가공식품 직거래 카페, 회원수 22만 명

판매자 신청 : https://cafe.naver.com/

nonglamart/6

농산물, 수산물 직거래 장터 농라

05

무재고 배송대행 판매: 매력적인, 그러나 쉽지 않은 유통

당신이 만약 자본금이 거의 없는데 유통을 하려고 하면 어떻게 시작할 것 같은가? 돈이 부족하기 때문에 사입 판매는 힘들 것이다. 돈 없이 유통을 시작하는 방법을 찾다 보면 아마 B2B 무재고 배송대행 판매 광고를 접하고 이를 시작할 확률이 높을 것이다. 돈 들여 상품을 사입 하지 않고 상품 공급업체에서 제공해준 상세페이지를 가지고 온라인 쇼핑몰들에 올려서 고객으로부터 주문이 들어오면 공급업체에 발주를 넣는다. 그리고 공급업체는 내가 알려준 고객 주소를 바탕으로 고객에게 배송을 해준다. 무재고, 무자본(?)이라는 B2B 도매업체의 온·오프라인 교육을 듣고 월 천만 원 수익이라는 청운의 꿈을 품고 판매를 시작할 것이다. 위와 같은 방식으로 자본이 없는 상태에서 유통을 시작하게 될 확률이 높다.

2000년대 중반 위와 같은 B2B 무재고 배송대행 판매 방식이 처음 나왔을 때는 정말 혁신적이었다. B2B 도매몰, 상품 공급업체, 판매자 3자가 원하는 것이 모두 충족되면서 시장 규모가 커지고 B2B 배송대행 도매몰들이 우후죽순 생겨났다. 그 당시에 B2B 배송대행을 시작한 사람들은 실제로 높은 수익을 올리는 사람들이 많았다. 그러나 지금은 B2B 무재고 배송대행 판매에 뛰어드는 사람들이 너무 많다 보니 경쟁이 치열해졌다. 한마디로 예전에는 B2B 도매몰에 올라온 A라는 상품을 판매하는 판매자가 10명이었다면 지금은 100명이 되었다는 의미이다. 물론 판매자도 많아졌지만 B2B 도매몰이 취급하는 상품도 그만큼 많이 늘어났다.

무재고 배송대행 판매에 대해 말들이 많다. 최근 들어 부정적인 의견들이 많긴 한데 필자는 그럼에도 불구하고 유통 경험 및 자본이 부족한 초보자들이 유통에 접근하기에 좋은 시스템이라고 생각한다. '적은 자본으로 유통 판매를 해볼까'라고 생각하며 이것저것 알아보는 유통 초보자들에게 무재고 배송대행 판매는 나쁘지 않은 선택이다. 무재고 배송대행 판매는 '상품 보는 눈'. '시즌 보는 눈', '키워드·카테고리 선정', '각종 홍보, 광고 기법'을 시험하고 익힐 수 있는 기회를 준다. 그리고 아무리 무재고 배송대행 판매로 생계유지할 정도의 수익을 내기가 쉽지 않다고 해도 열심히 효율적으로 하는 누군가는 월 천 만 원 이상의 수익을 내고 있다. 필자가 생각하기에 무재고 배송대행 판매 기법, 마케팅, 광고에 대해 제대로 교육을 받고, 직장 다닐 때처럼 하루 8시간씩 2~3년 꾸준히 한다면 월 3백만 원 순수익은 지금도 충분히 올릴 수 있다고 생각한다. 사실 무재고 판매의 성공률이 매우 낮다고 하는데 무재고 판매에 뛰어드는 사람의 적어도 절반은 남의 돈 받고 직장 다닐 때처럼 열심히 하지 않는다. 그냥 쉽게 유통으로 돈 벌어볼 생각에 별다른 노력은 하지 않고 기본 중의 기본만 하다가 매출이 생각대로 안 나오면 무재고 배송대행 판매에 대해 욕하면서 포기한다. 우리가 직장에 들어가서 어떤 일을 배울 때 하루 8시간씩 3개월 하면 전문가가 되는가? 사실 무재고 배송대행 판매도 공부해야 할 것이 상당히 많다. 단순히 B2B 도매몰의 상품들을 대량 등록 솔루션을 써서 오픈마켓, 소셜, 스마트스토어 등에 5천~1만 개씩 대량 등록했다고 해서 매출이 나오는 것이 아니다. 아이템 선정, 키워드·카테고리 선정, 마케팅, 광고, 홍보, 솔루션 활용법, SNS 활용, 로그 분석기 활용법 등 직장 월급 이상의 수익을 올리기 위해서는 알아야 할 것이 많다. 이런 것들이 2~3개월 하루 4~5시간씩 한다고 해서 제대로 알 수 있겠는가? 그렇기 때문에 필자는 무재고 배송대행 판매를 부정적으로만 보지는 않는다. 직장·학교 다닐 때처럼 꾸준히 공부하면서 하루 8시간 2~3년 정도 하면 월 3백만 원은 너끈히 벌 수 있을 거라 확신한다. 물론 상품 등록하고, 주문받고, 발주 넣고, 상품 품절 처리하는 단순 작업만 2~3년 하는 것을 말하는 것이 아니다. 이런 단순 작업은 기본이고 B2B 도매몰 교육센터 또는 각종 유통 마케팅 교육·강의를 통해서 위에 언급한 중요 항목들에 대한 노하우를 열심히 배우고 온·오프라인 무재고 판매자 모임 같은데도 참석해서 상위 판매자들의 정보 및 경험도 배우는 것을 의미한다. 특히 B2B 도매몰 교육센터에서 제대로 배우고 강사들을 심하게 괴롭혀야(?) 한다. B2B 배송대행 도매몰 관계자들과 얘기를 해보면 교육을 듣는 수강생들은 엄청나게 많지만 위에 필자가 언급한 데로 하는 사람들은 10%도 되지 않는다고 한다. B2B 배송대행 도매몰 입장에서는 판매자들이 매출을 많이 올리고 수익을 많이 올려야 본인들의 수익도 올라가기 때문에 어떻게 해서든 판매자들을 도와주기 위해 노력한다. 그러나 많은 판매자들이 전날 술 마시면 다음날은 느슨히 하고 통합솔루션 좀 쓸 줄 안다 하면 더 이상 배울 생각을 하지 않고 과거에 하던 데로 그대로 하고 하루 8시간 일하다가 점점 줄어 하루 3~4시간 일하면서 초심(?)을 잃어버리니 더 이상의 발전이 없다. 필자가 말한 데로 열심히 2~3년 했는데도 순수익이 월 3백만 원이 안 된다고 하면 그건 무재고 배송대행 판매와 본인이 맞지 않는다고 생각하면 된다. 그러나 이렇게 열심히 노력한 사람들은 거의 다 순수익이 3백만 원은 넘어설 것이다. 계속 무재고 판매에 대해 계속 노력하고 공부하다 보면 상품 보는 눈이 생기고 인맥도 넓어지면서 유통 마케팅에 대한 지식과 경험들이 축적되면서 유통 고수로 나가는 발판이 될 것이다. 그러다 보면 무재고 판매만 고집하지 않고 사입 판매, 해외 수입, 더 나아가 본인만의 상품도 개발하는 단계까지 이르게 될 것이다. 사실 무재고 판매만 가지고 월 순수익 천만 원을 넘기는 것은 결코 쉽지가 않다. 이왕 사업을 하는데 월 천만 원으로 만족할 수는 없지 않은가? 차츰차츰 유통 마케팅 실력, 매출, 인맥, 경험치가 올라가다 보면 매출 및 이익을 올리는 다른 길이 보일 것이다. 그런 측면에서 무재고 배송대행 판매가 유통을 처음 시작하는 입장에서는 많은 장점이 있다. 수익률에 대해서도 많이 궁금해하는데 일반적으로 무재고 판매의 수익률(부가세/소득세까지 다 납부한 상태)은 10~15%로 알려져 있다. 수익률은 보통 매출이 커질수록 떨어지는데 월 매출 1억이 넘는 판매자의 경우 보통 수익률은 10% 이하로 떨어지는 경우가 많다. 일반적인 서론은 이 정도 하고 유통 초보자 입장에서 무재고 배송대행 판매에 대해 세부적으로 알아보자.

무재고 판매 = 무자본 판매?

무재고 판매가 무자본 판매라고 생각하는 사람들이 많다. 내가 상품을 등록한 쇼핑몰에서 주문이 들어오면 그때 발주를 넣고 돈을 지불하면 된다고 하니 무자본 판매라고 생각할 수 있다. 일부 B2B 배송대행 도매몰에서도 판매자 모집 및 홍보 활성화를 위해 이렇게 얘기하지만 이것은 엄밀히 얘기하면 사실이 아니다. 왜냐면 각 쇼핑몰별로 정산 기간이 있기 때문이다. G마켓, 11번가 같은 오픈마켓 같은 경우는 고객이 주문을 하면 판매대금을 당일이나 다음날 바로 받는 게 아니고 구매확정을 하지 않으면 약 10~12일 후 돈을 받는다. 쿠팡, 위메프 같은 소셜커머스의 경우는 거의 60일이 걸린다. 판매자는 주문이 들어오면 B2B 배송대행 도매몰에 오늘 입금을 하지만 고객으로부터 결제 대금을 받는 것은 상당한 시간이 걸린다. 매출이 적을 때는 수중에 있는 돈으로 어떻게 해결이 되는 문제지만 매출이 커지면 문제가 발생한다. 매출이 월 천만 원이라면 적어도 500만 원은 있어야 운영이 되고 월 5천만 원이라고 하면 2천5백만 원은 수중에 있어야 한다. 만약 수중에 돈이 없다면 대출을 받아야 하지 않을까? 그렇기 때문에 무재고 판매가 무자본 판매라는 말은 엄밀히 말하면 사실이 아니다. 그리고 이 외에도 기본적으로 들어가는 비용들이 있다. 여러 쇼핑몰에 많은 상품을 올리고 각 쇼핑몰별 주문 수집, 발주, 고객 응대를 도와주는 통합솔루션과 매출 분석을 도와주는 로그 분석기는 매출 상위 판매자로 나아가기 위해서는 거의 필수라고 할 수 있다. 또한 B2B 도매몰별로 교육 비용 또는 시스템 사용료를 받는 경우도 있는데 이런 것도 다 매월 고정적으로 들어가는 비용이다.

◎ 무재고 판매 VS 일반 판매 비교

구분	장점	단점
일반 판매 장·단점	- 상품 선택권이 넓다 - 상품에 대한 노하우 축적이 가능하다 - 다양한 판매전략 구사가 가능하다 - 나만의 상품을 만드는데 유리하다	- 자본이 많이 필요하다 - 유통 노하우의 중요성이 커진다 - 상품에 대한 정보가 부족하면 판매가 어렵다 - 재고에 대한 모든 부담을 가진다 - 초기 인건비 투자가 많다
무재고 판매 장·단점	- 자본이 적어도 된다 - 상품정보가 부족해도 판매가 가능하다 - 재고에 대한 부담이 없다 - 초기 인건비 투자가 없다	- 상품 선택권이 적다 (도매사이트에서 공급하는 상품 위주) - 가격 경쟁력이 부족하다 - 동일한 상품을 파는 다수의 경쟁자가 있다. - 상품에 대한 노하우 축적이 안된다 - 나만의 디자인 및 상품설명을 만드는데 제한이 있다.

무재고 판매 상품 확보

무재고로 판매할 상품들은 찾아보면 몇 백만 개는 된다. 일단 수많은 B2B 배송대행 도매몰들이 가지고 있는 상품들만 해도 어마

어마하다.

대표적인 B2B 배송대행 도매몰들은 아래와 같다.

(1) 온채널 : www.onch3.co.kr
(2) 오너클랜 : www.ownerclan.com
(3) 도매토피아 : www.dometopia.com
(4) W트레이딩 : www.w-trading.co.kr/
(5) 도매매 : http://domeme.com
(6) 도매창고 : www.wholesaledepot.co.kr
(7) 펀앤 : http://b2b.funn.co.kr/

유명한 B2B 배송대행 도매몰 온채널의 무재고 판매 상품들

이 정도 레벨의 B2B 배송대행 도매몰들은 판매자 교육과정

도 제대로 갖춰져 있고 운영 시스템도 잘 되어 있다. 각 도매몰 별로 특징 및 장단점이 다르니 각 업체들의 1일 무료 교육을 들어보고 결정하면 된다. 가령 온채널 같은 경우 대량 등록 솔루션을 활용한 대량 등록 판매보다는 요새 가장 핫한 스마트스토어 수작업 등록 판매에 대해 집중적으로 교육하고 있다. 그러나 한 가지 명심해야 할 것은 위의 도매몰들은 너무나 유명해서 판매자들 숫자도 매우 많다. 그렇기 때문에 내가 선택한 상품을 다른 많은 판매자들도 선택해서 판매하는데 그만큼 경쟁이 치열해진다. 위의 대표 도매몰들은 전 카테고리를 다 취급하지만 패션, 잡화, 가공식품, 문구, 판촉물 같은 특화된 카테고리만 취급하는 B2B 배송대행 도매몰들도 엄청나게 많다.

- **특화 배송대행 도매몰**
  (1) 셀리클라우드 : www.sellycloud.com (판촉몰)
  (2) 위플 : http://mywiple.com (식품)
  (3) 푸드나인 : http://foodnine.godohosting.com (가공식품)
  (4) 신우B2B : www.sinwoo.com (언더웨어)
  (5) BK B2B : http://bkb2b.co.kr (유아용품/장난감/문구/팬시)
  (6) 나이스펫 : www.nice-dome.com (애완용품)
  (7) 3MRO : www.3mro.co.kr (산업용품)
  (8) Bonfeel : www.bonfeel.kr (신발)
  (9) 팬시짱 : www.fancyzzang.com (패션잡화)
  (10) ON7DAY : www.on7day.co.kr (스포츠용품/레저용품/보드게임)
  (11) 국민클럽비투비 : https://kmclubb2b.com (SNS 등 폐쇄몰 전용상품)

나이스펫 (애완용품 특화 배송대행 도매몰)

일단 특화 배송대행 도매몰을 열 한개만 소개했으나 인터넷에서 조금만 손품을 찾아보면 수 백 개의 도매몰을 찾을 수 있다. 위의 카테고리 특화 도매몰들은 온채널, 오너클랜 같은 대형 B2B 배송대행 도매몰들에 비해 교육 시스템, 상품 구색, 고객CS, 운영 시스템 등은 떨어지나 가장 좋은 점은 판매자들 숫자가 적다는 것이다. 그 말은 해당 도매몰의 동일한 상품을 판매하는 판매자들의 수가 적어서 상대적으로 매출을 올리는데 유리하다는 것이다. 잘만 하면 나와 맞는 숨은 보석 같은 상품들을 찾을 수도 있다. 보통 무재고 판매자들은 시스템이 잘 되어있는 편한 B2B 도매업체들을 찾아간다. 그러나 편하고 시스템이 잘 되어 있다는 것은 많은 판매자들이 몰려서 경쟁이 엄청 심하다는 의미이다. 불편하고 힘들어도 위와 같은 수백 개의 카테고리 도매몰 중에서 나와 궁합이 맞는 도매몰을 찾을 수 있다. 무재고 판매로 월 천만 원 이상 수익을 내려면 대형 B2B배송대행 도매몰은 기본이고 위와 같은 카테고리 소형 도매몰에서도 우수한 상품을 소싱하는 것이 유리하다. 그러나 일부 비양심적인 도매몰은 고액의 교육비 및 월 시스템 사용료로 신규 가입자들로부터 수익만 올리고 판매에 필요한 기타 서비스가 부실한 경우도 많이 있으니 주의해야 한다.

국민클럽비투비
- 폐쇄몰 전문 B2B 유통 플랫폼

오랜 오프라인 유통 경험을 바탕으로 오프라인 유통의 한계를 극복하기 위해 기획된 국민클럽비투비는 제조사와 판매사 그리고 고객까지 모두 만족할 수 있는 온라인 B2B 플랫폼을 만들고자 출발한 국민레저산업(주)의 B2B 플랫폼이다.

제조사 직거래 시스템으로 구성된 상품들은 철저한 가격 조사를 통해 경쟁력 있는 상품만 등록되며 홈쇼핑 인기상품, 완전 폐쇄몰 상품 등 다양한 카테고리가 준비되어 있다.

제조사는 가격 노출 걱정 없는 안전한 폐쇄몰 판매 루트를 확보하게 되며 판매사는 치열한 가격경쟁으로 인한 불안감을 떨치고 안심하고 제품을 판매할 수 있는 공급처를 확보하게 된다.
고객 입장에서는 가성비 좋은 상품을 구입함으로써 만족도가 향상된다.

국민클럽비투비는 사업자 전용 플랫폼으로 반드시 영업 관련 사업자만이 회원사가 될 수 있으며 오픈마켓, 소셜커머스, 스토어팜 등 가격 노출 및 경쟁이 불가피한 사업자는 가입이 불가하다.
반면 폐쇄몰, 복지몰, 특판, 고객 사은품 등 가격 비노출 사업장에서는 그만큼 활용가치가 높다고 할 수 있다.

B2B 플랫폼은 방대한 상품의 가짓수로 인해 품절과 단종 그리고 단가 인상과 인하를 실시간으로 관리하지 못하는 단점이 있다.
그로 인해 가격 경쟁력이 떨어진다는 편견을 갖게 되고 모든 상품을 그렇게 판단하게 된다.
B2B플랫폼은 방대한 상품의 가짓수로 인해 품절과 단종 그리고 단가 인상과

인하를 실시간으로 관리하지 못하는 단점이 있다.
그로 인해 가격 경쟁력이 떨어진다는 편견을 갖게 되고 모든 상품을 그렇게 판단하게 된다.

국민클럽비투비는 이러한 단점을 보안하기 위해 상품관리에 투자를 아끼지 않았고 홈페이지 하단에 실시간으로 신상품 업데이트뿐만 아니라 단종, 품절 및 가격 인상, 이하도 실시간으로 관리하고 있다.

국민클럽비투비는 갈수록 치열해지는 온라인 시장에서 제조사를 지키고 판매사의 고충을 해결하고 고객의 만족도 향상에 앞장서는 B2B 플랫폼으로 더욱 확고히 자리잡아가고 있다. 베일에 싸인 폐쇄몰 판로를 개척하고 싶은 제조/수입업체라면 국민클럽비투비에 입점해 볼 것을 강력하게 추천한다.

국민클럽비투비

무재고 배송대행 판매의 원리

무재고 배송대행 판매에 대한 이해가 부족한 사람은 이렇게 얘기할 것이다.

'동일한 상품을 수십, 수백 명이 판매하면 최저가만 판매되는 거 아닌가요?'

만약 이 말이 사실이라고 하면 무재고 배송대행 도매몰들은 모두 망했을 것이다. 고객이 구매를 결정하는 요인은 가격 하나가 아니다. 물론 최저가를 선호하지만 다른 많은 요인들이 구매에 영향을 끼친다. 어떤 사람들은 우연히 검색해서 나온 상품들을 구매하기도 하고, 무료 배송을 구매하기도 하고 사은품이 마음에 들어서 사기도 하고, 블로그나 페이스북 등에서 보고 거기에 있는 구매링크를 타고 들어와서 구매하기도 하는 등 고객들의 구매 형태는 다양하다. 고객 구매에 영향을 끼치는 요인은 판매 가격·상품 이미지·상품명·홍보 문구·무료배송 여부·구매건수·구매 평 내용·판매자 등급·판매자 브랜드·사은품·할인율 등 다양한데 물론 판매 가격이 50% 이상 영향을 끼치지만 위의 요소들이 종합적으로 합쳐져서 구매를 결정하게 된다. 각 항목별로 중요도가 다른데 누구는 중요도를 항목별로 8/2/1/..1/3/1/1/로 하고 누구는 3/2/1/../3/1/1/1/1로 하고 누구는 5/1/3/../2/1/2로 하는 등 각각 다 다양하다. 오로지 가격으로만 사지는 않는다는 것이다. 가령 동일 상품이라도 가격은 최저가인데 구매평이 한 개도 없고, 판매자 등급도 낮은 경우와 가격은 조금 비싸더라도 구매평이 많고 판매자 등급도 높은 경우라면 어떤 것을 구매하겠는가? 또한 동일 상품이라도 상품명, 카테고리 선정, 키워드 설정에 따라 검색 시 노출이 틀려진다. 이것은 판매를 할 때 엄청나게 중요한 요소이다. 그렇기 때문에 온라인으로 유통판매하는 사람들은 키워드, 카테고리 선정에 대해 공부를 정말 많이 해야 한다. 동일 상품을 판매하는 사람이 수백 명이라도 어떤 키워드로 검색했을 때 나의 상품만 나온다면 최저가가 아니라도 팔릴 확률이 높지 않겠는가? 게다가 무재고로 대량 등록해서 판매하는 판매자들은 보통 오픈마켓, 소셜커머스, 스마트스토어에 수천~수만 개의 상품을 등록해서 판매를 한다. 일반 판매자들처럼 소수의 상품을 많이 판매하는 개념이 아니다. 몇 년 전만 해도 쇼핑몰들이 상품 등록 수에 제한을 두지 않았지만 B2B 배송대행 대량 등록 판매자들의 대량 등록으로 서버에 부담이 증가함에 따라 판매자별 상품 등록수 제한을 하게 되었다. 예전 상품 등록수 제한을 하지 않았을 때는 상품 등록 숫자가 곧 매출이던 좋은 시절도 있었다. 이런 상품 등록 수 제한 정책에도 불구하고 솔직히 말해서 내가 등록한 몇 만 개의 상품 중 한 개의 상품당 일 년에 한 개만 팔려도 대박이다. 물론 수 만 개의 상품들 중에서도 일부 잘 팔리는 상품들은 포털·SNS 광고를 할 수도 있다. 상품 검색 또는 상품 노출을 통해 우연히 구매하는 고객들을 많이 만들어 내는 것이 무재고 판매의 관건이다. 이와 같은 작업들을 잘 하기 위해서는 마케팅, 홍보, 광고, SNS, 통합솔루션·로그 분석기에 대해서 어느 정도 알아야 한다. 온라인 유통판매의 세부 기법들에 대해서는 Part 4, Part 5에서 자세히 다뤄보도록 하겠다.

배송대행 도매몰의 상품들 중의 상당수가 중국에서 수입되는 상품들이다. 배송대행 도매몰의 상품들을 판매하다가 판매가 잘 되는 상품들에 대해서는 알리바바 등을 활용해 직접 중국에서 수입하는 것도 생각해봐야 한다. 이미 판매가 검증되었고 직접 수입했을 경우 가격 경쟁력도 확보할 수 있기 때문에 무재고 판매 셀러에서 정식 수입 유통 업자로 나아갈 수 있는 발판을 확보할 수 있다. 알리바바나 1688 같은 중국 도매 사이트를 조금만 조사해보면 배송대행 도매몰의 상품과 동일 상품을 찾을 수 있는데 실제로 이런 방식으로 개인 셀러에서 탈피하여 정식 수입 유통업체로 성장한 사례가 많이 있다. 수입을 해서 가격 경쟁력을 바탕으로 직접 판매를 해도 되고 배송대행 도매몰에 공급을 해서 도매로 판매를 할 수도 있다. 수입에 대해 부담스러워하는 사람이 많은데 알리바바, 1688 수입은 관련 책 몇 권 보고 중국 수입 교육을 들으면 누구나 어렵지 않게 수입할 수 있으니 걱정할 필요가 전혀 없다. 언제까지 배송대행 도매몰의 상품만 판매하고 있을 수는 없지 않은가?

가격 경쟁력이 뛰어난 중국 내수 전문 도매몰 1688 (www.1688.com)

배송대행 도매몰 시스템

일반적인 배송대행 도매몰들의 판매 프로세스는 다음과 같다.

판매자 등록 ⇨ 상품 대장 공급(상세페이지 및 기타 정보) ⇨ 온라인 쇼핑몰 등록 ⇨ 고객 구매 ⇨ 배송 대행몰 상품 발주 ⇨ 상품 공급사 배송

배송대행 도매몰 판매자 가입 조건은 일반과세자 또는 법인사업자여야 한다. 왜냐면 도매라서 세금계산서를 처리할 수 있어야 하기 때문에 간이과세자는 판매자로 가입이 불가하다. 그리고 배송대행 도매몰은 일반적으로 적립금 시스템으로 운영된다. 일정 금액의 적립금을 충전해 놓고 상품 발주할 때마다 차감하는 시스템이다. 적립금은 대부분의 도매몰이 무통장 현금입금이고 신용카드는 거의 안 된다고 보면 된다. 오픈마켓, 소셜커머스, 스마트스토어에 등록하는 상품 대장은 보통 엑셀로 제공되는데 이 상품 대장이 각 배송대행 도매몰들의 핵심 경쟁력 중의 하나이다. 그리고 배송대행 도매몰로의 상품 발주는 엑셀 또는 도매몰 자체 시스템을 사용해서 한다. 배송대행 도매몰 이용 시 어려운 점 하나는 반품·교환·취소 등 고객 컴플레인이 발생할 때이다. 내가 상품을 가지고 하는 것이 아니기 때문에 구매 고객-판매자-배송대행도매몰-공급업체 이렇게 4단계를 거쳐야 한다. 투잡으로 무재고 판매를 하는 판매자들도 있는데 고객 컴플레인 처리의 벽에 부닥쳐서 포기하는 경우가 많다. 회사에서 일하고 있는데 이런 고객 컴플레인이 발생하면 그것도 한 두건이 아니고 여러 건이 발생하면 처리 과정도 복잡하고 시간도 오래 걸린다. 게다가 각 도매몰별로 컴플레인 처리 프로세스가 다르기 때문에 여러 도매몰 상품을 취급하는 경우 컴플레인 처리에 따른 스트레스는 엄청나다.

Tip

오픈마켓 및 스마트스토어 등록 가능 상품 숫자

몇 년 전만 해도 오픈마켓에 몇 십 만 개의 상품을 등록하는 것이 가능했으나 무재고 대량 등록 판매자들이 많아짐에 따라 오픈마켓들에서 서버의 부담을 줄이기 위해 등록상품의 숫자를 제한하고 있다. 사실 무재고 대량 등록 판매의 경우 관리가 가능한가의 여부는 차지하고 등록상품의 숫자가 곧 매출이라고 할 수 있을 정도로 큰 영향을 끼친다. 오픈마켓들에서 등록상품 수량을 제한하고 있기 때문에 상품 선정을 신중히 해야 한다. 오픈마켓 및 스마트스토어 등록 가능 상품 숫자는 아래와 같다.

G마켓 : 5,000 ~ 10,000
옥션 : 5,000 ~ 10,000
11번가 : 10,000
인터파크 : 5,000
스마트스토어 : 10,000 ~ 50,000

G마켓·옥션은 직전 3개월 월평균 매출이 100만 원 이상 시 1만 개 등록이 가능하다. 스마트스토어는 판매자 등급별로 등록 상품 수가 상이한데 19년 4월 이전에는 1등급 기준 최대 80만 개까지 등록이 가능하였으나 19년 4월 이후로는 1~3등급 5만 개, 4~5등급은 1만 개 등록이 가능하도록 규정이 변경되었다. 그리고 11번가는 1일 등록 가능한 상품 수가 최대 500개라는 것도 알아둬야 한다. 11번가에 1만 개 등록 하려면 하루 500개씩 20일이 걸린다. 다른 오픈마켓들은 1일 등록 상품수 제한이 없다.

네이버 연동 독립 쇼핑몰을 이용한 무재고 판매

오픈마켓 및 스마트스토어의 이런 상품 등록 수 제한 때문에 전체적으로 무재고 판매자들의 매출이 하락하는 추세인데 임대형 쇼핑몰 시스템인 고도몰을 이용하거나 네이버쇼핑과 연동이 가능한 독립 쇼핑몰을 만들어 무재고 판매를 하는 사람들이 늘고 있다. 고도몰은 네이버에서 제공하는 무료 쇼핑몰인데 여기는 상품 등록이 50만 개까지 가능하다. 그리고 나만의 쇼핑몰을 구축할 수 있고 네이버쇼핑에 노출이 되는 장점이 있다 보니 더 많은 수의 상품을 등록하고 싶은 판매자들이 이용하고 있다. 고도몰을 이용하는 대량 등록 판매자들은 보통 상품 노출을 위해 네이버 광고들을 활용한다. 일부 배송대행 도매몰들이 고도몰과 연동된 시스템을 개발하여 일정액의 시스템 사용료를 받고 해당 도매몰의 상품들을 몇 십만 개씩 고도몰에 올려서 판매하는 방식으로 무재고 판매자들을 모집하고 있는데, 이 경우 네이버 광고를 얼마나 잘하느냐가 매출에 큰 영향을 끼친다.

고도몰을 이용한 무재고 판매 이외에 또 하나의 방법은 네이버 쇼핑과 연동되는 독립 쇼핑몰을 분양받아서 몇 십만 개의 상품을 등록하고 네이버쇼핑에 입점하여 판매하는 방식이다. 물론 분양받은 독립 쇼핑몰의 유지, 관리에 사용되는 별도의 시스템에 대한 일

정액의 사용료를 분양업체 본사에 지불해야 한다.

고도몰 및 독립 쇼핑몰을 이용한 판매 방식은 엄청난 고객 트래픽을 자랑하는 네이버와 밀접한 관계가 있다. 그리고 몇 십만 개 대량 상품 등록, 네이버쇼핑 자동 노출, 특화된 시스템을 이용한 손쉬운 운영·관리, 이렇게 세 가지는 아주 중요한 포인트이다. 가령 셀리클라우드(www.sellycloud.com) 같은 업체는 네이버쇼핑에 입점되어 네이버쇼핑에 노출되는 판촉용 기프트몰을 분양하고 있으며 동시에 5만여 개의 상품도 공급하고 있다.

무재고 해외 직구 판매

외국에 있는 상품을 해외 직구로 판매하는 무재고 판매 방식도 있다. 언어의 문제, 수입의 문제, 배송의 문제가 있지만 무재고 해외 직구 판매는 국내 배송대행 판매보다 위험부담은 높지만 훨씬 마진이 좋다. 해외 쇼핑몰에 등록되어 있는 상품을 국내 오픈마켓, 소셜커머스 스마트스토어에 등록시키고 주문이 들어오면 해외 쇼핑몰에 발주를 넣어서 해외 쇼핑몰로부터 구매 고객에게 직접 배송하는 방식이다. 구매대행은 이미 15년 전부터 지속되어 오다가 경쟁 심화, 해외 직구의 활성화로 하향 트렌드를 걷고 있는 상황이다. 그런데 몇 년 전부터 새로운 해외 구매대행 판매 방식이 나타났다.

IT 스크래핑 기술(시스템이나 웹사이트에 있는 정보 · 데이터 중에서 필요한 정보를 추출 및 가공하여 제공하는 소프트웨어 기술)을 이용하여 아마존, 이베이, 타오바오 같은 해외 쇼핑몰의 상품 상세페이지를 그대로 긁어다가 약간의 번역 작업을 거쳐 국내 오픈마켓, 소셜커머스, 스마트스토어에 그대로 올려서 판매하는 방식이다. 스크래핑을 지원하는 시스템을 가진 도매업체들이 이런 방식으로 무재고로 해외상품을 판매할 사람들을 모집, 교육하고 있다. 일단 이 방식은 당연히 국내 무재고 배송대행 판매 방식보다 더 어렵고 복잡하지만 대신 판매자들 간 경쟁이 적고 더 많은 수익을 올릴 수 있다. 만약 상품 상세페이지가 중국어, 영어, 일본어로 돼있으면 고객들이 전혀 구매를 안 할 거라 생각할 수 있지만 의외로 구매하는 사람들도 꽤 있다. 보통은 상세페이지는 번역하지 않고 상품명 및 기본 정보들만 우리말로 번역하여 등록하지만 상세페이지도 번역하는 경우도 있는데 이런 경우에 매출과 수익이 훨씬 우수하다. 현재 엔토스(http://ntos.co.kr/), 샵플링(www.shopling.co.kr) 같은 업체에서 이런 무재고 해외 직구 판매를 교육, 지원하고 있다.

각종 글로벌셀러 판매를 지원하는 엔토스

유통·물류·무역 전문 B2B 플랫폼
온채널(www.onch3.co.kr)

유통·물류·무역 전문 B2B 플랫폼 온채널은 제조사에겐 판로개척의 새로운 해결책으로, 판매사에겐 우수한 품질의 신제품을 발굴의 장으로써 그 역할을 수행하고 있다. 온채널은 자사의 상품을 팔아줄 판매사를 찾는 제조사를 위해, 또 경쟁력 있는 상품을 찾는 판매사를 위해 불철주야로 뛰고 있다.

온채널의 핵심 서비스는 유통마케팅으로, 현재 1만 개의 입점사와 3만 명의 판매사가 온채널에 가입하여 활동하고 있다.
온채널에 입점만 해도 단기간에 방대한 유통 및 콘텐츠 경로를 확보할 수 있으며, 매출 상승까지 노릴 수 있다는 것이 입점사들이 꼽는 온채널의 강점이다. 또한 고품질의 상품 데이터를 세분화하여 공급하고 있어 판매사들에게 많은 사랑을 받고 있다.

온채널은 유통센터, 데이터센터, 무역센터, 마케팅센터, 교육센터, 창업센터를 비롯해 스마트스토어 전문 교육기관인 소상공인 평생교육원까지 갖추어 각 분야별로 서비스를 제공하고 있다.
온채널 유통센터는 제조사의 원활한 유통을 위해 국내 종합몰부터 전문몰, 오픈마켓, 폐쇄몰, 공동구매, 소셜커머스 등 다양한 유통경로를 확보하여 지원하고 있다.
온채널 무역센터는 상품 데이터를 해외에 있는 셀러들에게 직접 공급해주고 있다. 게다가 안정적인 해외물류 시스템을 탑재하고 있어 수출을 계획하는 국내 제조사의 관심을 모으고 있다.
안정적인 가격으로 유통하길 원하는 제조사를 위해 온채널은 가격준수 '폐쇄몰'까지 운영 중에 있다.
4PL 물류플랫폼 '개미창고'는 합리적인 가격과 소량 보관도 가능하다는 점으로 일반 물류창고와는 차별성을 띠고 있다. 완벽한 입출고 및 재고관리 시스템

까지 갖추어 사용자의 편의를 도모하고 있다.

최근 온채널은 해외 직배송 시스템까지 도입되어 많은 이들에게 주목받고 있다. 최소 주문 수량에 제한이 없어 해외의 품질 좋은 상품을 국내에 유통할 수 있다는 점 또한 인기의 이유 중 하나이다.

온라인 B2B 유통시장의 선도자 '온채널'은 온라인 유통시장의 흐름에 맞춰 나아가고 있으며, 한층 더 진화된 시스템을 위해 앞으로도 지속적인 개발을 할 것이라 그 포부를 밝혔다.

유명한 B2B 유통 플랫폼 온채널(www.onch3.co.kr)

온라인 판매 노하우 연구회
(온노연, https://cafe.naver.com/ehfkdpahd12345678)

무재고 배송대행 판매를 잘 하기 위해서는 온라인 판매 노하우들을 익히는 것이 필수이다. 이런 온라인 판매 노하우를 익히는 데 유용한 커뮤니티가 있어서 소개한다. 필자가 만든 유통 노하우 연구회(유노연, https://cafe.naver.com/aweq123)와 함께 동시에 운영 중인 온라인 판매 노하우 연구회(온노연)에는 많은 온라인 셀러들이 자신만의 다양한 온라인 판매 노하우 및 최신 정보를 공유하고 있다. 선배 온라인 셀러들의 실전 노하우 벤치마킹 및 최신 정보를 배울 수 있는 좋은 기회를 가질 수 있기 때문에 초보 온라인 판매 셀러라면 온라인 판매 노하우 연구회에 가입하여 활동하면 큰 도움이 될 것이다.

네이버 카페 온라인 판매 노하우 연구회(온노연) :
https://cafe.naver.com/ehfkdpahd12345678

06

틈새 전문몰 공략 : 어설픈 대기업 대형몰보다 알찬 니치 마켓

미미박스, 텐바이텐, 얼리어답터, 강아지대통령… 이런 쇼핑몰에 대해 들어봤는가? G마켓, 11번가, 쿠팡, 롯데닷컴 같은 메인 유통 채널대비 널리 알려지지는 않았지만 나름 해당 카테고리에서는 많은 충성고객들을 보유하고 있는 쇼핑몰이다. 이런 특정 카테고리 상품만을 전문적으로 판매하는 쇼핑몰을 전문몰이라고 하는데 대형몰들이 엄청난 자본을 바탕으로 전 카테고리의 상품군을 취급하는데 비해 전문몰은 특정 카테고리의 상품들만 대형몰의 구색 이상으로 깊이 있게 취급한다. 사실 오픈마켓 같은 경우 고객 트래픽도 엄청나고 입점 판매는 쉽지만 광고 없이는 상품 노출이 너무나 힘들고 종합몰 같은 경우는 까다로운 입점 기준 및 절차로 인해 입점 자체가 쉽지 않은 것이 사실이다. 이런 대형몰들과 달리 틈새를 공략하여 특정 카테고리의 마니아들만 타깃으로 해서 만든 쇼핑몰이 전문몰이다. 사실 전문몰은 오픈마켓이 활성화된 이후 등장하여 인기를 누리다가 소셜커머스가 등장하면서 많이 사라졌고 일부 특화된 전문몰이 살아남아서 명맥을 유지하고 있었다. 그러다가 최근에 고객의 니즈가 다양화되면서 이런 마니아층 고객을 겨냥하여 다시 전문몰이 번성하고 있다. 상품을 공급하는 입장에서 아무리 고객이 많이 모여있어도 광고 없이는 노출도 어렵고 노출된다 할지라도 구매 전환이 쉽지 않은 대형몰보다 어떤 면에서는 해당 카테고리의 충성고객을 다량 보유하고 있는 전문몰을 집중 공략하는 편이 더 나을 수 있다.

기존 종합 유통 채널 대비 전문몰들의 장점은 일반적으로 해당 카테고리 내에서는 대형몰들이 따라올 수 없는 깊이 있는 다양한 모델 및 브랜드를 취급하고 있다는 것이다. 게다가 일부 전문몰은 우수한 공급업체를 발굴하여 직거래 및 대량 매입을 통해 가격경쟁력도 갖추고 있다. 특정 카테고리 마니아 고객들은 카테고리 전문몰에서 쇼핑하기가 더 편하고 구색도 더 다양하고 가격까지 우수하니 충성고객이 될 확률이 높다. 전문몰의 창립자는 보통 해당 카테고리에 대해 전문가인 경우가 많은데 직장 생활이나 취미 활동을 통해 오랫동안 해당 카테고리를 공부하다가 창업을 하는 케이스가 많다.

대중적인 오픈마켓, 소셜커머스, 종합몰에서는 광고비 부담 및 노출이 어려워서 잘 안 팔리는 상품이라도 콘셉트가 맞는 전문몰에서는 충성스러운 마니아 고객층이 있기 때문에 우수한 매출을 올릴 수 있다. 특히 프리미엄급이면서 단가가 높고 전문적인 상품의 경우에 이런 전문몰을 공략하면 더욱 효과적이다. 대중적인 오픈마켓, 소셜커머스, 스마트스토어는 구색으로 운영하고 전문몰에 집중하는 업체들도 많이 있다. 이들이 이렇게 하는 이유는 당연히 전문몰들의 매출 및 수익이 대형몰보다 훨씬 우수하기 때문이다.

전문몰은 대기업들이 운영하는 대형몰보다 상대적으로 입점이 용이하다. 주로 홈페이지 내에 입점 상담 코너를 통해 입점 제안을 하는데 종합몰 보다는 입점이 어렵지 않다. 전문몰의 수수료 및 정산 조건은 각 몰마다 천차만별인데 이미 이름을 날리고 있는 유명 전문몰들의 경우는 대기업 종합몰 수준과 비슷하다. 그러나 광고비에 대한 부담이 없고 해당 카테고리의 충성 고객들에게 노출되기 때문에 매출을 올리기는 더 쉽다. 게다가 전문몰에서 일정 수준 이상의 매출 실적을 보이면 그 판매 데이터를 바탕으로 종합몰 및 오프라인 대형 유통업체에 입점할 토대를 만들 수도 있다는 점에서 좋다. 최근에는 식품과 애완용품 쪽 전문몰이 성장세를 타고 있는

데 프리미엄 식품 전문몰인 마켓컬리 같은 경우는 매출이 이미 천억 원이 넘고 대형화돼서 전지현이 TV 광고를 할 정도이다.

그럼 각 카테고리별로 유명한 전문몰들을 하나하나 알아보자.

뷰티몰

뷰티몰은 Cj 올리브영, 랄라블라 같은 오프라인 H&B 스토어의 온라인 판이라고 생각하면 된다. 주로 뷰티용품, 화장품 및 기타 미용용품들을 판매하는데 최근에는 뷰티 상품 이외에 다양한 여성 상품으로 확장하는 트렌드이다.

젊은 여성들에게 인기 높은 뷰티몰 ibeautylab

화해(모바일 어플) : www.hwahae.co.kr
미미박스 : www.memebox.com
아이뷰티랩 : www.ibeautylab.co.kr
언니의파우치(모바일 어플) : www.unpa.me
우먼스톡 : www.womanstalk.co.kr
SKINRX : www.skinrx.co.kr

위에 언급된 뷰티몰들은 온라인상에서는 오프라인의 CJ올리브영, 롭스 같은 H&B스토어에 맞먹는 영향력을 가지고 있는데 충성고객도 어마어마하고 매출도 상당하다. 이들 뷰티몰들은 보통 모바일 어플도 동시에 운영하고 있으며 단순히 상품 판매뿐만 아니라 체험단, 이벤트, 뷰티인플루언서 연계 행사 등이 활성화되어 있다. 신규로 출시되는 중소 뷰티 브랜드들은 상당수가 위의 뷰티 전문몰에 입점해서 체험단, 이벤트 등을 통해 브랜드 홍보도 하면서 판매를 진행한다. 뷰티 신규 브랜드가 바로 오프라인 H&B 스토어에 입점하기가 쉽지 않기 때문에 위의 뷰티 전문몰에서 브랜드를 알리고 홍보하면서 오프라인 H&B스토어 입점을 추진하는 전략을 많이 추구한다. 뷰티몰 중 매출 1등 업체인 미미박스의 경우는 미미박스 자체 뷰티브랜드 상품도 만들어서 판매를 하고 있다. 뷰티몰 상위 업체의 경우 한번 체험단이나 이벤트를 진행하는 비용이 매우 높으며 입점 시 수수료도 평균 25% 이상으로 매우 높은 편이다. 뷰티업계에서는 중소기업의 경우 온라인 뷰티몰 또는 뷰티 어플에서 성공 여부가 브랜드의 성공 여부를 결정할 정도로 이들의 영향력은 막강하다.

패션 편집샵

패션 잡화 쪽에서도 유명한 편집샵들이 많이 있다. 2018년 로레알에 인수된 스타일난다 같은 경우는 의류에서 시작해 뷰티 상품까지 확대되면서 웬만한 중소기업 수준의 매출을 올리고 있다. 패션 편집샵은 스타일난다와 같이 개인 쇼핑몰에서 출발해 성장하여 패션 편집샵이 되는 경우가 많은데 이런 패션 편집샵의 경우 편집샵의 콘셉트를 좋아하는 많은 충성 고객들을 확보하고 있기 때문에 입점하면 고정 매출은 어느 정도 보장된다. 특히 특A급 패션 편집샵들은 입점하면 큰 매출을 올릴 수 있으나 입점하고 싶어 하는 업체들이 많기 때문에 입점이 쉽지 않다. 패션 편집샵의 경우는 수수료가 상당히 높은 걸로 알려져 있는데 최소 30% 이상이다.

2018년 로레알에 인수된 '스타일난다'

스타일난다 : www.stylenanda.com
무신사 : www.musinsa.com
임블리 : www.imvely.com
라걸 : www.lagirl.co.kr
모코블링 : www.mocobling.com
멋남 : www.mutnam.com
갠소 : www.gaenso.com

얼리어답터몰

얼리어답터몰의 대표주자인 EARLYADOPTER 스토어는 요즘 세계적인 트렌드인 매거진형 커머스를 구축하고 있는 전문몰이다. 동명의 얼리어답터 전용 테크매거진(www.earlyadopter.co.kr)도

함께 운영하며 전문적인 에디터들을 보유하고 있다. 그로 인해 제조사나 유통사에서 제공하는 상품 정보만 나열하는 것이 아니라 전문적인 에디터들의 깊이 있는 리뷰를 통해 소비자들에게 보다 실질적이고 수준 높은 정보를 제공한다. 그리고 동시에 위트 있는 리뷰로 읽는 재미를 선사하기도 한다. EARLYADOPTER에서 운영하는 테크매거진의 상품 리뷰는 일반인들의 상품 리뷰와는 차원이 다를 정도로 전문적이고 상품의 특성을 정확히 끄집어내기 때문에 참고해 보면 도움이 될 것이다. EARLYADOPTER 스토어에는 크라우드 펀딩 사이트인 와디즈에서 론칭한 상품들이 입점하는 경우가 많다. 와디즈에서 론칭에 성공한 상품들은 기발한 아이디어와 고객들을 마음을 끌어당기는 스토리를 가진 상품들이 많은데 이는 결국 EARLYADOPTER 스토어가 지향하는 가치와 맞아떨어지기 때문이다.

얼리어답터몰의 또 하나의 대표주자인 펀샵은 향후 발전 가능성을 본 CJ오쇼핑이 인수하여 운영하고 있다. 얼리어답터몰답게 엄청난 충성도를 보이는 고객들을 많이 확보하고 있으며 차별화된 트렌디 상품의 경우 매출이 웬만한 대형 쇼핑몰보다 훨씬 많이 나오는 특징이 있다. 특히 남성 고객들은 펀샵의 차별화된 상품들에 엄청난 관심을 보이며 마니아 고객이 된다. 상품 상세페이지도 공급업체가 만드는 게 아니고 얼리어답터몰의 전문 에디터가 직접 만들기 때문에 상세페이지의 퀄리티는 국내 최고라고 할 수 있는데 이런 우수한 상세페이지를 통해 고객들의 자연스러운 구매 전환이 이뤄진다.

이러한 얼리어답터몰들의 남성 충성고객들이 늘어나면서 온라인에서 벗어나 오프라인 매장도 오픈하고 있는데 편샵은 벌써 최신·인기 상품들로 구성된 오프라인 매장을 운영하고 있으며 EARLYADOPTER의 경우도 오프라인 매장을 준비 중이다.

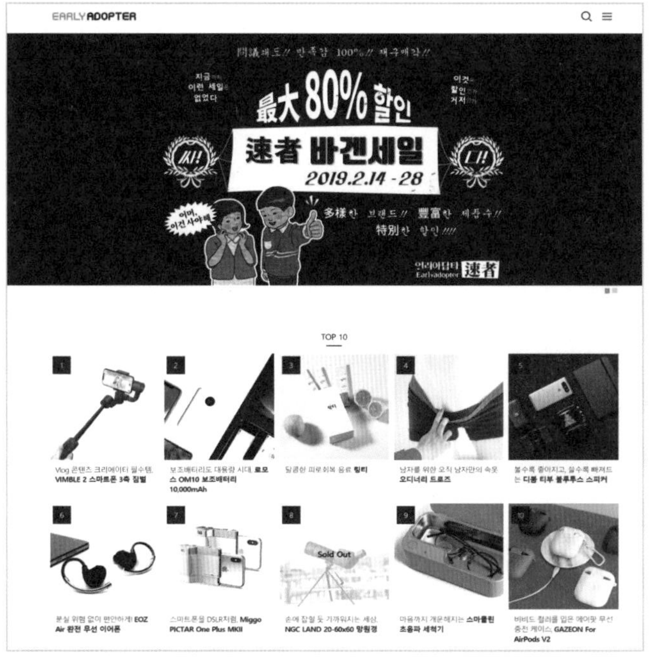

남성 얼리어답터들의 성지 'EARLYADOPTER 스토어'

EARLYADOPTER스토어 : http://store.earlyadopter.co.kr
(※ EARLYADOPTER 매거진 : www.earlyadopter.co.kr)
펀샵 : www.funshop.co.kr

디자인몰

젊은 20~30대 여성 고객들에게 인기가 높은 디자인몰은 트렌디하고 예쁜 가정생활(인테리어·수예·문구·주방·가전·조명 등), 패션, 잡화 상품들을 취급한다. 내가 가진 상품이 20~30대 여성 고객 타깃의 차별화된 디자인을 보유한 상품이라면 디자인몰 입점을 검토하는 것이 좋다. 이런 디자인몰의 잠재력을 보고 대기업 SK는 텐바이텐을 네이버(NHN)은 1300K를 인수하여 운영하고 있다. 오픈마켓, 소셜커머스 같은 대형몰에서 판매되기 힘든 프리미엄 트렌디 상품들도 디자인몰에서는 잘 판매되는 경우가 많다. 디자인몰에는 이런 류의 상품들만 찾아다니며 열광하는 마니아 고객들이 많이 있다. 일부 프리미엄 트렌디 상품 수입 업체들은 오픈마켓, 소셜커머스, 스마트스토어에는 그냥 등록만 해 놓고 대부분의 매출을 디자인몰에서 올리기도 한다. 디자인몰들은 잘 팔리는 상품들의 경우 사입조건으로 운영하기도 하고 전체적으로 수수료가 꽤 높은데 상위권 디자인몰의 경우 수수료가 25~40%이다. 1300K, 텐바이텐은 오프라인 매장도 동시에 운영하고 있어서 온라인과 오프라인에서 동시에 판매를 할 수도 있다.

20~30대 여성층에 인기가 많은 '1300K'

1300K : www.1300k.com
바보사랑 : www.babosarang.co.kr
29cm : www.29cm.co.kr
텐바이텐 : www.10x10.co.kr

판촉·사은품몰

선물용, 홍보용의 판촉·사은품을 취급하는 전문몰이다. 판촉·사은품몰에 있는 일부 상품들의 저렴한 가격을 보면 깜짝 놀라게 되는 경우가 많다. 판촉·사은품몰에서 사입을 해서 오픈마켓, 스마트스토어, 소셜커머스에서 판매하는 경우도 많기 때문이다. 그래서 판촉·사은품몰은 소매판매보다는 도매판매 위주이다. 일부 판촉·사은품몰에서는 개인들이 직접 운영할 수 있는 폐쇄몰을 분양해 주며 동시에 운영할 상품도 공급해준다. 나만의 별도 쇼핑몰도 만들고 판촉·사은품 쪽으로 가격 경쟁력 있는 상품들도 공급받을 수 있기 때문에 소자본 유통 창업의 한 방향으로 성장하고 있다. 분양형 판촉몰인 셀리클라우드에서 제공해주는 폐쇄몰 분양 서비스는 네이버쇼핑에 노출되는 네이버입점형 폐쇄몰이고 차별화된 분양 시스템으로 인해 최근 인기몰이를 하고 있다.

① 독립형 판촉몰 (폐쇄몰 분양 안함)

고려기프트 : www.adpanchok.co.kr

판촉사랑 : www.87sarang.com

하나BIZ마켓 : www.hanaonebiz.com

② 분양형 판촉몰 (폐쇄몰 분양)

셀리클라우드 : www.sellycloud.com

조아기프트 : www.joagift.co.kr

해오름기프트 : http://jclgift.com

셀리클라우드 : 450여 개의 판촉용 기프트 프랜차이즈몰 오픈·운영

국내에서는 클라우드 기반의 쇼핑몰 빌더 회사로는 거의 최초라고 할 수 있는 셀리클라우드(www.sellycloud.com)를 설명하기에 앞서서 먼저 간단하게 판촉·선물용품 관련 전문쇼핑몰(일명 통칭하여 기프트몰)의 태동을 잠시 살펴봐야 할 것 같다.

80년대 국내 경제가 급성장하는 과정 속에서 소비재가 급격하게 팔리게 되는데 그때 각 제조사에서는 사은품을 본품과 함께 판매를 하게 된다. 그리고 현장 영업이 필수였던 금융보험사·자동차판매회사·주류회사·제약회사 등에서는 판촉활동을 돕기 위해서 엄청난 양의 판촉물·기념품들을 사용하게 된다. 그런데 그때만 해도 인터넷이 없었던 시절인지라 가장 효과적이었던 것이 카탈로그 마케팅이었다.

판촉·선물용품 제조·유통사들은 대부분 영세한 경우가 많았기 때문에 협동조합이나 단체를 만들어 공동의 카탈로그 마케팅을 하게 되었는데 그것이 지방의 소매상들에게는 엄청나게 소중한 상품정보였었다. 왜냐면 그들이 그 카탈로그를 가지고 소매 영업을 하였기 때문이다. 그러던 중 90년대 후반부터 인터넷이 사용되고 2000년대 초반들어 소매상 중 일부가 카탈로그에 있는 상품정보들을 인터넷에 올려 판매하였고 빠른 속도로 온라인 구매자들이 늘어나기 시작하였으며 그때부터 판촉용 기프트몰 온라인 프랜차이즈 본사들이 급속히 확산되었던 것이다

왜냐하면 판촉용 기프트몰의 장점이자 단점이 있다면 상품이 최대 5-6만 개 정도로 1인기업이 올리기엔 데이터가 너무 많았기 때문에 그 가려운 부분을 프랜차이즈몰 본사들이 해결해준 것이다.

그 이후 빠른 속도로 상품데이타를 가진 업체들이 기프트몰 온라인프랜차이즈 사업을 시작하였고 현재 80-100여 개의 기프트전문 본사몰들이 있는 것으로 추산되고 있다. 그렇다면 후발주자였던 셀리클라우드는 어떻게 빠른 속도로 현재 450여 개의 판촉물 프랜차이즈몰들을 창업시켜줄 수 있었을까?

1. 자동화된 인터넷쇼핑몰 창업 과정으로 회원가입 즉시 자사쇼핑몰이 만들어졌고
2. 내가 원하는 상품들은 클릭 2, 3번이면 클라우드에 있는 상품들을 내 몰에 가져와서 바로 판매할 수 있다는 장점 때문이었다
3. 몰 운영자의 가장 큰 애로사항은 상품소싱(상품공급+콘텐츠공급)이었는데 셀리클라우드는 클라우드 방식으로 그 문제를 해결했던 것이다
4. 그리고 판매가 되었을 경우 오픈된 제조사정보를 통해 제조사와의 직거래로 빠른 일처리를 할 수 있으며 마진 또한 좋다
5. 모든 물류시스템을 제조사에서 위탁발송하기 때문에 무재고 무점포로 운영이 가능한 것도 큰 장점이다
6. 특히 초기 사업자들에게는 기프트몰만의 업무프로세스를 창업아카데미를 운영하여 그 노하우를 무료로 전수함으로써 믿고 따라갈 수 있었다고 한다.
7. 마지막으로 타사와의 가장 큰 장점으로 그동안 기프트전문몰들은 매출의 10-15%를 네이버파워링크 광고로 쓰고 있는데 반해 셀리클라우드 쇼핑몰들은 네이버쇼핑 입점형태로서 기존광고비의 1/20 정도의 적은 비용으로 효과적인 마케팅을 한다는 것이다.

기존 온라인 프랜차이즈몰들의 단점들을 클라우드방식으로 해결하고 급성장 중인 셀리클라우드의 미래가 궁금해진다. 현재 800여 개 공급업체의 5만여 개 상품이 셀리클라우드에 등록되어 있는데 2019년 현재 450여 개의 판촉용 기프트몰이 셀리클라우드를 통해 오픈하여 운영되고 있다.

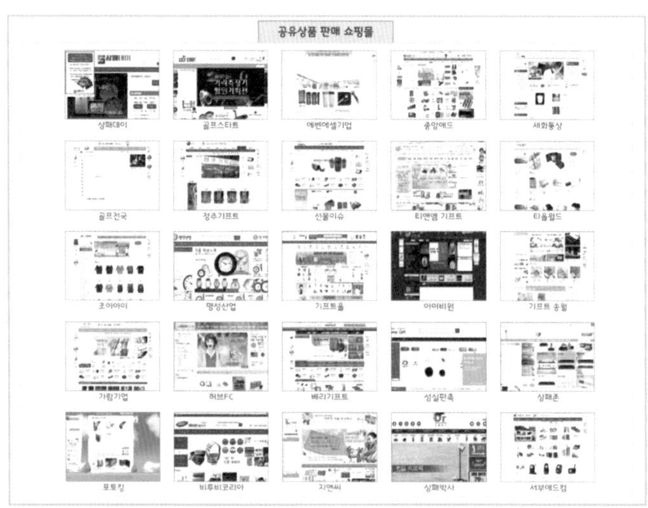

셀리클라우드를 통해 오픈하여 운영중인 판촉용 기프트몰

애완용품몰

다양한 애완용품들을 거래하는 전문몰인데 최근 고령화, 핵가족화, 외로운 1인 가구 증가 등으로 인해 매출이 급성장하고 있다. 애완동물이 가족의 일원으로서 받아들여지면서 값비싼 애완용품들도 판매가 급증하고 있다. 본인을 위해서는 비싼 프리미엄 상품을 구매하지 않아도 반려견, 반려묘는 좋은 걸 해주고 싶은 애완인들이 늘어나면서 향후에도 크게 성장할 걸로 전망한다. 이런 트렌드를 감안하여 종합몰인 CJ몰의 경우 아예 CJ몰안에 ALL PET이라는 애완용품 전문몰을 만들어서 운영중이다. 애견, 애묘 용품이 주를 이루며 고객들이 좋아할 만한 다양한 서비스를 제공하여 애완동물을 키우는 고객들의 마음을 사로잡고 있다.

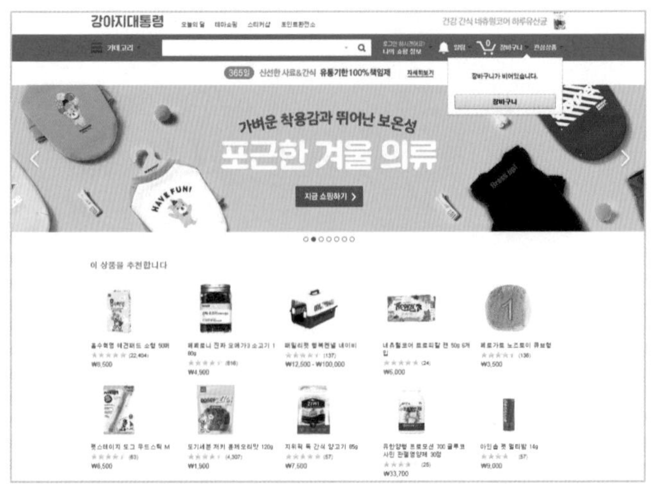

애견 전문 쇼핑몰 '강아지대통령'

펫클럽 : www.petclub.co.kr
All PET : display.cjmall.com/p/specialtyShop/L00002
강아지대통령 : www.dogpre.com
유어독 : www.yourdog.co.kr

문구몰

젊은 층에 인기가 많은 문구, 아이디어 소품만 전문적으로 판매하는 유통 채널이다. 교보문고가 운영하는 핫트랙스 그리고 전통의 문구 강자 아트박스가 대표적인 문구몰인데 이들은 오프라인 점포가 원조이지만 온라인몰도 성장하고 있다. 수수료는 평균 25% 이상이며 젊은 층이 좋아할 만한 예쁜 디자인의 상품들이 특히 인기가 높다. 문구 및 소품들의 경우 오픈마켓이나 소셜커머스에서 어설프게 판매를 하는 것보다 차라리 온·오프라인 문구몰에서 판매하는 것이 훨씬 매출이 좋을 수 있다.

교보문고가 운영하는 문구몰 '핫트랙스'

핫트랙스 : www.hottracks.co.kr
아트박스 : www.artboxmall.com
반디앤루니스 : www.bandinlunis.com/front/product/StationeryCategoryMain.do

땡처리몰·반품몰

유통기한 임박 상품, 반품 상품, 기타 말 못할(?) 사연이 있는 상품들만 전문으로 판매하는 전문몰이다. 땡업자나 오프라인 도매시장에 넘기는 가격보다 좋은 조건으로 판매가 가능하다. 이런 땡처리몰·반품몰 같은 경우 워낙 가격이 저렴한 상품들이 많기 때문에 주기적으로 방문하는 충성 고객들도 많다. 필자가 신속히 땡처리해야 할 상품들이 있다면 오프라인 땡처리업자에게 넘기기보다는 이런 전문몰을 활용해서 손실을 최소화할 것이다.

초저가 땡처리 상품을 찾는 즐거움 '이유몰'

반품몰 : www.banpummall.com
반품닷컴 : www.banpumsale.com
이유몰 : www.eyoumall.co.kr
떠리몰 : www.thirtymall.com

수제품몰

직접 제작한 수제청, 디퓨저, 공예품 같은 핸드메이드 수제 상품들을 취급하는 전문몰이다. 아이디어스가 대표적인 수제품 전문몰이며 이들은 모바일 어플도 운영하고 있다. 카카오에서 운영하는 카카오 메이커스도 수제품 거래가 활발하다. 핸드메이드 상품을 좋아하는 고객층이 두텁기 때문에 관련 상품을 취급하는 업체들은 입점해서 판매하면 좋다.

핸드메이드 수제품 전문몰의 대표주자 '아이디어스'

아이디어스 : www.idius.com
Budy : www.budy.co.kr

비품몰(기업·개인)

기업·개인용 각종 비품들이 거래되는 전문몰인데 자영업자, 사업자, 기업 사무실 등에서 많이 이용한다.

비품넷 : www.bipum.net
옐로아이템 : www.yelloitem.co.kr

전문몰 입점

전문몰의 입점은 일반적으로 쉬운 편이다. 하지만 매출이 잘 나온다고 소문난 대형 전문몰들은 들어올려는 업체들이 많이 있어서 쉽지가 않다. 입점 신청은 대부분 홈페이지 내 온라인 입점 제안 방식으로 진행된다. 담당 MD들이 입점 제안을 검토해보고 입점 여부를 결정하는데 불합격된 경우 답변이 오지 않을 수도 있다. 전문몰 입점으로 내가 가진 상품의 카테고리에 맞는 진정한 충성고객들을 만들 수도 있기 때문에 장기적인 브랜딩 강화 측면에서도 전문몰을 이용하는 것이 좋다. 특히 특별한 타깃 대상이 있는 상품을 취급하는 중소 업체라면 더욱 공략해볼 만하다.

카테고리별 전문몰 찾는 방법

온라인사이트의 카테고리별 순위를 알 수 있는 랭키닷컴을 이용하면 카테고리별 전문몰들의 인기순위를 알 수 있다. 카테고리를 '쇼핑'으로 선택하고 조회를 하면 되는데 무료 회원에게는 정보가 제한적으로 보여지고 유료 회원 가입을 해야 전체 카테고리별 순위 정보를 볼 수 있다.

랭키닷컴 : www.rankey.com

간단하게 전문몰들을 확인하는 또 하나의 방법은 대형 온라인 판매 통합솔루션 업체의 홈페이지를 이용하는 방법이다. 사방넷, 플레이오토 같은 대형 온라인 판매 통합솔루션 업체의 경우 여러 쇼핑몰들과 제휴 연동이 되어 있는데 고객 수요가 많고 인기가 있는 전문몰들 위주로 제휴가 되어 있다. 사방넷, 플레이오토 등 통합 솔루션 업체의 홈페이지를 방문하면 제휴 연동 쇼핑몰들이 나와 있는데 이것을 확인하면 된다.

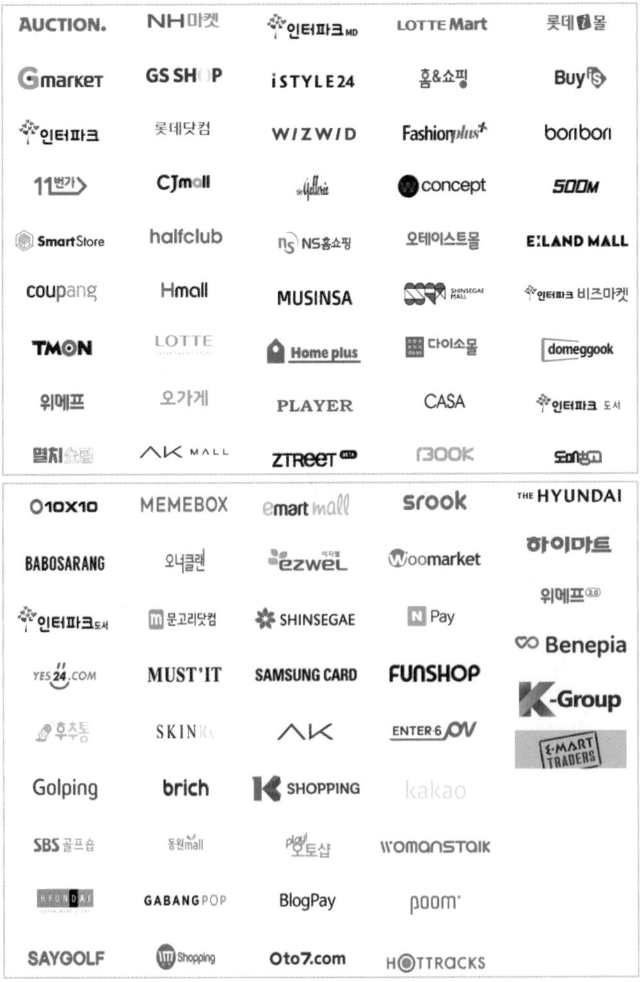

플레이오토 주요 제휴 쇼핑몰 (출처 : 플레이오토 홈페이지)

07

데이터 홈쇼핑(T커머스): 홈쇼핑 업계의 차세대 스타

2017년도에 이어 2018년도에도 홈쇼핑 업계는 두 자릿수 성장을 기록하여 고성장을 이어나가고 있다. 홈쇼핑은 크게 두 가지로 구분할 수 있는데 첫째는 우리가 익숙한 라이브 TV 홈쇼핑이고 두 번째가 인터넷 TV(IPTV)로 구매하는 데이터 홈쇼핑(T 커머스)이다. 홈쇼핑 업계가 고성장하고 있는 이유는 라이브 TV 홈쇼핑 때문이 아니라 데이터 홈쇼핑(T 커머스) 때문이다. 라이브 TV 홈쇼핑의 경우 TV 시청률 하락, 케이블TV 시청가구 수 정체, 송출 수수료 인상으로 인해 성장이 정체되고 있는 반면에 데이터 홈쇼핑은 2005년부터 시작했으나 인터넷TV(IPTV)의 보급률 증가, 각종 규제 완화 및 디지털 기술 발달로 2015년부터 매출이 폭발적으로 성장하고 있다.

◎ 국내 T커머스 취급액 성장세 추이

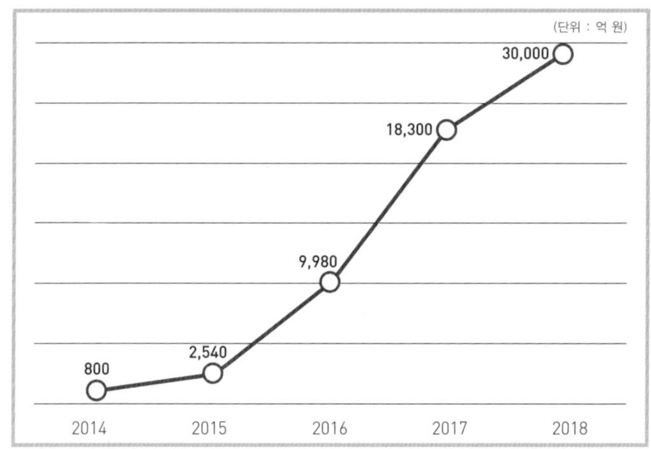

출처: 한국 T커머스 협회

		2014년	2015년	2016년	2017년	2018년
전체 홈쇼핑(성장률)		2.4	−3.6	5.7	12.2	12.3
	라이브 TV 홈쇼핑 (성장률)	1.8	−5.5	−2.8	3.6	1.5
	데이터 홈쇼핑 (성장률)	166.7	217.5	292.9	84.4	63.0

홈쇼핑 연도별 성장률 추이(단위: %)

데이터 홈쇼핑은 T커머스라고 불리는데 TV와 상거래(Commerce)의 합성어로 인터넷 TV를 통해 TV와 리모콘으로 상품정보 검색·결제·구매까지 원 스톱으로 할 수 있는 서비스이다.

또한 쌍방향 정보에 기반을 두어 시청자 주도의 쇼핑을 가능하게 만드는 차세대 쇼핑 플랫폼이다. 기존의 라이브 TV 홈쇼핑은 시청자가 수동적으로 TV를 시청하다가 원하는 상품이 보이면 상품을 구매하는 방식인 반면 데이터 홈쇼핑은 리모콘 하나만으로 언제든지 원하는 시간에 상품을 검색하고 결제까지 할 수 있는 차세대 홈쇼핑이라고 할 수 있다. 데이터 홈쇼핑은 연동형과 독립형으로 나뉘는데 연동형은 TV 드라마, 영화, 예능 프로 등을 보다가 주인공들이 사용하는 상품(옷, 주방용품, 잡화 등)을 바로 구매하는 방식이고 독립형은 쇼핑 전용 채널의 상품 홍보 프로그램을 보거나 검색 등을 통해 바로 구매하는 방식이다. 아직까지 국내에서는 연동형보다는 독립형이 주를 이루고 있으나 점차 고객들과 소통이 가능한 연동형의 비중이 늘어가고 있다.

데이터 홈쇼핑이 처음 국내에 도입되었을 때만 해도 인터넷 TV 유료 가입자수가 적어서 매출이 적었지만 인터넷 TV 가입자수가 급격하게 늘어남에 따라 데이터 홈쇼핑 매출도 폭발적으로 성장하게 되었다. 이런 트렌드에 맞춰서 기존 홈쇼핑업체 5개사(롯데·현대·GS·CJ·NS)뿐만 아니라 비홈쇼핑 업체들까지 차례대로 생겨서 현재 총 10개사가 치열하게 경쟁하고 있다. 현재 통신사 KT가 설립한 K쇼핑과 신세계 쇼핑이 매출면에서 우위를 점하고 있으며 나머지 8개사들의 매출 경쟁도 치열하다. 2018년 5월 정부의 규제 완화로 데이터 홈쇼핑의 케이블 방송사 송출 채널이 확대됨에 따라 향후 성장 가능성이 더욱 높아졌다. 결국 데이터 홈쇼핑은 단독 상품 및 브랜드 론칭 등 차별화된 스토리가 있는 콘텐츠 프로그램 제공, 좋은 IPTV 채널 선점 등을 통해 홈쇼핑 업계의 성장을 주도적으로 이끌 것으로 기대된다. 특히 모바일 기기와 데이터홈쇼핑이 어울리기 때문에 모바일 쇼핑이 급성장하면서 데이터 홈쇼핑도 동반 상승하고 있다.

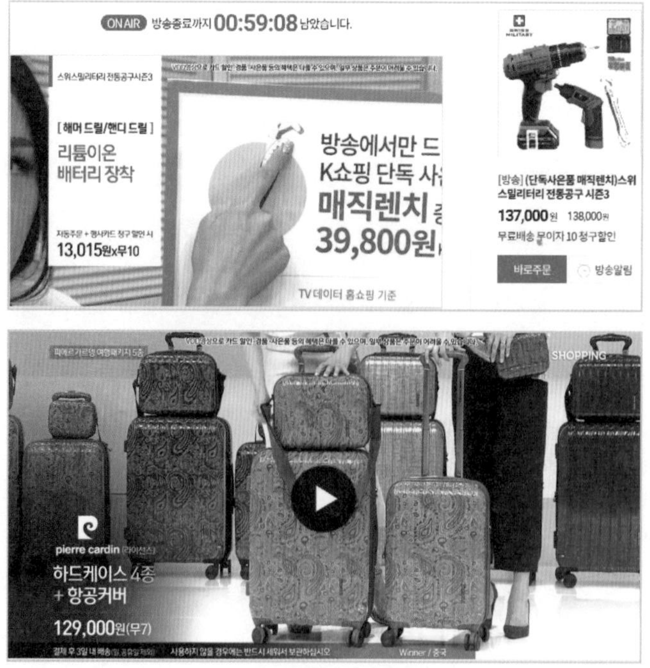

통신사 KT가 설립한 K쇼핑 방송 (출처 : K 쇼핑 홈페이지)

- **데이터 홈쇼핑 10개사**

K 홈쇼핑(KT 계열사) : www.kshop.co.kr
신세계 TV 쇼핑 : www.shinsegaetvshopping.com
롯데 ONE TV : www.lottehomeshopping.com
B 쇼핑(SK 계열사) : www.corp.skstoa.com/pcweb/index
쇼핑 엔티 : www.trncompany.co.kr
W 쇼핑 : www.w-shopping.co.kr
GS MY SHOP :
www.gsshop.com/shop/gsmyshop/index.gs ? lseq=409693
NS SHOP: http://pr.nsmall.com/
현대홈쇼핑 TV플러스샵 :
www.hyundaihmall.com/front/tvPlusShopMainR.do
CJ오쇼핑 플러스 :
http://display.cjmall.com/p/homeTab/main?hmtabMenuId=001708&rPIC=oplus

데이터 홈쇼핑 특징

① 라이브TV 홈쇼핑과 온라인 쇼핑의 중간적 성격 (녹화 방송, VOD 방식)

② 라이브TV 홈쇼핑은 일방향 소통이나 데이터 홈쇼핑은 데이터 활용 쌍방향 소통

③ 다양한 많은 상품 검색 및 영상을 통해 해당 상품의 정보를 제공

④ 라이브 TV 홈쇼핑과 온라인 쇼핑 두 유통 채널의 장점 혼합

⑤ 소비자가 궁금해하는 상품의 정보를 풀어주는 맞춤형 차세대 쇼핑

국내 데이터 홈쇼핑의 한계

① 인터넷 TV가 없으면 구매 불가
② 라이브 TV 홈쇼핑의 전화 주문이 훨씬 편리하고 신속함
③ 향후 큰 성장이 예상되는 드라마, 영화, 예능을 통한 연동형 데이터 홈쇼핑 시장이 아직 미성숙 단계임
④ 라이브 TV 홈쇼핑과의 차별을 유지하기 위해 화면의 1/2 이상을 데이터로 구성해야 하는 규제가 남아 있음

데이터 홈쇼핑을 공략해야 하는 5가지 이유

일반적으로 중소기업들은 라이브 TV 홈쇼핑에 대한 환상을 가지고 있다. 시간당 억단위의 매출, 수많은 앵콜 방송, 신규 브랜드의 중소기업을 최단기간에 강소기업으로 바꿔줄 유일한 유통 채널로서 라이브 TV 홈쇼핑을 기대하고 있으며 입점하기 위해 수많은 노력을 기울이고 있다. 하지만 라이브 TV 홈쇼핑 입점은 중소기업에게 '모 아니면 도'식의 도박에 가까울 정도로 위험요소들이 많이 있

다. 이런 경우에 데이터 홈쇼핑은 라이브 TV 홈쇼핑에 진출하기 전에 훌륭한 대안이 될 수 있다.

① 적은 재고 준비

라이브 TV 홈쇼핑을 하면서 가장 큰 난제 중의 하나는 재고 부담이다. 시간당 매출 목표가 최소 1~3억 원이기 때문에 상품 재고도 매출 목표의 120%는 준비해야 하는데 판매가 잘 되면 모르지만 만약 매출이 부진하면 엄청난 재고를 떠안게 되는 위험성이 있다. 방송이라는 판매 방식은 비슷하지만 아직까지 데이터 홈쇼핑은 라이브 TV 홈쇼핑에 비해 매출 목표의 차이가 크기 때문에 상대적으로 적은 재고만으로도 판매가 가능하다.

② 상대적으로 낮은 판매 수수료

라이브 TV 홈쇼핑의 경우 수수료가 거의 30% 후반부터 40% 대이다. 그나마 정률로 진행하는 것은 매출이 검증된 대기업 브랜드 상품인 경우가 대다수이고 신규로 진입하는 중소기업의 경우는 정액 또는 반정액인 경우가 많다. 특히 정액으로 진행하는 경우는 판매가 부진한 경우 잔여 재고는 잔여 재고대로 떠 앉고 정액으로 막대한 수수료를 지급하는 경우가 빈번히 발생한다. 데이터 홈쇼핑의 경우는 보통 정률로 진행이 되며 수수료도 30~35% 수준으로 상대적으로 저렴하다.

③ 라이브 TV 홈쇼핑 대비 쉬운 입점

데이터 홈쇼핑의 경우 업체 숫자도 많고 치열하게 경쟁 중이라 상대적으로 입점이 용이하다. 라이브 TV 홈쇼핑에서 입점 기회를 얻지 못한 많은 중소기업들이 데이터 홈쇼핑에서는 판매 기회를 얻고 있다. 적은 비용, 적은 노력으로 테스트 삼아 방송 판매를 시도해 볼 중소기업에게 좋은 기회가 될 수 있다.

④ 물류비 절감

라이브 TV 홈쇼핑은 보통 판매를 할 때 신규 업체 및 검증 안 된 중소 기업 상품의 경우 홈쇼핑사의 지정 물류 센터로 입고시켜서 판매를 해야 하는데 이 경우 상품 입고, 상품 회송, 반품 처리 등등에서 많은 물류비 부담이 발생할 수 있으나 데이터 홈쇼핑은 이런 면에서 자유로운 경우가 많다.

⑤ 라이브 TV 홈쇼핑 입점 전 사전 시장 반응 테스트 가능

앞에서 설명한 것 같이 라이브 TV 홈쇼핑은 한번 방송하는데 엄청난 비용 및 위험 요소가 존재한다. 이런 경우에 사전에 데이터 홈쇼핑에서 적은 비용과 노력으로 시장 반응 테스트를 할 수 있다. 일반적으로 인서트 영상 제작을 하지 않던지 하더라도 비용이 라이브 홈쇼핑 TV 대비 저렴하고 게스트 비용 등도 많이 절감할 수 있다. 또한 라이브 TV 홈쇼핑 MD들은 데이터 홈쇼핑에서 좋은 반응을 보인 상품을 당연히 선호하기 때문에 방송 결과가 좋은 경우 메이저리그인 라이브 TV 홈쇼핑에 입점하기도 쉽고 좋은 조건으로 입점도 가능하다. 그러나 한 가지 주의할 점은 라이브 홈쇼핑에서 사용한 인서트 영상은 보통 라이브 홈쇼핑 TV에서 사용할 수 없는 경우가 많고 만약 데이터 홈쇼핑에서 판매 결과가 부진한 경우 라이브 TV 홈쇼핑에 입점하는데 마이너스 요소가 될 수도 있다는 점이다. 홈쇼핑업계에서는 항상 경쟁사들을 모니터링하기 때문에 데이터 홈쇼핑 방송 결과가 좋지 않았다고 하면 라이브 TV 홈쇼핑에서는 입점을 꺼리게 된다.

입점 제안

입점 제안은 모두 각 데이터 홈쇼핑 홈페이지 내의 입점 제안 코너에 온라인 입점 신청을 하면 MD가 입점 검토 후 결과를 알려준다.

K쇼핑(KT 계열사) : www.kshop.co.kr/sell/entpinfo/login
신세계 TV쇼핑 : https://partner.shinsegaetvshopping.com
롯데 ONE TV :
www.lottehomeshopping.com/user/business/stand.lotte
B 쇼핑(SK 계열사) : www.corp.skstoa.com/pcweb/launching
쇼핑엔티 : https://www.trncompany.co.kr/customer/suggestion.do
W 쇼핑 :
http://company.w-shopping.co.kr/?act=info.page&pcode=s4
GS MY SHOP : https://withgs.gsshop.com/sug/suggest
NS SHOP : http://pr.nsmall.com/business/procedure.do
현대홈쇼핑 TV플러스샵 :
https://company.hyundaihmall.com/html/affiliate/affiliate_contract-1.html
CJ오쇼핑 플러스 :
www.cjoshopping.com/contact/propose/info/step1.asp

PART3

급성장하는 모바일·SNS 유통 마케팅

01

왜 모바일 쇼핑인가?

오프라인 유통의 시대에서 온라인 유통의 시대로 넘어왔다는 것은 유통을 모르는 일반인들도 알고 있다. 온라인 유통도 처음에는 오픈마켓, 대형 전문몰, 개인 쇼핑몰 같은 PC를 이용한 온라인 쇼핑으로 성장했으나 이제는 모바일 쇼핑이 대세를 이루고 있다. PC 기반의 온라인 쇼핑의 성장은 정체기에 이르렀으나 모바일 쇼핑의 경우 아직도 매년 파격적인 두 자릿수 성장을 하면서 전체 온라인 유통을 견인하고 있다. 한국 온라인 쇼핑 협회와 통계청의 자료에 따르면 모바일 쇼핑의 전년대비 성장률은 2016년 45.5%(거래액 35조), 2017년 48.2%(거래액 53조), 2018년 26.7%(거래액

67조)로 매년 비약적으로 성장하고 있다. 2019년 기준으로 전체 온라인쇼핑 중 모바일 쇼핑의 비중은 이미 64%를 넘어섰으며 이 수치는 매년 증가하고 있다. 실제로 주변을 둘러봐도 거추장스럽게 PC를 활용해서 쇼핑하는 것보다 모바일로 간편하게 쇼핑하는 사람들이 늘어나는 것을 알 수 있다. 특히 오픈마켓의 모바일판매 및 소셜커머스, 각종 SNS판매가 늘어가면서 모바일에 대한 의존도는 갈수록 커지고 있는 상황이다.

출처 : 2019년 6월 모바일 쇼핑 거래액 (출처 : 통계청 보도자료)

모바일 쇼핑에서 가장 큰 부분을 차지하는 것은 소셜커머스 앱, 오픈마켓 앱, 네이버쇼핑 앱이다. 소셜커머스는 시작부터가 모바일 기반이었지만 PC 기반의 오픈마켓, 네이버쇼핑도 PC 쇼핑 매출이 정체되면서 사회적 트렌드를 따라 모바일 앱을 강화하면서 모바일 쇼핑에 집중하고 있는 상황이다.

주 | 이용 모바일 쇼핑앱 (2019년 7월 만 20~49세 성인남녀 1,000명 대상 설문 조사)

출처 : 오픈서베이

소셜커머스, 오픈마켓, 네이버쇼핑뿐만 아니라 전통적으로 PC 기반의 매출을 가진 종합몰, 전문몰 등도 이제는 모바일 쇼핑에 집중하고 있다. 또한 롯데마트·이마트·홈플러스 같은 할인점, 롯데슈퍼·GS슈퍼 같은 체인슈퍼들도 기존에 PC기반의 온라인몰을 운영하고 있었으나 2~3년 전부터는 모바일앱을 집중 강화하고 성장 가능성이 무궁무진한 모바일 쇼핑에 총력을 기울이고 있다. 이들 오프라인 대형유통업체들은 온라인 유통에 계속 빼앗기고 있는 매출을 모바일 쇼핑으로 만회하려고 안간힘을 쓰고 있다. 아직 카카오스토리 채널, 페이스북, 인스타그램 같은 SNS 판매는 전체 모바일 쇼핑 시장에서 매출 규모가 크지는 않으나 지속적으로 성장하고 있으며 향후에는 세계적 추세인 유튜브 같은 1인 커머스 방송 판매의 성장과 함께 SNS 판매도 모바일 쇼핑의 한 축으로 성장할 것으로 추측된다.

이와 같이 모바일 쇼핑이 대세이기 때문에 쇼핑몰 홈페이지를 만들 때도 모바일 화면에 맞게 만들어야 하며 상품의 상세페이지도 모바일에서 어떻게 구현될지를 생각하며 만들어야 한다. 가끔 모바일에서 쇼핑을 하다 보면 좀 어색하게 보이는 상세페이지나 쇼핑몰들이 있는데 이런 것들은 즉시 수정이 되어야 한다.

앞으로 무엇인가를 판매하려고 할때 모바일 쇼핑을 잡지 못하면 미래를 기약할 수 없기 때문에 모바일 쇼핑에 더욱 큰 관심과 노력을 기울여야 한다.

02

카카오 쇼핑 판매 : 모바일 유통의 강력한 차세대 기대주

온라인 유통 분야의 제왕이라면 역시 직접 운영하는 스마트스토어를 앞세운 네이버쇼핑이라고 할 수 있다. 거의 모든 오픈마켓, 소셜커머스, 종합몰들이 모두 네이버쇼핑에 입점해 있고 네이버쇼핑 내에서의 매출도 갈수록 증가하기 때문에 네이버쇼핑이야말로 진정한 온라인 유통 제왕이라고 불릴 만하다. 이러한 힘은 당연히 검색 시장의 80%를 점유하고 있는 네이버의 엄청난 고객 기반에서 비롯된 것인데 이러한 엄청난 고객 기반을 가진 거대 플랫폼이 우리나라에 한 군데 더 있다. 아마 눈치 빠른 독자라면 추측할 수 있을 텐데 바로 국민 메신저 카카오톡을 보유한 카카오이다.

유통 분야의 매출 및 수익이 워낙 크기 때문에 거대 플랫폼들이 집중할 수밖에 없다. 카카오도 몇 년 전부터 카카오 선물하기, 카카오 메이커스 등으로 서서히 유통시장에 진출하여 드디어 2018년 10월 카카오톡 스토어 정식 오픈을 계기로 온라인 유통시장에 본격적으로 뛰어들었다. 네이버쇼핑의 독주는 유통하는 입장에서 결코 반가운 일이 아니기 때문에 카카오의 온라인 유통시장 진입은 유통업계에 긍정적인 영향을 끼칠 것이다. 아직까지 카카오 쇼핑의 매출 외형은 그다지 크지가 않으나 워낙 모바일 고객 기반이 튼튼하기 때문에 향후 모바일 쇼핑 쪽으로 엄청난 성장이 기대된다. 거의 전 국민이 이용하는 카카오톡이다 보니 유입 고객도 상당하며, 모바일 쇼핑이 이미 온라인 유통의 64%를 넘어선 만큼 카카오라는 거대 플랫폼의 모바일 쇼핑은 향후 네이버쇼핑을 견제할 대항마로 성장할 가능성도 있다.

카카오 쇼핑 서비스는 카카오 쇼핑하기(카카오톡 스토어), 카카오 선물하기, 카카오 스타일, 카카오 메이커스 이렇게 4개의 카테고리로 이루어진다. 이들 4개의 서비스는 당연히 카카오가 운영하는 DAUM 쇼핑과도 밀접하게 연계되어 있다. 모바일 카카오톡에 접속하면 아래와 같이 4개의 서비스를 확인할 수 있다.

카카오 쇼핑 서비스

아직 카카오 쇼핑의 경우 경쟁이 그다지 치열하지가 않기 때문에 지금이야말로 빨리 카카오 쇼핑에 진입하여 선점하는 전략이 필요하다. 항상 그래왔지만 새로 생긴 플랫폼은 처음에 올라타는 사람이 가장 큰 이익을 올린다. 이미 매출이 잘 나온다는 소문이 나서 뒤늦게 뛰어들면 경쟁이 심해져서 성과를 내기가 힘들다. 그럼 모바일 쇼핑의 기대주 카카오 쇼핑의 4가지 서비스에 대해 하나하나 자세히 알아보자.

카카오 선물하기

카카오 선물하기는 카카오커머스에서 오랜 역사를 가진 서비스이며 모바일 선물하기 시장의 80% 이상을 점유하고 있는데 2010년 서비스를 시작하여 매년 60% 이상씩 성장하여 2017년 거래액이 1조를 넘어섰다. 브랜드 업체도 2010년 15개 업체로 시작해서 2019년 현재 6,000여 개 브랜드 업체가 입점되어 있다.

카카오 선물하기 주요 특징 (출처 : 카카오 홈페이지)

위의 자료에서 알 수 있듯이 카카오 선물하기의 경우 80%가 선물용 상품이기 때문에 입점을 준비할 때 이에 맞는 상품을 준비하는 것이 유리하며 선물의 특성상 특별한 시즌 상품의 매출이 좋다. 카카오 선물하기는 오프라인에서 선물을 직접 주고받은 것을 온라인 카카오톡에서 구현한다는 콘셉트에서 시작되었다. 카카오 선물하기는 홈, 추천, 베스트, 브랜드, 선물함의 항목으로 구성되어 있다.

카카오 선물하기

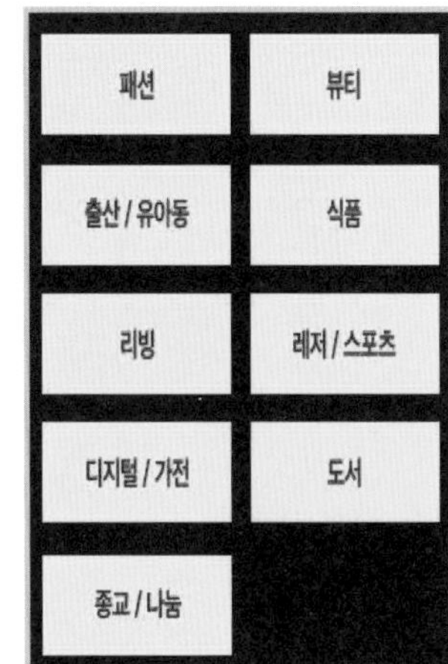

주요 카테고리

'홈'은 카카오 MD가 큐레이션 해서 선정한 메리트 있는 상품과 이벤트를 소개하며 '추천'은 일반 쇼핑몰의 특가 상품 개념의 파격적인 할인 상품을 선보인다. '베스트'는 가장 고객들이 많이 구매한 인기 상품을 '브랜드'는 카카오 쇼핑에 입점된 인지도 있는 브랜드들을 보여준다. '선물함'은 쇼핑몰의 장바구니 개념으로서 받은 선물, 보낸 선물 그리고 카카오에서 알려주는 각종 공지사항들을 알려준다.

카카오 선물하기는 일반적인 상품 판매가 아닌 파리바게뜨, 던킨도너츠 같은 프랜차이즈 외식 업체의 모바일 쿠폰 판매로 시작하였으나 차츰 카테고리가 마트에서 파는 일반 배송 상품까지 확대되었다. 그러나 일반 쇼핑몰에서 판매되는 상품보다는 어느 정도 카카오 선물하기에 부합하는 선물 콘셉트의 상품들이 주류를 이루고 있다. 카카오 선물하기의 콘셉트와 맞지 않는 경우는 입점하기가 상당히 까다롭다. 입점이 용이한 상품군으로는 선물용 상품, 계절감이 있는 시즌 상품, 초특가 행사 상품, 어느 정도 인지도 있는 브랜드 상품이다. 특히 시즌 상품의 경우 시즌이 시작되기 전에 미리 선제안하는 것이 입점 확률을 높일 수 있다.

카카오 선물하기에서 제안하는 주요 선물 테마는 아래와 같은데 아래 테마에 맞춰 상품을 준비하면 입점 확률을 높일 수 있으며 어느 유통 플랫폼에서나 환영받는 초특가 상품도 카카오 선물하기 입점에 유리하다.

카카오 선물하기 주요 테마 (출처 : 카카오 홈페이지)

카카오 선물하기 주요 고객 유입 경로는 아래와 같다.

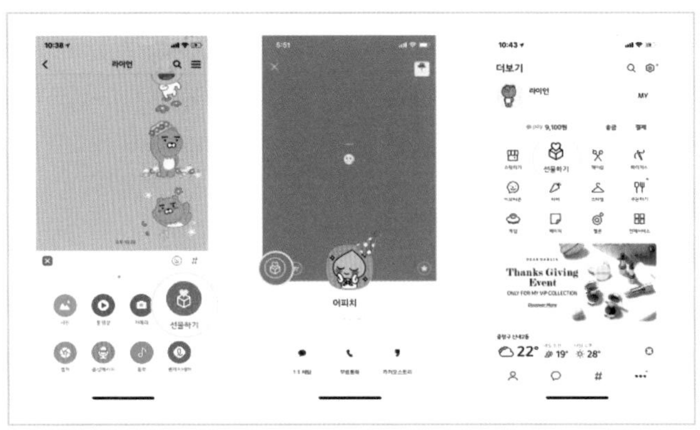

카카오톡 대화창　　　카카오톡 프로필　　　카카오톡 더보기

(출처 : 카카오 홈페이지)

위와 같은 방법으로 카카오 선물하기에 유입될 뿐만 아니라 다음 쇼핑 및 카카오톡 내에서 '선물하기' 키워드 검색을 통해서도 유입되고 카카오톡 친구의 생일날이 되면 자동으로 생일 알림이 뜨는데 여기서도 아래와 같이 '선물하기'가 노출된다.

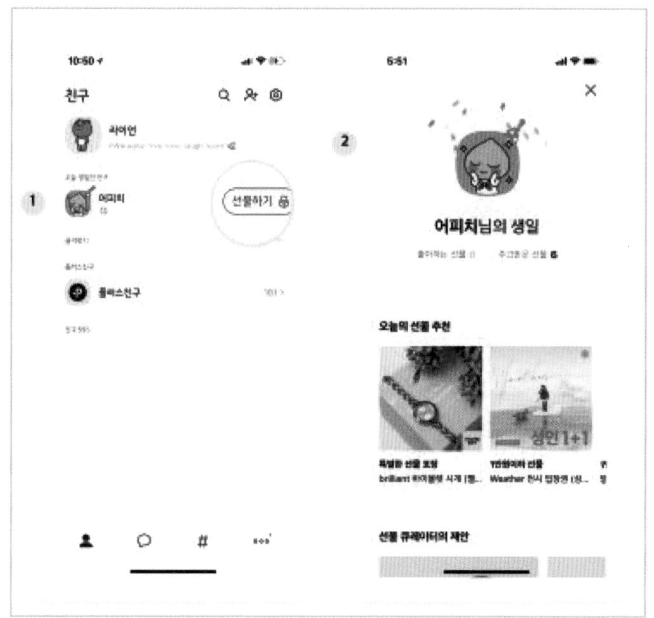

생일 친구 알람 : '선물하기 노출'

● **카카오 선물하기 수수료 및 결제 대금 정산조건**

카카오 선물하기의 수수료는 카테고리별 업체 규모별로 상이하나 12~20%이며 결제 대금 정산 조건은 상품 배송 완료 기준 익월 결제 조건이다. 오픈마켓이나 스마트스토어 대비 수수료 및 결제 대금 정산 조건이 좋지는 않으나 광고의 영향력이 적고 입점 상품 수가 적어서 상품 노출에 유리한 장점이 있다. 아무리 수수료가 낮고 결제 대금 정산이 좋더라도 광고비를 안 쓰면 노출이 안 되고 매출이 일어나지 않으면 그것은 아무 의미도 없다는 것을 기억해야 한다. 카카오톡의 유입고객 숫자를 생각하면 다소 수수료 및 결제조건이 불리해 보이더라도 충분히 도전해볼 만하다.

◎ 카카오톡 선물하기 판매 프로세스

❶ 입점 제안하기
카카오 제휴 안내 사이트에서 입점 제안을 합니다.

❷ 카카오 담당자 검토
상품 카테고리별 담당 MD가 제안주신 입점 내용을 검토 후 2주 내에 회신드립니다.

❸ 판매조건 및 상품 개발 협의
판매 조건 및 상품 개발에 대한 판매자와 카카오협의를 진행합니다.

❹ 계약 진행
판매 조건 및 상품에 대한 협의가 완료되면 전자 계산서로 계약을 진행합니다.

✓ 판매 시작
선물하기 판매자 센터에 상품을 등록 후, 판매를 시작합니다.

출처: 카카오 홈페이지

■ 입점 제안 세부 가이드 :
https://comm-auth-web.kakao.com/seller/guide

카카오 스타일

단독 쇼핑몰들을 운영하는 업체들의 가장 큰 고민은 고객들을 어떻게 쇼핑몰로 모으는 가이다. 카카오에서 패션, 잡화 쪽으로 단독 쇼핑몰을 운영하는 업체들을 위해 만든 서비스가 바로 카카오 스타일이다. 카카오의 풍부한 고객 기반이 있기 때문에 쇼핑몰 운영자들은 카카오 스타일에 입점만 하게 되면 수많은 고객들에게 본인의 상품을 노출시킬 수 있다.

고객 입장에서는 카카오 스타일에 접속만 하면 입점되어 있는 인기쇼핑몰들을 비교할 수 있고 구매까지 한번에 가능하다. 쇼핑몰마다 로그인할 필요 없이 편리하게 다양한 상품들을 비교하여 쇼핑할 수 있다는 것이 장점이다. 또한 카카오 스타일에서는 트렌디한 샵과 상품을 고객 취향에 맞게 다양하게 추천도 해주며 메리트 있는 특가 상품들도 제안해준다. 트렌디한 패션, 잡화, 액세서리, 뷰티 상품 등이 주를 이루며 입점 상품들은 지속 확대되고 있다.

카카오 스타일은 아래의 4가지 영역으로 구분되어 있다.

(1) HOT : 인기 쇼핑몰들의 추천 상품

(2) SOHO : 쇼핑몰들의 정보 및 친구 소식 구독

(3) SALE : 파격적인 초특가 상품

(4) SHOP : 카카오 스타일에 입점된 쇼핑몰

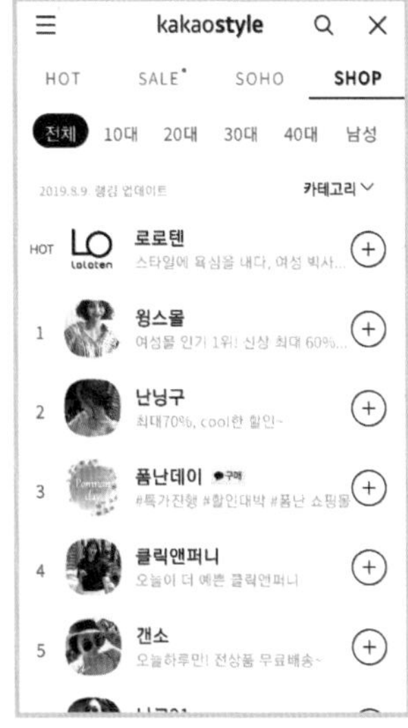

카카오 스타일 SHOP

카카오 스타일 HOT

카카오 스타일의 가장 큰 장점은 단독 쇼핑몰을 운영할 때 필수적으로 지출하게 되는 광고비를 줄일 수 있다는 점이다. 보통 단독 쇼핑몰을 운영하는 업체들은 홍보를 위해 포털 키워드 광고, SNS 광고 등을 통해 막대한 광고비를 지출하게 되는데 카카오 스타일에는 이미 막대한 고객들이 모여있기 때문에 광고비에 대한 부담을 최소화할 수 있다. 그렇기 때문에 단독 쇼핑몰을 운영하는 업체들은 카카오 스타일 입점을 반드시 하는 것이 좋다. 카카오 스타일에 입점하려면 비회원도 구매할 수 있는 모바일 기반의 독립 쇼핑몰이어야 하며 신용카드·휴대폰 결제 필수 조건이다. 2019년 현재 누적 1,300여 개 쇼핑몰이 카카오 스타일에 입점하여 상품을 판매 중이다.

● 카카오 스타일 입점

카카오 광고를 통해 입점하는 방법이 있고 카카오 쇼핑 판매자 센터(https://comm-auth-web.kakao.com/seller/index)에서 카카오 biz 계정을 만든 후 입점 신청을 하는 방법이 있다.

카카오톡 스토어(카카오 쇼핑하기)

카카오가 본격적으로 온라인 유통에 뛰어드는데 중심이 바로 카카오톡 스토어라고 할 수 있다. 카카오톡 스토어는 네이버의 스마트스토어와 개념이 비슷하다. 네이버쇼핑 내에 스마트스토어가 입점되어 있는 것과 비슷하게 카카오 쇼핑하기 내에 카카오톡 스토어가 입점해있다고 보면 된다. 스마트스토어가 네이버에서 제공해주는 무료 쇼핑몰이라고 하면 카카오톡 스토어는 카카오가 제공해주는 모바일 전용 무료 쇼핑몰이라고 할 수 있다. 2018년 10월 이전에는 베타테스트 기간이라고 해서 특정 조건이 되는 일부 유저들만 카카오톡 스토어 개설이 가능했으나 카카오는 2018년에 10월에 베타테스트를 끝내고 정식 서비스를 시작하였다. 플러스친구와의 연계 때문에 재구매 고객 활성화와 추가 구매 증가에서 큰 강점을 보이고 있다.

'카카오 쇼핑하기'에 입점된 카카오톡 스토어

● 카카오톡 스토어의 장점

① 카카오 플러스친구 연동

플러스친구를 통해 단골 고객을 모으고 판매 마케팅을 효과적으로 진행할 수 있다. 커머스형 메시지 발송, 플러스친구 프로필에 카카오톡 스토어 연결 및 추천 상품 탭에 상품 노출이 가능하다. 기존에 플러스친구를 많이 가지고 있는 판매자들의 경우 카카오톡 스토어를 통해 큰 성과를 올릴 수 있다. 게다가 플러스친구 관리자 센터에서 커머스형 타입 메시지를 이용, 알리고 싶은 카카오톡 스토어 상품을 선택해서 보낼 수도 있다.

카카오톡 스토어 플러스친구 연동 및 커머스형 타입 메시지 (출처 : 카카오 홈페이지)

② 1:1 상담톡

플러스친구와의 연동을 통해 고객과 언제 어디서나 쉽게 1:1 채팅 상담이 가능하다. PC와 달리 카카오톡은 언제나 접속되어 있는 상태이기 때문에 고객과의 커뮤니케이션이 매우 우수하다.

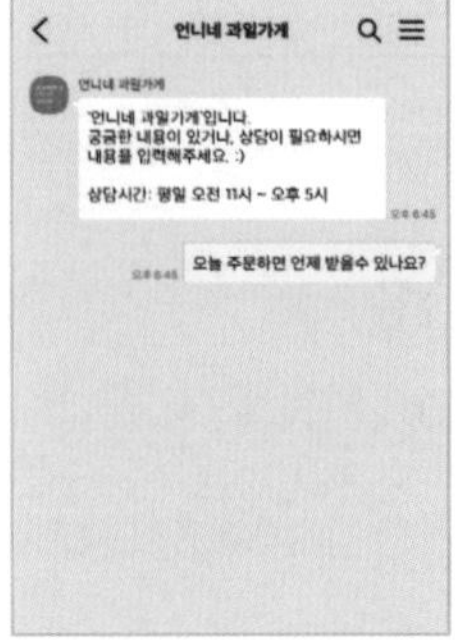

고객과의 1:1 상담 (출처 : 카카오 홈페이지)

③ 소문내면 할인

'소문내면 할인' 설정을 통해 카카오톡 유저들에게 '소문내기 상품'을 홍보할 수 있다. 플러스친구 전용 상품 설정으로 플러스친구 회원에게만 할인 혜택도 제공할 수 있다. '소문내면 할인'은 카카오톡 스토어의 아주 유용한 홍보 기능 중의 하나이므로 적극 활용하는 것이 좋다.

친구에게 소개하고 함께 할인받는 '소문내면 할인' (출처 : 카카오 홈페이지)

④ 카카오페이 결제

별도의 로그인 없이 카카오 계정으로 준문할 수 있는 카카오페이 간편 결제수단이 제공되며 유저가 카카오톡 스토어 상품 구매 시 카카오톡 안에서 대화부터 결제까지 한번에 해결할 수 있다.

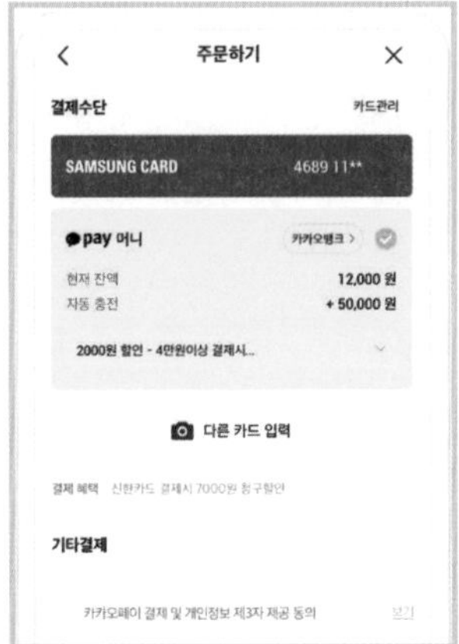

카카오페이 간편결제 (출처 : 카카오 홈페이지)

● 카카오톡 스토어 주요 노출 영역

① 플러스친구

플러스친구 연동 신청 시 노출.

② 카카오 스타일

패션 카테고리 상품을 판매하는 판매자에 한해 카카오 스타일 연동 신청을 할 수 있으며 심사 과정을 거쳐 최종 승인이 완료되면 카카오 스타일 노출.

③ 다음·카카오

카카오톡 스토어에 입점된 판매자는 본인이 원하면 다음·카카오에 노출 가능.

상품 등록·수정 시 '쇼핑 하우 전시 여부'를 '전시함'으로 설정 시, 카카오톡 및 다음 검색 결과에 해당 상품이 노출되는데. 카카오톡 내 샵 검색, 글로벌 검색, 4탭 쇼핑하기 바로가기 등 다양한 노출 기회를 얻을 수 있다.

'다음 쇼핑' 노출

④ 카카오 쇼핑하기

기본 노출(그러나 판매자가 원하지 않으면 비노출 설정 가능).

● 카카오톡 스토어 수수료

일반상품 주문의 경우 입점·관리·등록 비용은 없으며 기본 수수료 3.5%(VAT 포함)이며 공동구매로 특가 상품을 제안하는 톡딜 주문의 경우 기본 수수료가 10%(VAT 포함)이다. 그러나 카카오톡 스토어가 노출되는 노출 채널별 추가 수수료가 부과될 수 있는데 '카카오 쇼핑하기', '다음쇼핑', '카카오 스타일'에 노출 시 각각 2%가 추가로 부가된다. 노출 추가 수수료는 각 채널을 통해 유입되어 주문 완료된 내역에 대해서만 추가로 과금된다.

● 입점 서류

	개인사업자	법인사업자	제출방식
필수 제출서류	- 사업자등록증 사본 1부 - 통신판매신고증 사본 1부 - 본인서명사실 확인서 (혹은 대표자 인감증명서) 사본 1부 (발급일로부터 3개월 이내) * 공동대표: 대표자 모두 인감증명서 (혹은 본인서명사실확인서) 각 제출	- 사업자등록증 사본 1부 - 통신판매신고증 사본 1부 - 법인 인감증명서 사본 1부 (발급일로부터 3개월 이내)	- 비즈계정센터 파트너 가입시 제출
	- 대표자 명의 통장 사본	- 법인 명의 통장 사본	- 카카오쇼핑 판매자 정보 입력시 제출

	업종	제출서류	제출방식
업종별 추가 제출서류	건강기능식품판매	건강기능식품 판매업 신고증	비즈계정센터 파트너 가입시 제출
	의료기기 판매	의료기기 판매업 신고증	
	전통주 및 지역산주 주류	주류통신 판매 승인서	

출처 : 카카오 홈페이지

입점 신청

카카오 쇼핑 판매자 센터(https://comm-auth-web.kakao.com/seller/index)에서 신청

● 카카오톡 스토어 운영 전략

단순히 카카오톡 스토어에 입점만 하면 단순 오픈마켓 입점과 다를 것이 없으며 매출도 잘 일어나지 않는다. 아직까지는 광고 없이 검색기반으로도 상품 노출이 가능하기에 '즉시할인', '소문내면 할인'등 기본 옵션에 있는 마케팅 방법을 잘 활용하는 것이 좋다. 그리고 카카오 모멘트 광고를 통하여 플러스친구 수를 늘리고 증가한 인원수 대상으로 플러스친구 메시지(커머스형)으로 발송 시 추가 매출을 올릴 수 있을 것이다. 차별화된 전략은 높은 매출을 만들 수 있고 보편화된 전략은 기본 매출을 만들 수 있다. 그러나 보편화된 전략마저 하지 않는다면 단순히 오픈마켓에 입점한 수준 이상의 효과는 없을 것이다.

■ 카카오 쇼핑 광고 세부 정보 :
https://kakaoadshopping.tistory.com

카카오 메이커스

카카오 메이커스는 공동 주문을 통해 생산 여부를 소비자들에게 물어보고 결정함으로써 재고를 없애 자원 낭비를 막고 절감된 재고비용이 소비자의 혜택으로 돌아가는 '제조업의 혁신'을 이룬다는 콘셉트로 출발한 서비스이다. 카카오에서 영세 제조업체 및 소상공인의 우수 상품을 소개한다는 좋은 취지에서 시작된 서비스인데 서비스 오픈 초기 엄청난 인기를 구가했었다. 주문 제작하는 상품의 경우, 주문 성공시 판매대금의 50%를 선지급하고 있기 때문에 이를 제작비에 이용할 수도 있다.

초기에는 수제청, 수공예품 등 수제품에 중점을 두고 진행이 되었으나 지금은 다양한 상품군으로 확대되어 웬만한 상품은 모두 카카오 메이커스 진행이 가능하다. 초기에는 공동구매 콘셉트가 확실하였으나 시간이 갈수록 공동구매 최소량이 줄어들어서 지금은 공동구매의 개념이 희박해진 상황이다.

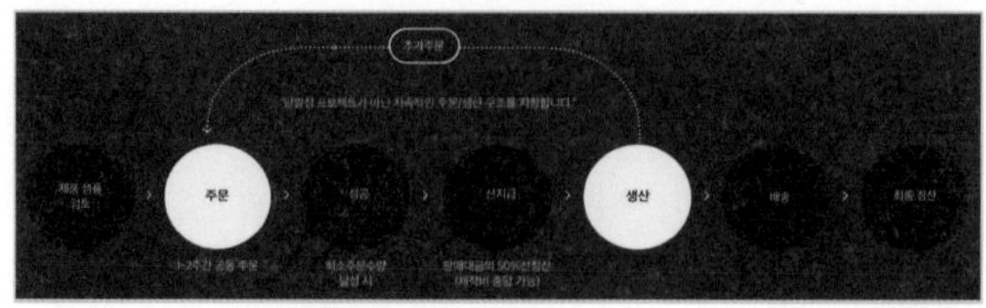

카카오 메이커스 진행 프로세스 (출처 : 카카오 홈페이지)

신제품을 판매한다는 측면에서 카카오 메이커스는 크라우드 펀딩과 비슷한 개념으로 인식되고 있는데 사실은 좀 다르다. 시중에 없는 제품을 선판매하는 게 크라우드 펀딩이고 시중에 있는 제품이지만 온라인 노출이 안된 제품을 판매하는 것이 카카오 메이커스다. 카카오 메이커스에 입점된 제품들은 제작 최소 수량과 제작 최대 수량이 있고 주문 종료일이 있다. 최소 수량을 넘어야 제품이 제작되어 배송이 된다. 소상공인이나 중소기업 입장에서는 미리 고객을 확보하고 제품을 만드는 것이기 때문에 위험부담이 최소화되고 게다가 카카오라는 대형 플랫폼을 통해 사전 제품 홍보를 할 수 있어서 좋다.

카카오 메이커스 메인 페이지

제품 주문

● **카카오 메이커스 수수료**

카카오 메이커스의 수수료는 신규판매 시 30%, 두 번째 부터는 25%로서 상당히 높은 편인데 카카오 메이커스의 기본 취지인 소상공인, 중소기업의 우수 상품을 소개한다는 취지와 어울리지 않아서 논란이 되고 있다.

카카오 메이커스 입점 제안

https://makers-partner-center.kakao.com

카카오스토리 채널 공동구매 Tip

카카오에서 운영하는 카카오스토리 채널이라는 SNS가 있는데 여기서도 카카오가 주관하는 것은 아니지만 카카오스토리 채널 운영자들을 통해 엄청난 회원 수를 기반으로 다양한 공동구매가 진행되고 있다. 최고의 전성기는 2013년~2015년이었는데 카카오에서 게시물의 회원 도달률을 전성기 때의 1/10 수준으로 떨어뜨린 뒤로 카카오스토리뿐만 아니라 카카오스토리 공동구매도 하향 트렌드를 걷고 있는 실정이다. 그러나 아직도 브랜딩이 안 된 중소기업·소상공인들의 상품을 광고비 없이 판매하기에는 매우 좋은 유통 플랫폼이라고 할 수 있다. 카카오스토리 채널 공동구매 및 비슷한 콘셉트의 네이버 밴드 공동구매에 대한 세부적인 내용은 필자가 집필한 『매출 100배 올리는 유통 마케팅 비법 (중앙경제평론사)』에 자세히 나와 있으니 참고하기 바란다.

회원 수 50만 카카오스토리 채널 : 육아상식

공동구매 판매글

03

인스타그램 유통 마케팅 : 홍보와 판매를 동시에 하는 20~30대 SNS 채널

SNS의 흐름을 살펴보면 지금 가장 핫한 SNS를 뽑으라면 인스타그램이라 할 수 있을 것이다. SNS의 흐름을 보면 카카오스토리 채널-네이버밴드-페이스북-인스타그램-유튜브 이런 순서를 들 수 있을 것이다. 카카오스토리 채널과 네이버밴드는 이미 전성기를 지났고 페이스북은 지금 들어가 보면 광고들로 도배가 되어 있다. 유튜브가 사용시간 면에서 1등을 찍고 있지만 영상 제작의 부담감도 있고 상품 판매는 아직 활성화되지 않고 있다. 전성기를 지났다고 할지라도 카카오스토리 채널과 네이버밴드는 아직도 공동구매 판매 매출이 가장 크지만 내가 직접 만들어서 운영하기에는 광고 없이 키우기가 너무 어렵다. 광고를 해서 키우더라도 광고비 대비 효율을 생각하면 막막할 뿐이다. 페이스북도 내가 직접 페이스북 페이지를 키워서 판매하기에는 적합치 않다. 이런 상황을 고려했을 때 아직도 인스타그램은 쉽지는 않지만 내가 광고비 없이 키워서 나의 상품을 판매할 수 있는 마지막 남은 SNS 채널이다. 그리고 인스타그램 인플루언서(팔로워를 많이 보유한 인스타그램 유저)들을 활용해서 내 상품을 판매하기에도 매우 좋다. 또한 2018년부터 인스타그램 쇼핑 태그라는 서비스가 한국에서도 드디어 론칭했는데 이 서비스는 공식적으로 인스타그램 내에서 상품 판매를 지원하는 기능을 수행한다.

인스타그램 특징

(1) 20~30대 젊은 층, 특히 여성이 주 사용자이다.
(2) 인스타그램 게시글에 상품 판매를 위한 링크를 걸 수 없다.
(단, 광고에는 링크를 넣을 수 있다)
(3) 인스타그램 프로필에만 링크를 걸 수 있다.
(4) 타 SNS 대비 도달률이 높다.
(5) 비즈니스 계정 운영이 가능하게 되어서 상품 판매, 기업 홍보가 가능함.
(6) 유저의 참여율이 높다.(페이스북 대비 58배, 트위터 대비 120배)
(7) 해시태그(#)로 소통 및 검색한다.
(8) 사진 한 장으로도 손쉽게 감성 콘텐츠 작성이 가능하다.

인스타그램은 의류, 액세서리, 화장품, 뷰티, 다이어트 관련 상품들이 많이 판매가 되는데 인스타그램 주 사용층이 20대, 30대 초반이기 때문이다. 최근에는 다이어트, 건강과 연계된 농산물、수산물 등 신선식품도 판매가 늘고 있는 추세이다. 인스타그램이 이미지를 매우 중시하는 SNS이다 보니 비주얼이 중요한 상품의 경우 인스타그램 판매에서 큰 효과를 볼 수 있으며 비주얼이 강조되지 않는 상품의 경우는 큰 효과를 보기 어렵다. 인스타그램 쇼핑 태그가 나오기 이전에는 인스타그램 본문에 구매 링크를 넣거나 결제 시스템을 구축할 수가 없기 때문에 인스타그램 프로필 영역에 자사몰, 네이버 블로그, 스마트스토어, 카카오톡, 플러스친구 링크 주소를 넣어서 이곳으로 고객을 빼와서 상품 판매가 이루어졌다. 그러나 인스타그램 비즈니스 계정 전용으로 쇼핑 태그가 나온 뒤로는 위와 같이 외부로 빼서 결제하는 방식이 아니라 쇼핑 태그를 이용해서 상품 판매가 이루어지고 있다. 물론 쇼핑 태그를 사용할 수 없는 인스타그램 개인 계정 판매자들은 아직도 전통적인 방식을 이용하여 판매를 하고 있다.

사진 한 장, 영상 하나만으로 즉각적인 매출을 올리는 데 있어서 인스타그램을 능가할만한 SNS 채널은 현재 찾아보기 힘들다. 그럼 인스타그램으로 상품 판매를 하는 세 가지 방법에 대해 알아보자.

내가 운영하는 인스타그램 개인 계정에 팔로워를 모아서 판매

위에서 설명하였듯이 인스타그램은 아직 광고비 없이 키울 수 있는 SNS이다. 나의 팔로워들을 모아서 판매를 할 때 유의할 점은 내 상품의 고객이 될 수 있는 팔로워들을 모아야 한다는 점이다. 가령 내가 다이어트 식품을 판매한다고 하면 다이어트에 관심이 있는 20~40대 여성들을 모아야지 관심이 없는 남성들을 모아서는 의미가 없다는 것이다. 다이어트에 관심이 있을법한 여성들을 인스타그램 상에서 찾아서 팔로우, 좋아요, 댓글 등을 통해 소통해서 나의 팔로워로 만들어야 한다. 필자가 다른 SNS들에 대해서는 직접 키워서 운영하라는 말은 하지 않지만 인스타그램은 아직도 광고 없이 키울 수 있기 때문에 직접 키워서 운영하는 것도 검토해 볼 만한 하나의 방법이다. 그러나 여기서 인스타그램 키우는 방법에 대해서 설명하지는 않겠다. 유튜브나 네이버에서 검색하면 수많은 무료 자료들이 나오기 때문에 그것을 참고하면 된다. 절대 고가의 유료 강의를 들을 필요가 없다.

유튜브에서 '인스타그램 팔로워 늘리기', '인스타그램 키우기' 검색

판매를 시작할 때 프로필에는 나의 홈페이지, 스마트스토어, 플러스친구, 블로그 등의 링크가 있어야 한다. 기껏 콘텐츠를 보고 상품을 구매하려고 하는데 구매를 할 수 있는 주소가 없으면 곤란하다. 그리고 판매용 콘텐츠들은 아무렇게나 올리는 게 아니고 기존에 인스타그램에서 잘 판매하고 있는 콘텐츠들을 참고해서 만들어야 한다. 기존에 잘 팔고 있는 인스타그램 유저들은 이미 어떤 형식의 콘텐츠가 고객들에게 어필하는지를 잘 알고 있다. 이들을 벤치마킹하는 데 있어서 사진보다는 동영상이 효과적이다. 인스타그램 검색창에 '공동구매'라는 해시태그로 검색을 하면 활성화된 인스타그램 유저들이 엄청나게 많이 나오니 이들 중에 벤치마킹할 대상을 선

택하면 된다.

인스타그램에서 공동구매로 판매할 상품을 선정할 때 명심해야 할 것 한 가지는 인스타그램의 타깃층이 20~30대 젊은 층 대상이라는 것이다. 다른 타깃 대상의 상품들은 판매하려고 노력해봤자 효과가 적다는 점을 명심해야 한다.

프로필 영역

콘텐츠

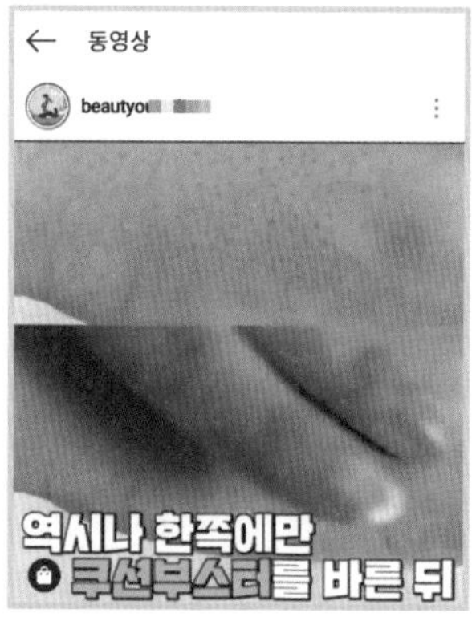

동영상 콘텐츠

이미지 콘텐츠

콘텐츠를 올리고 게시글에 인스타그램 프로필로 가는 문구를 삽입해 주는 것도 하나의 판매 테크닉이다. 게시글에는 링크 입력이 안 되나 인스타그램 프로필로 가는 링크는 올릴 수 있는데 '@인스타그램아이디' 형식으로 하면 된다.

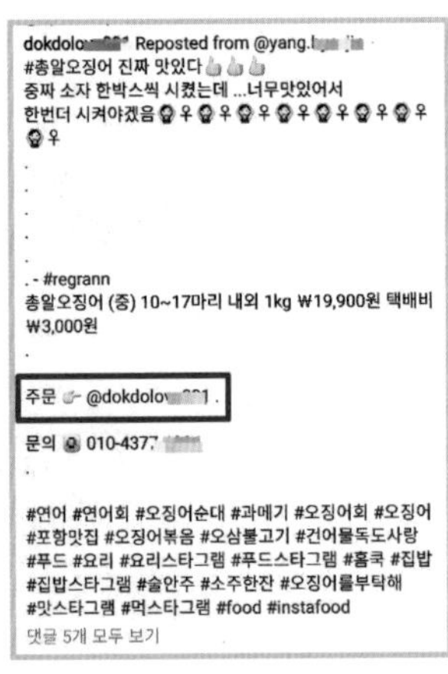

인스타그램 프로필로 가는 링크 예시 : @dokdoloXXXX

비즈니스 계정을 만들어 쇼핑 태그 기능을 활용하여 판매

위에 설명한 개인 계정을 활용한 인스타그램 판매는 인스타그램 자체에서 판매 및 결제가 이루어지는 방식이 아니고 게시물의 상품이 마음에 들면 해당 인스타그램 계정의 프로필로 이동을 하여 구매 링크를 클릭하여 외부 사이트로 나가서 거기서 결제가 이루어지는 방식이다. 이런 불편함을 해소해줄 서비스를 2018년 10월에 인스타그램이 국내에서 론칭하였다. 인스타그램 쇼핑 태그라는 서비스인데 미국에서는 이미 2016년 테스트를 거쳐 2017년 4월에 정식 출시되었으나 우리나라는 1년이 늦은 2018년 10월에 출시되었다. 이 서비스로 인해 구매, 결제를 위해 외부 사이트로 나갈 필요 없이 바로 인스타그램 내에서 결제가 가능하게 되었다. 쇼핑 태그 서비스는 인스타그램 비즈니스 계정으로만 가능하며 페이스북 비즈니스 계정인 페이지의 '샵' 기능을 연동시켜 판매하는 방식이다.

쇼핑 태그 설정 방법

(1) 페이스북 페이지를 만들고 샵(SHOP)에 상품 등록하기
(2) 인스타그램 계정의 개인 계정을 비즈니스 계정으로 전환하기
(3) 페이스북 페이지 연동 승인 신청하기
(4) 인스타그램 게시물에 페이스북 샵(SHOP)에 올린 상품 연결하기

쇼핑 태그를 설정해서 상품을 연동시키면 아래와 같이 표시가 되며 결제가 가능하게 된다. 예전에는 인스타그램 광고를 해야만 해당 게시물에서 결제가 가능한 웹사이트 페이지로 넘어갔지만 현재는 인스타그램 쇼핑 태그 기능을 이용하여 광고를 하지 않더라도 제품 태그를 이용하여 결제 링크까지 넘길 수가 있다.

사진 위에 '쇼핑백' 이미지 생성

'제품을 보려면 누르세요'

제품의 이름과 가격 표시

웹사이트에서 보기

해당 제품 홈페이지로 이동

젊은 층을 대상으로 한 비주얼이 중요한 화장품, 패션, 다이어트 같은 상품을 취급하는 사업자라면 인스타그램을 적극 활용하는 것을 추천한다. 인스타그램 비즈니스 계정 전환이나 쇼핑 태그 설정에 대한 세부 내용은 네이버나 유튜브를 검색해보면 아주 상세하게 나오니 참고하면 된다. 인스타그램 쇼핑 태그의 경우 어느 정도 내 상품의 잠재 고객이 될 수 있는 팔로워를 모은 후 진행해야 효과가 있다. 팔로워도 없는데 인스타그램 쇼핑 태그를 해봤자 큰 효과를 보기 어렵다. 시중에는 인스타그램 쇼핑 태그를 쉽게 진행하도록 도와주는 프로그램들도 있으니 활용하면 된다.

◎ SNS 매니저 (인스타그램 쇼핑 태그 지원 프로그램)

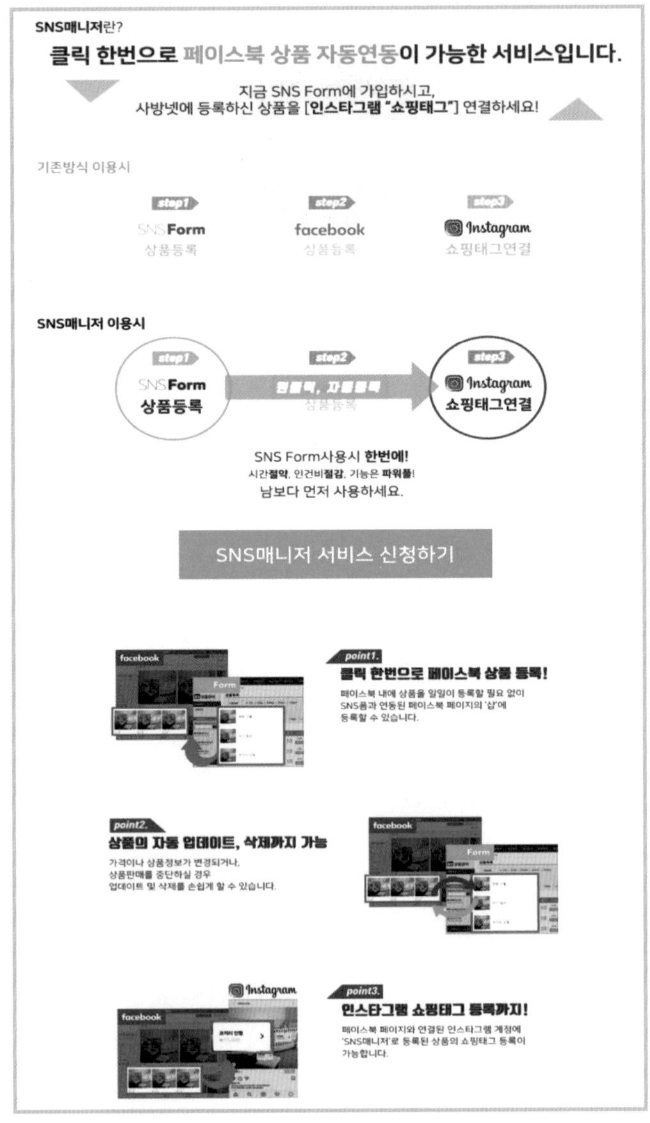

출처 : SNS폼 홈페이지 (www.snsform.co.kr)

인스타그램 쇼핑 태그를 대행사에 맡기는 것보다는 직접 해보는 것을 추천한다. 유튜브나 네이버에서 검색해보면 어떻게 하는지 쉽게 배울 수 있다.

유튜브에서 '인스타그램 비즈니스 계정' 혹은 '인스타그램 쇼핑 태그' 검색

이렇게 본인이 조금만 알아보면 쉽게 할 수 있는 것들을 돈 주고 대행을 맡기는 사람들이 많은데 참 안타깝다. 대행을 맡기다 보면 본인의 실력은 하나도 늘지 않고 대행사에 끌려가게 된다. 대행사를 이용하더라도 본인이 할 줄 알면서 시키는 것과 전혀 모르고 시키는 것은 하늘과 땅만큼의 차이가 있다는 것을 명심해야 한다.

인스타그램 인플루언서 활용 판매, 홍보

인스타그램 개인 계정을 만들어 팔로워들을 모아 판매하는 방법의 경우 아무리 인스타그램 팔로워들을 모으는 게 쉽다고 할지라도 시간과 노력이 들어간다. 게다가 SNS에 익숙하지 않은 사람에게는 넘사벽이라고 느낄지도 모른다. 이럴 때 인스타그램 인플루언서들을 활용해서 판매, 홍보하는 방법이 좋은 대안이 될 수 있다.

인스타그램에는 팔로워를 몇 만, 몇 십만 명을 보유한 유저들이 있는데 이들을 보통 인스타그램 인플루언서라고 한다. 이들은 어떤 상품에 대한 게시글 1개만 올려도 그 상품의 매출을 확 끌어올리는 힘이 있는데 내가 직접 인스타그램을 운영하면서 판매하기 힘들 때 이들을 활용해서 판매하는 방법이 있다. 고전적인 방법은 인스타그램 상에서 이런 인플루언서들을 찾아서 이들에게 DM(다이렉트 메시지) 또는 프로필에 있는 이메일을 통해 상품 판매나 홍보를 부탁하는 것이다.

DM(다이렉트 메시지 보내기)

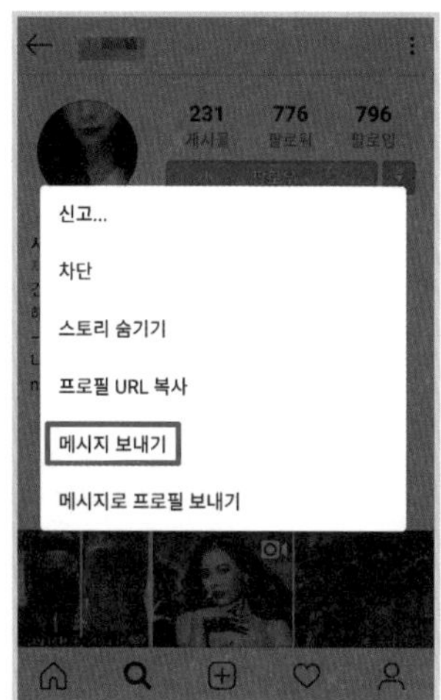

오른쪽 위 3개의 점 클릭

메시지 보내기

팔로워가 몇 만, 몇 십만 명 되는 인플루언서들에게는 하루에도 수많은 판매 및 홍보 제안이 오기 때문에 답변을 받기가 쉽지는 않다. 차라리 팔로워 수는 일정 수준을 넘으면서 어느 정도 영향력 있는 몇 천 단위 인플루언서를 수 십 명 활용하는 게 더 유리할 수 있다. 보통 인플루언서를 통해 판매를 할 때 수수료는 기본 40% 이상으로 상당히 높으며 저단가 상품보다는 고단가 상품을 진행 시에 성사 확률이 높다. 수수료가 상당히 쎄기 때문에 차라리 상품공급 원가를 제안하고 판매가는 알아서 결정하라고 하는 방식이 더 좋을 수도 있다.

수고를 감수하며 직접 하나하나 접촉해서 인플루언서를 활용하는 방법도 있지만 비용을 들이더라도 이런 인스타그램·유튜브 인플루언서들을 보유한 대행사에 의뢰하는 것도 하나의 방법이다. 이 방법에 대해서는 이 챕터 6장의 '유튜브 유통 마케팅'섹션에서 자세히 다루기로 하겠다.

Tip

인스타그램을 활용한 체험단

인스타그램 인플루언서를 이용해서 판매를 해도 되지만 사실 더욱 효과적인 것은 이들을 활용해서 체험단을 진행하는 것이다. 이들을 이용해서 SNS 상에 내 상품을 도배하고 나의 쇼핑몰, 스마트스토어 등으로 끌어들여 판매를 하는 것이 더 유리할 수 있다. 인플루언서들을 통해 판매를 하는 것은 일단 높은 수수료 때문에 나의 마진을 취하기가 쉽지 않고 이들을 관리하는 것이 현실적으로 쉬운 것이 아니다. 차라리 내 상품을 홍보하고 SNS 상에 내 상품의 콘텐츠들을 퍼트리는 수단으로 인플루언서를 활용하는 것이 더 좋은 선택이 될 수 있다.

04

페이스북 유통 마케팅 : 직접 판매 & 간접 판매

일반적으로 페이스북은 상품을 직접적으로 판매하기에 적합하지 않은 SNS 채널로 알려져 있다. 페이스북을 통해 스타트업 기업에서 몇 백억대 기업의 반열에 오른 에이프릴스킨, 미팩토리, 블랭크코퍼레이션 같은 회사들도 있지만 이들도 페이스북에서 직접적인 판매를 했다기 보다는 페이스북에서 이슈되는 콘텐츠를 통해 바이럴을 일으켜 그 엄청난 트래픽을 자사몰이나 다른 유통 플랫폼으로 유입시켜 판매를 한 경우이다.

에이프릴스킨(좋아요 62만 명)

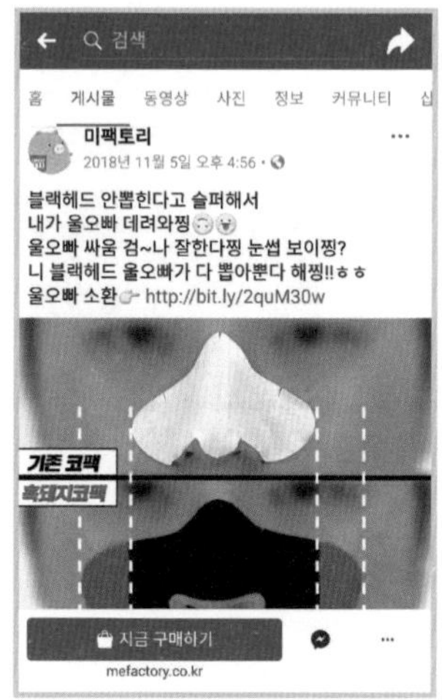

미팩토리의 끌리는 동영상콘텐츠

페이스북이 한때 소통의 수단으로 확고한 입지를 굳힌 시기가 있었지만 지금은 너무나 많은 광고들이 범람하여 소통의 의미보다는 광고, 홍보의 주 채널로 바뀌어가고 있다. 페이스북에서 직접적인 판매를 하기가 힘들다고는 하지만 판매를 잘 하고 있는 사례도 있다. 사람들의 이목을 확 끌만한 동영상·이미지 콘텐츠로 무장을 한 일부 페이지들은 활발히 판매를 하고 있다. 뷰티용품, 다이어트용품 및 아이디어 생활용품들의 경우는 이미 사람들을 많이 모아 놓은 대형 페이스북 페이지에서 활발히 판매가 되고 있다. 이들 대형 페이스북 페이지들은 보통 최근에 급성장한 게 아니고 예전에 도달률도 잘 나오고 광고 없이도 사람 모으기가 쉬웠던 시절에 성장한 페이지들이다. 그럼 우리 소상공인, 중소기업들이 어떻게 페이스북에서 판매를 할 지에 대해 구체적으로 알아보자.

페이스북 페이지를 직접 키워서 판매

본인이 직접 페이스북 기업용 계정인 페이지를 키워서 판매하는 방법이 있는데 지금과 같이 게시물 도달률이 떨어지고, 광고비 없이는 페이스북을 키우기 어려운 때에는 추천하지 않는다. 페이스북 개인 계정은 아직 사람들을 모으기가 어렵지는 않지만 소통의 공간인 페이스북 개인 계정으로 사람을 모으다가 어느 순간 갑자기 상품 판매를 시작하면 팔로워들에게 거부감을 주고 장기적으로 판매를 하기가 어렵다. 그렇기 때문에 지금 페이스북 개인 계정을 직접 키워서 판매하는 것은 추천하지 않는다.

페이스북 스폰서 광고를 이용해서 판매

페이스북 페이지를 만들고 사람을 직접 모아서 판매하는 형식은 아니지만 고객들이 끌릴만한 동영상 콘텐츠 게시물을 만들어서 이걸 페이스북 스폰서 광고를 통해 판매하는 방법이 있다. 이 방법은 우수한 상품, 고객을 확 사로잡을 동영상·이미지 콘텐츠를 만드는 능력, 그리고 페이스북 광고를 제대로 구사할 수 있을 때 유용한 방법이다. 모든 상품이 다 이 방법으로 판매할 수 있는 것은 아니고 뷰티, 다이어트, 아이디어 상품 등 적합한 상품들이 있다. 또한 페이스북 광고비를 잘 생각해봐야 하는데 광고를 진행한 후에 페이스북 광고비 대비 최종 수익이 얼마인지를 검토해봐야 한다. 보통 페이스북에서 동일한 광고를 최소 여섯 번은 봐야 구매 전환이 된다는 통계를 생각했을 때 광고비는 상당한 수준까지 올라갈 수 있다. 또한 광고를 할 때 내 상품을 구매할 만한 타깃들에게 해야 하는데 이러한 맞춤 타깃 선정에 대해 주의를 기울여야 한다. 한마디로 페이스북 스폰서 광고를 통한 판매를 하려고 하면 페이스북 판매에 적합한 상품, 끌리는 동영상·이미지 콘텐츠, 페이스북 광고에 대한 철저한 이해가 필요하다. 이미지보다는 동영상 콘텐츠가 도달 및 노출이 훨씬 잘 되기 때문에 동영상 콘텐츠가 유리하다.

페이스북 판매에 익숙하지 않은 개인이나 회사가 직접 페이스북 스폰서 광고를 이용해서 판매를 어느 궤도까지 올리는 데는 상당한 시간이 소요된다. 현재 페이스북 스폰서 광고는 직접적인 판매의 목적도 있지만 자사몰 유입고객에 대해 페이스북 픽셀을 활용하여 추가 구매를 유도하는 리타깃팅 광고의 방법으로도 이용되고 있다. 기존 고객 DB(데이터베이스)가 없다고 하면 광고의 효율이 현저히 떨어져서 광고비용이 올라갈 여지가 높다.

페이스북 페이지 스폰서 광고 예시

상품 판매를 하는 대형 페이지에 입점해서 판매

이미 사람들을 많이 모아놓고 매출이 어느 정도 검증된 대형 유통판매 페이지에 입점해서 판매를 하는 것이다. 현재 상품 판매를 하고 있는 대형 페이지들이 있는데 이런 대형 페이지에 입점해서 판매하는 방식이다. 이런 대형 페이지들의 경우 보통 상품 판매만 전문으로 하는데 이런 페이지와 접촉하여 상품을 판매하면 된다. 이런 페이지들은 보통 수수료가 최소 30% 이상으로 매우 높고 상품에 따라 콘텐츠에 따라 판매 시점에 따라 매출의 차이가 크다.

✅ 주요 대형 유통판매 페이지 (회원 수는 19년 10월 기준)

- 쇼핑의 달인 (회원 수 50만 명)
- 펀잉팩토리 (회원 수 21만 명)
- 쇼핑의 모든 것 (회원 수 19만 명)
- 오지고 지리는 공동구매 (회원 수 22만 명)
- 비공샵 (회원 수 49만 명)
- 육아꿀팁 (회원 수 15만 명)

쇼핑의 달인(회원수 50만 명)

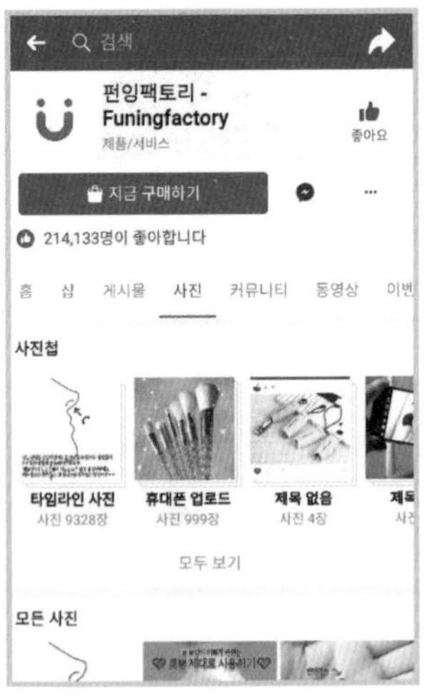

펀잉팩토리 (회원수 21만 명)

대형 유통판매 페이지 찾는 방법

페이스북 검색에서 '공동구매', '쇼핑', '육아' 등의 키워드로 검색 후 '페이지'를 선택하면 많은 페이스북 페이지들이 나오는데 여기서 유통판매 전문 페이지들을 찾을 수 있다. 페이지의 규모는 '좋아요' 숫자로 파악하는 데 이를 회원 숫자로 생각하면 된다. 그러나 '좋아요' 수가 많다 할지라도 실제 판매는 형편없는 경우도 많은데 판매 게시글들에 달린 댓글·공유·좋아요 숫자를 통해 판매가 활성화된 페이지인지 확인해야 한다.

페이스북 검색에서 '공동구매', '쇼핑'검색 후 '페이지' 선택

대형유통판매 페이지 입점 방법

페이지의 홈에 가면 보통 업체 사이트 주소, 전화번호, 이메일 주소가 나와 있는데 여기로 연락해서 입점 신청을 하면 된다. 매출이 잘 나오는 A급 대형 페이지들의 경우는 수많은 업체들이 입점 제안을 하기 때문에 입점하기가 쉽지 않다.

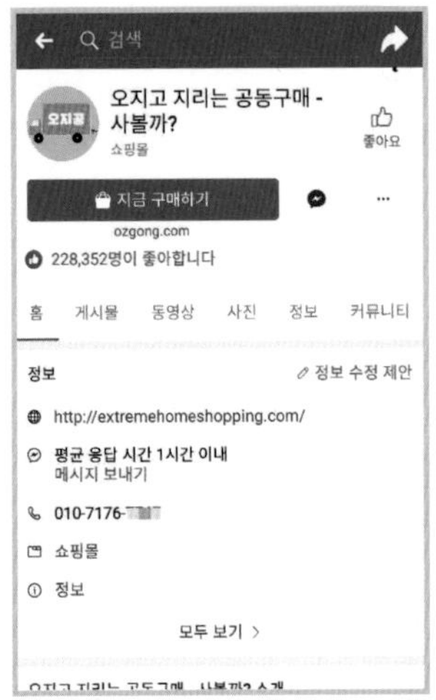

대형 페이지 '홈'에 있는 연락처 정보

페이스북 판매 전문벤더를 활용해서 입점하는 방법

Tip

내가 직접 대형 유통판매 페이스북 페이지들과 하나하나 접촉해서 입점, 판매를 해도 되지만 일정 부분 수수료를 주더라도 페이스북 판매 전문벤더들을 활용하는 것도 하나의 방법이다. 이들 전문벤더들은 이미 대형 유통판매 페이지들과 네트워크가 되어있기 때문에 더 손쉽게 입점할 수 있다 또한 페이스북에서 잘 통하는 콘텐츠에 대해 잘 알고 있고 전체적인 운영 프로세스에 대해 전문가들이기 때문에 이들을 활용하면 더 좋은 결과를 얻을 수도 있다. 전문 벤더들은 유통노하우연구회(https://cafe.naver.com/aweq123), 유통과학연구회 같은 네이버 대형 유통카페나 유통 관련 오픈 채팅방에서 찾을 수 있다. 이런 카페나 오픈 채팅방에서 SNS 공동구매 벤더를 찾는다는 글을 올리던지 아니면 검색을 통해 찾을 수 있다. 보통 SNS 공동구매 벤더라고 하면 페이스북 판매도 같이 진행하는 경우가 있다.

05

모바일 어플 판매 : 회원 도달률 100%의 강력한 모바일 판매 채널

모바일 어플 공동구매는 온라인 유통 플랫폼의 흥망성쇠에 따른 영향에서 자유로워지고자 탄생하게 되었다. 소셜커머스, 카카오스토리 채널, 네이버밴드, 스마트스토어, 카카오톡 스토어, 페이스북, 인스타그램 등등 각종 온라인 유통 채널들은 전성기가 있고 쇠퇴기가 있다. 가령 아무리 카카오스토리 채널에서 좋은 판매 실적을 보이고 있다 하더라도 카카오스토리 채널 자체가 꺾어지는 트렌드가 되면 매출은 떨어질 수밖에 없다. 또한 어떤 유통 플랫폼이 성장하게 되면 그 유통 플랫폼 소유자에 나의 운명이 좌지우지될 수밖에 없다. 수수료를 갑자기 대폭 인상하고, 결제조건이 나빠지더라도 플랫폼 운영자의 정책을 따르던지 아니면 거래를 중지할 수밖에 없다. 이런 불안정성을 극복하고자 유통판매 업체들은 자기만의 플랫폼을 만들고 싶은 열망을 가질 수밖에 없다. 특히 카카오스토리 채널, 네이버밴드 운영자들의 경우 최소 5년은 갈 줄 알았던 카카오스토리 채널과 네이버밴드가 2~3년 만에 하락의 길로 가다 보니 대안을 찾게 되었는데 그게 바로 모바일 어플이다. 카카오스토리 채널, 네이버밴드에서 진행했던 공동구매를 모바일 어플을 만들어서 그 안에서 진행하는 쪽으로 방향을 잡고 모바일 어플들이 우후죽순으로 생겨나게 되었다.

다양한 공동구매 어플

◎ 모바일 어플의 장단점

장점	단점
(1) 유통 플랫폼의 흥망성쇠에 영향을 받지 않음 (2) 푸시앱을 통해 모바일 어플 회원들에게 100% 판매 콘텐츠 전달 가능 (3) 나만의 차별화된 마케팅·운영 전략 수립 가능	(1) 회원 모집하는데 많은 비용이 든다 (2) 어플의 제작·유지·관리 비용이 든다 (3) 푸시앱을 남발하면 회원 이탈률이 증가한다

모바일 어플은 위와 같은 특징이 있는데 모바일 어플을 운영하는데 가장 큰 장애는 회원 모집이다. 회원을 모집하려면 광고 및 홍보를 해야 하는데 어플이 대중화되기 전에는 회원 모으는데 드는 노력과 비용이 적어도 되었지만 지금은 너무나 많은 어플이 생겨나고 있기 때문에 회원 모집에 드는 비용이 예전 대비 10배 이상으로 증가했다. 그렇기 때문에 모바일 어플을 성공적으로 운영하는 업체들의 특징은 어플을 만들기 이전에 이미 고객 기반을 만들어 놓은 경우가 많다. 네이버 카페, 페이스북, 카카오스토리 채널, 네이버밴드, 인스타그램 등에 이미 사람들을 많이 모아놓은 경우에 어플을 만들어도 회원을 상대적으로 수월하게 모을 수 있었다. 지금 현재 이런 고객 기반이 없는데 어플로 회원을 모으려면 엄청난 비용과 노력이 들어가게 된다.

이런 이유 때문에 내가 직접 모바일 어플을 만들어서 회원들을 모아서 판매하는 전략보다는 이미 회원을 확실하게 모은 유통판매 전문 어플에 입점하는 전략이 효과적이다. 어플은 회원 모으는 것도 중요하지만 신규 회원들을 추가로 유입시키고 기존 회원들의 이탈을 방지하는 마케팅을 하는데도 많은 비용이 들어간다. 현재 활성화된 공동구매 어플들은 지금도 신규 회원 유치와 기존 회원 이탈을 방지하기 위해 엄청난 마케팅, 광고 비용을 투입하고 있다.

✅ 모바일 어플의 규모를 알아보는 방법

각 어플들을 눌러보면 다운로드 숫자가 나오는데 숫자의 의미는 아래와 같다.

다운로드 숫자
5,000만 이상 : 5,000만 ~ 1억
1,000만 이상 : 1,000만 ~ 5,000만
500만 이상 : 500만 ~ 1,000만
100만 이상 : 100만 ~ 500만
50만 이상 : 50만 ~ 100만
10만 이상 : 10만 ~ 50만
5만 이상 : 5만 ~ 10만
1만 이상 : 1만 ~ 5만

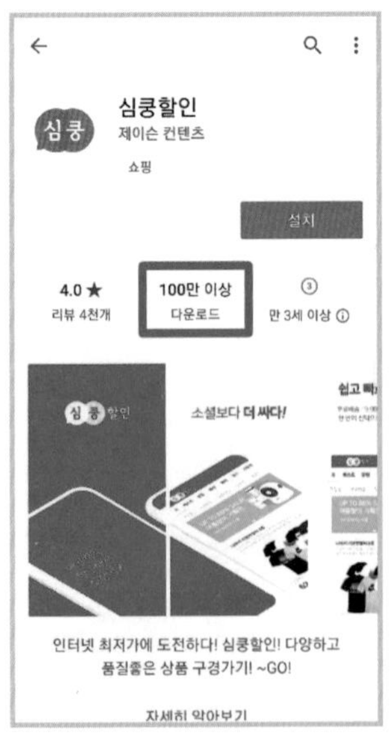

심쿵할인 다운로드 100만 ~ 500만

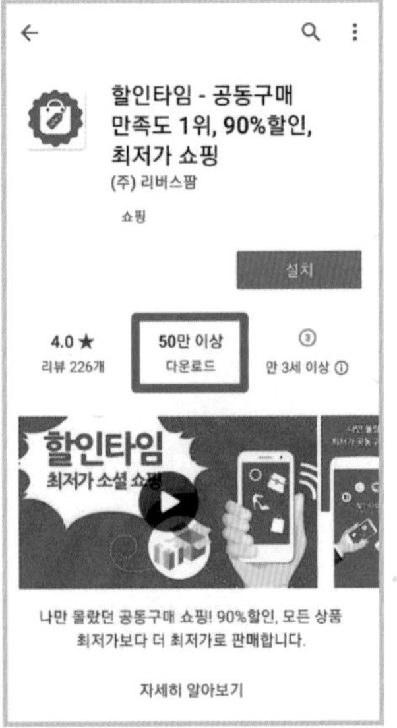

할인타임 다운로드 50만 ~ 100만

물론 위의 숫자들은 다운로드 숫자를 의미하는 것이지 현재 몇 명이 실제 어플을 이용하는지는 알 수 없다. 핸드폰을 바꾸거나 어플을 지우거나 하면 회원들이 줄어드는데 이것은 반영이 안 된 순수 다운로드 숫자이다. 그래서 일부 공동구매 어플들을 보면 다운로드 숫자는 꽤 되는데 판매량은 형편없는 경우가 있다. 이 경우가 회원 다운로드까지는 잘 되었지만 후속 관리 작업이 잘 안 돼서 실 회원 수가 줄어든 것이라 할 수 있다.

일반적으로 판매가 잘 되는 어플들은 어떤 정보를 주면서 간혹 공동구매를 진행하는 어플들보다는 주구장창 공동구매를 진행하는 어플들이다. 다운로드 수 100만 인 일반 어플보다 다운로드 수 10만 인 공동구매 전문 어플에서 매출이 더 많이 나오는 경우가 허다하다. 일반 어플들은 회원 수가 많다고 하더라도 상품 구매 목적으로 어플을 이용하는 고객은 적을 수 있기 때문이다. 최근 공동구매 어플 업체들의 딜레마는 푸쉬앱이다. 공동구매 상품 홍보 푸쉬앱을 쏘면 매출은 확실히 올라가나 너무 자주 쏘게 되면 회원들의 이탈률이 늘어나는 경향이 있어서 장기적으로는 좋지가 않다.

공동구매가 활발히 진행되는 주요 모바일 어플 및 다운로드 수(2021년 1월 기준)

공구마켓 : 500만 ~
심쿵할인 : 100만 ~
할인중독 : 100만 ~
미스할인 : 100만 ~
할인타임 : 100만 ~
주부상식 : 50만 ~

번개장터(네이버 운영, 중고품 거래 전문) : 1,000만 ~
당근마켓(중고품 거래 전문) : 1,000만 ~
헬로마켓(중고품 거래 전문) : 500만 ~

공구마켓, 심쿵할인, 할인중독이 공동구매 어플 중에서 가장 활성화되어 있는데 이 3개의 공동구매 어플은 '제이슨'이라는 업체가 동시에 운영하고 있다. 번개장터(네이버 운영), 헬로마켓, 당근마켓은 중고품 거래 전문으로 출발하여 엄청난 회원들을 모은 어플인데 현재는 중고품뿐만 아니라 정상 상품도 판매를 하고 있다.

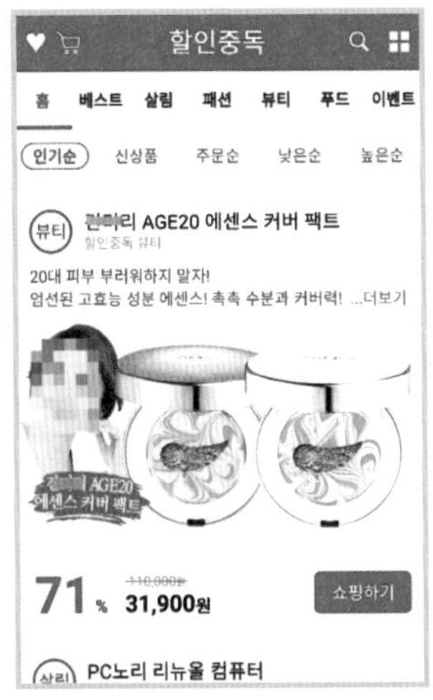

할인중독

번개장터

공동구매 어플 거래 조건

각 어플별로 거래 조건이 모두 상이하나 일반적으로 수수료는 최소 25% 이상이고 판매대금 정산은 45~60일 정도로 생각하면 된다. 너무 영세한 공동구매 어플 업체들은 언제든 판매대금을 받지 못할 위험성이 항상 존재하니 주의해야 한다.

공동구매 어플 찾는 방법

구글 플레이스토어에서 '공동구매', '쇼핑'으로 검색하면 찾을 수 있다. 이 중 다운받은 후 판매되는 상품들의 반응들을 확인하여 판매가 활성화된 공동구매 어플인지 확인해야 한다.

입점 방법

각 어플들의 세부 정보를 보면 연락처들이 나와 있는데 그 연락처로 연락하여 입점 제안을 하면 된다. '할인중독', '심쿵할인', '공구마켓'을 운영하는 앱 공동구매 어플의 1등 업체인 '제이슨'의 경우는 아래의 사이트에서 입점 제안을 하면 된다.

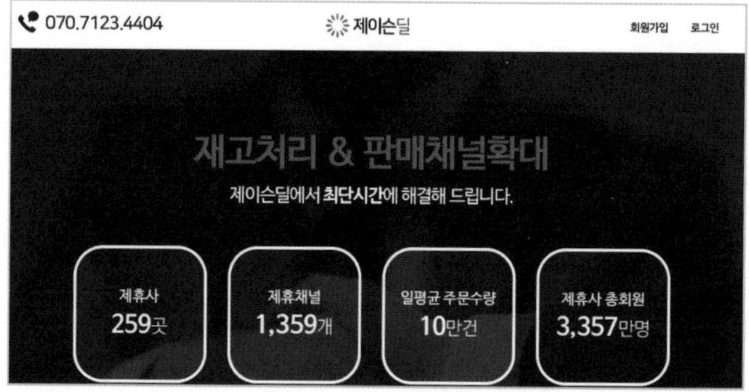

입점 제안 : 제이슨딜 (www.jasondeal.kr)

06

유튜브 유통 마케팅 : 1인 크리에이터 활용 판매

'중국 왕홍'에 대해 들어봤는가? 왕홍은 왕뤄훙런(網絡網人)의 줄임말로 온라인상의 유명 인사, 즉 '인터넷 스타'라는 의미를 갖고 있다. 중국은 유튜브, 인스타그램 등 해외 주요 소셜 미디어가 서비스되지 않기에 중국 자체 플랫폼이 발달해 있다. 때문에 웨이보, 틱톡 등 중국 내 다양한 SNS에서 활동하며 최소 50만 명 이상의 팬을 보유하고 있는 인플루언서들을 왕홍이라고 한다. 이들은 당연히 상업적인 활동을 하는데 상품 판매도 주요한 수익 창출 수단이다. '왕홍경제'라고 불릴 정도로 그들이 입는 옷이나 이용하는 제품 하나하나가 판매와 직결돼 대륙의 매출을 좌우한다. 가령 '미스터백'이라고 불리는 핸드백 전문 왕홍의 경우 2018년 1월 9일 기준으로 321만 명의 웨이보 팔로워를 보유하고 있었는데 명품 브랜드인 지방시(GIVENCHY)와 협업하여 발렌타인데이 한정판 가방을 만들어 판매를 했는데 불과 12분 만에 한화 2억 원의 매출을 올렸다.

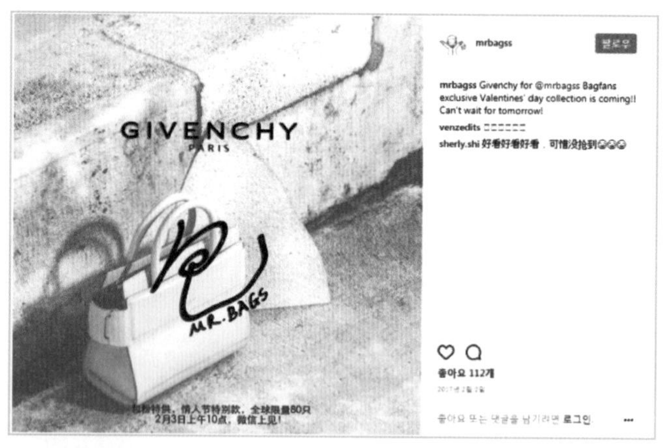

미스터백 인스타그램

중국에는 1인 크리에이터인 왕홍을 활용한 상품 판매가 활성화되어 있으며 이들은 1년 매출이 한국의 웬만한 중견기업 수준을 넘어선다. 중국의 11월 광군제 같은 행사 기간에는 단 하루 동안 수 십억, 수 백억 매출을 올렸다고 자주 언론에 오르내린다. 이런 1인 크리에이터 판매는 중국, 미국 등에서는 이미 대중화되어있는데 우리나라도 향후 이 시장이 확대될 것은 자명한 일이다.

우리나라에서도 뷰티, 패션 업계를 중심으로 1인 유튜브 크리에이터들이 활발히 활동하고 있는데 이들은 처음에는 제휴받은 상품으로 판매를 하지만 결국은 본인들만의 브랜드를 만들어서 판매하고 있다. 이들은 열렬한 충성 고객들을 가지고 있기 때문에 이들이 영상에서 홍보, 판매한 상품들은 즉시 이슈가 된다. 물론 그 대가로 이들에게 지불해야 하는 비용도 상당하다. 이들은 아무 상품이나 선택하는 것이 아니고 본인의 콘셉트에 맞는 상품들만 홍보, 판매한다.

국내 유명 1인 패션·뷰티 유튜브 크리에이터

(구독자수는 21년 1월 기준)

- PONY(www.youtube.com/channel/UCT-_4GqC-yLY1xtTHhwY0hA)
  : 구독자수 578만 명
- 이사배
  (https://www.youtube.com/channel/UC9kmlDcqksaOnCkC_qzGacA)
  : 구독자수 227만 명
- SSIN 씬님(https://www.youtube.com/user/Hines382)
  : 구독자수 157만 명
- Lamuqe(https://www.youtube.com/user/lamuqe)
  : 구독자수 131만 명
- 다또아(https://www.youtube.com/user/daddoatv)
  : 구독자수 119만 명
- 써니채
  (https://www.youtube.com/channel/UCxM21Vv4bWq106MxIPvrGQw)
  : 구독자수 104만 명

- LENA
(https://www.youtube.com/channel/UCU8mou_JjcF-IXZMkAqpA6g)
: 구독자수 68만 명
- 한별
(https://www.youtube.com/channel/UC9gW47Nqzl1x7e8qsflvUUw)
: 구독자수 81만 명
- 조효진
(https://www.youtube.com/channel/UCuZu8NrpBG4WPXRi-hPBI-A)
: 구독자수 126만 명
- 에바EV
(https://www.youtube.com/channel/UCf3b81YFYvGMtx3KBrnpsLg)
: 구독자수 71만 명

PONY 유튜브 채널 (구독자수 578만 명)

우리나라도 지금은 패션·뷰티 분야의 시장 규모가 작지만 몇 년 내로 이런 1인 유튜브 크리에이터를 통한 판매가 활성화될 것이다.

중소기업이 직접 유튜브 채널을 키워서 판매를 하는 것은 현실적으로 힘들고 이런 유튜브 크리에이터들과 제휴하여 상품을 판매하는 것이 맞다. 그러나 앞에 언급된 TOP 레벨의 유튜브 크리에이터들은 비용도 비싸고 대기업 적어도 중견기업 브랜드 상품이 아니면 제휴가 힘들 것이다. 또는 이들은 결국 자신만의 브랜드를 만들어 판매할 것이기 때문에 중소기업들이 이들과 제휴하기에는 많은 어려움이 있다. 그렇기 때문에 TOP 레벨은 아니고 중간 레벨 정도의 유튜브 크리에이터를 공략해야 한다.

유튜브 판매 방식

유튜브 판매는 보통 영상으로 상품을 홍보하고 아래와 같이 게시글에 쇼핑몰 링크, 구매링크, 카톡 플러스친구 링크 등을 넣어서 별도의 장소로 빼와서 판매를 하게 된다.

출처 : 한별 유튜브

아마추어의 유튜브 판매

유튜브 크리에이터들은 보통 유튜브, 인스타그램 등에서 홍보·판매를 하는데 최종적으로는 본인의 쇼핑몰로 유입시켜서 판매를 한다. 쇼핑몰이 없으면 스마트스토어나 블로그에서 판매를 하는데 결제가 빠르기 때문에 자사 쇼핑몰을 선호한다. 블로그에서 판매를 하는 경우에는 블로그페이, SNS폼 같은 간편 결제 시스템을 이용한다.

영상 콘텐츠 및 상세페이지 제작

어느 정도 경험 있는 유튜브 크리에이터라면 영상 콘텐츠 및 상세페이지는 본인이 직접 만든다. 관련 자료만 주면 이들이 자체적으로 영상, 콘셉트를 잡고 진행을 한다. 만약 이런 작업을 못하는 유튜브 크리에이터라면 판매가 잘 나올 수 있을지 고민해봐야 한다.

수수료·공급가 & 대행사

수수료의 경우 보통 40~50%인데 중간에 대행사가 연결을 하게 되면 대행사 수수료 10~15%가 추가된다. 그렇기 때문에 최종 판매가의 30% 정도의 수준에서 공급해야 판매가 이루어질 수 있다. 이런 빡빡한 마진 구조가 나올만한 상품이 아니면 유튜브 크리에이터를 활용한 판매는 진행이 어렵다. 유튜브 크리에이터 관리 및 판매 진행을 공급업체가 직접 진행할 수도 있지만 가성비를 따지면 실력 있는 대행사를 이용하는 것이 유리할 수 있다. 대행사들은 보통 몇십 명의 유튜브·인스타그램 크리에이터들을 보유하고 있는데 좋은 대행사는 판매에 따른 수수료를 주수익으로 삼는 대행사가 아니라 유튜브 크리에이터들과 좋은 관계를 유지하며 최종적으로 대기업 광고수입을 주 수익으로 삼는 대행사이다. 판매 수수료를 많이 부르는 대행사들과 일을 진행하게 되면 최종 판매가가 높아져서 매출이 제대로 나오지 않고 유튜브 크리에이터들도 수익이 적어지기 때문에 이들과 계속 좋은 관계를 지속하기 힘들다.

대행사들은 유튜브 크리에이터·인스타그램 인플루언서들 10~20명 정도를 묶어서 체험단도 진행하는데 보통 체험단 비용이 아니고 원고료라고 하면서 진행한다. 몇 십만 원대 상품이면 샘플을 주면 무료로도 해주나 저렴한 상품은 보통 팔로워 5만 명 가진 인플루언서 기준 10~20만 원은 주어야 한다.

유튜브 판매 프로세스

판매 진행 시 상품 공급업체가 공급가를 대행사에 주고 대행사가 마진 10~15% 정도 붙여서 유튜브 크리에이터들에게 상품과 최종 공급가를 제공한다. 유튜브 크리에이터들이 고객으로부터 주문을 받고 그 주문서를 공급사에게 주면 공급사가 배송한다. 결제는 유튜브 크리에이터가 자사몰이나 블로그, 스마트스토어 등을 통해 판매를 하면 고객 판매 후 10일 내에 정산이 되나 결제 기간이 긴 다른 플랫폼을 사용하면 정산이 더 늦어지게 된다.

유튜브 크리에이터들이 선호하는 상품

유튜브 크리에이터들은 관련 제품이나 다이어트 식품 같이 마진이 높고 단가가 높은 상품들을 선호하는데 단가가 낮거나 높던지 간에 들이는 노력은 비슷하기 때문에 이왕이면 매출이 많이 나올 수 있는 고단가 상품들을 좋아한다. 그리고 뷰티 상품같이 여자들이 좋아하는 상품들도 선호한다.

유튜브에서 많이 판매되는 상품들은 아직 유통 채널에 안착이 안된 상품으로서 온라인 최저가가 낮게 책정되지 않은 상품들이 특히 유리하다. 객단가가 높으면서 시장가격이 무너지지 않은 상품 특히 20~30대 여성들이 선호하는 상품이 좋다.

✓ 유튜브 판매에 적합한 상품군 및 대략적인 판매 수수료

(1) 뷰티 및 코스메틱 상품 : 40% 이상
(2) 다이어트 및 건강 식품 : 40% 이상 (일반식품은 30~40%)
(3) 소형 주방 · 가전 제품 : 25~40%
(4) 주부들을 편안하게 해줄 수 있는 주방생활용품 : 평균 40%
수수료는 상품별로 상이하다

유튜브 크리에이터 판매 시 매출

평균 레벨 정도의 유튜브 크리에이터와 진행 시 어떤 품목이든 하루 최소 20~30개는 판매되고 100~200개가 기본 판매량이다. 상위 레벨 유튜브 크리에이터는 1,000개도 판매한다. 그렇기 때문에 평균 레벨 이상의 유튜브 크리에이터들은 처음에는 남의 상품을 판매하다가 결국은 자기 브랜드를 만드는 경향이 있다. 1회 판매를 진행하면 몇 백만 원, 몇 천만 원을 벌기 때문에 본인의 별도 쇼핑몰을 만들 욕심이 생길 수밖에 없다.

✓ 공급사에서 준비할 사항

(1) 샘플
(2) 제품 관련 자료 : 이미지, 상품 소개 영상, 특허 · 특징 자료
(3) 각종 후기 : 홈페이지, 블로그, 카페, SNS 후기
(4) 배송 업무

유튜브 판매 시 주의사항

유튜브 판매의 경우 판매 수익 채널의 목적도 있지만 또 하나의 브랜드 마케팅 채널로 보는 것이 넓은 의미에서 맞다. 판매해서 돈 버는 것보다는 브랜딩, 마케팅 채널로 보는 것이 장기적으로 볼 때 더 의미가 있다. 판매가 되지 않더라도 유튜브 크리에이터들을 통해 내 상품이 충성스러운 구독자들에게 노출이 되기 때문에 브랜딩한다는 차원에서 유튜브 판매를 활용하는 것이 좋다.

유튜브 크리에이터 선정할 때 레이싱모델, 몸매 좋은 여자 같은

크리에이터들은 진행을 해도 판매량이 제대로 안 나오는 경우가 많다. 왜냐면 남자 팔로워들만 많이 몰려서 실제 판매로 연결되지가 않기 때문이다.

인플루언서 마케팅 대행사들 중에 사기꾼이 많은데 행사 진행 전에 반드시 해당 유튜브 크리에이터가 진성인지 구독자 숫자, 판매 실적, 댓글 여부 등을 확인하고 진행하여야 한다.

PART4

온라인 유통 마케팅 핵심 실전 노하우1

01

네이버·SNS 콘텐츠 구축 : 온라인상에 가성비 최고의 상품 브랜딩

(1) 네이버 통합검색 콘텐츠 구축

삼성, LG 같은 대기업이나 코카콜라, 나이키, 아모레퍼시픽 같은 빅 브랜드들은 상품 브랜딩을 위해 천문학적인 돈을 광고에 쏟아붓는다. TV 광고, 오프라인 지하철 광고, 라디오 광고, 각종 온라인 광고 등 거의 전 영역에 걸쳐서 광고, 홍보 활동을 한다. 이런 브랜딩 작업을 통해 고객들이 해당 브랜드에 대해 신뢰를 가지게 되고 어떤 신상품이 출시되더라도 해당 브랜드에 대한 사전 인지 및 신뢰 때문에 구매하는 데 큰 어려움이 없다. 가령 코카콜라에서 탄산음료 신제품이 나온다면 우리가 그 음료에 대해 품질이나 브랜드에 대한 의심으로 인해 구매를 망설이겠는가? 과거에 이미 코카콜라는 고객에게 온·오프라인으로 충분히 브랜딩 작업을 해왔기 때문에 고객들은 코카콜라에 대해 이미 충분한 신뢰를 가지고 있다. 그러나 이런 빅브랜드가 아니라 새로 나온 일반 중소기업 상품 A에 대해 생각해보면 얘기가 달라진다. 고객이 온라인이든 오프라인이든 어디선가 A에 대한 판매글이나 홍보 글을 보고서 무명 브랜드인 A에 대해 구매를 결정하려면 큰 결단(?)이 필요하다. 고객들은 상품에 대한 정보가 전혀 없을 뿐더러 제조업체에 대한 신뢰가 없기 때문에 구매하려면 상당한 용기(?)가 필요하다. 온라인이든 오프라인이든 SNS에서든 처음 보는 중소업체의 상품에 대한 판매 홍보 글을 보면 아무리 상품 상세 페이지에서 원재료, 맛, 기능, 디자인, 가격, 만족도 등등이 좋다고 구구절절 설명한다 할지라도 고객들은 광고라 생각하고 믿지 않는 경향이 있다.

그렇다고 중소기업 입장에서 막대한 비용을 들여 대기업들처럼 온라인, 오프라인 광고를 하여 브랜딩을 할 수는 없는 입장이기 때문에 적은 비용으로 효율적인 브랜딩 작업을 하여야 한다. 웬만한 중소기업은 대기업 브랜딩 비용의 1/100의 비용도 투자하기 힘들 것이다. 예전 온라인이 활성화되기 전에는 중소기업이 브랜딩 작업을 하기가 정말 어려웠다. 오프라인 광고, 홍보에 드는 비용이 적지도 않은데 그 정도 비용으로는 솔직히 말해서 제대로 브랜드를 알릴 수가 없었다. 그러나 온라인이 활성화되면서 상대적으로 적은 비용으로 효과적으로 브랜딩을 할 수 있는 방법이 생겼다. 그것은 바로 온라인 거대공룡 네이버 덕분이다. 한국에서는 비정상적으로 네이버가 검색 시장의 80%를 좌우하고 있기 때문에 네이버에 내 상품을 브랜딩할 수 있는 콘텐츠를 잘 구축해 놓으면 최소의 비용으로 최대의 효과를 볼 수가 있다. 가령 어떤 사람이 온라인이든 오프라인이든 어디선가 어떤 상품을 보았을 때 그리고 이 상품에 관심이 생겨 더 알아보고자 할 때 어떻게 하는가? 아마 대부분의 사람이 네이버 검색창에 해당 상품을 검색을 해볼 것이다. 아무리 구글 검색이 정교해지고 인기가 올라간다고 해도 아직도 한국에서는 네이버가 검색 시장의 80%를 차지하고 있다. 그렇기 때문에 네이버의 각 영역에 내 상품, 내 브랜드에 대한 콘텐츠를 키워드별로 잘 구축해놓는 일이 필요하다. 현실적으로 한국에서 네이버 콘텐츠 구축보다 가성비 좋은 홍보, 광고 방법은 찾아볼 수가 없다.

고객이 잘 알려지지 않은 중소기업 상품 B를 구매하는 프로세스를 생각해 보자. 고객이 B라는 상품에 대한 판매글 또는 정보글을 G마켓, 쿠팡 또는 카카오스토리, 인스타그램에서 보았다고 하자. 상세 페이지 또는 홍보 글을 보니 한번 구매해볼까 하는 생각에 좀 더 알아보고 결정하려고 할 것인데 아마 네이버에서 이 상품을 검색해

볼 것이다. 이때 나오는 콘텐츠들이 고객에게 얼마나 신뢰를 주냐에 따라 구매가 일어나던지 아니면 구매 포기가 일어날 것이다. B라는 상품이 괜찮은 거 같아서 네이버에 B라는 키워드로 검색을 했는데 B에 대한 콘텐츠가 한 줄도 안 나오던지 콘텐츠가 충분하지 않다면 이 사람은 아마 B를 구매하지 않을 것이다.

네이버의 각 영역에 상품에 대한 콘텐츠를 충분히 구축하게 되면 상품 브랜딩의 기본 이상은 한 것이라 할 수 있다. 솔직히 말해서 상품을 브랜딩하기 위해 네이버 이외의 다른 영역에서 광고, 홍보, 마케팅을 한다면 비용이 엄청나게 들 것이며 브랜딩 효과도 네이버에 콘텐츠를 구축하는 것에 비해 적을 확률이 높다. 그렇기 때문에 네이버에 내 상품에 대한 콘텐츠를 구축하는 것은 다른 기타 브랜딩 작업을 적게하는 한이 있더라도 무조건 확실히 해놓아야 한다.

네이버에서 중소기업 상품 브랜딩에 대한 주요 관련 영역은 아래 표와 같다. 아래 표 이외에도 어학사전, 실시간 검색, 지식백과, 책, 뮤직, 학술영역, 광고에 속하는 파워링크, 브랜드 검색, 파워 콘텐츠 등 다양한 영역이 존재한다. 네이버에서는 블로그, 카페, 포스트가 VIEW라는 영역으로 통합되어 있다.

동영상	쇼핑	카페	동영상	이미지
웹사이트	뉴스	지도	포스트	지식iN

표의 각 영역들에 대해 키워드를 잡아서 콘텐츠를 올리게 되면 해당 키워드로 검색하였을 때 내가 만든 콘텐츠들이 노출되게 된다. 키워드는 일단 나의 상품명, 브랜드명이 1순위이고 상품명·브랜드명과 연관되는 다른 키워드는 차순위이다. 가령 내가 판매하는 상품이 100% 오렌지 착즙주스이고 상품명이 '돈시몬'이라고 한다면 '돈시몬'이라는 키워드가 1순위이고 2순위가 '오렌지 착즙주스', '웰빙 오렌지주스', '100% 오렌지주스' 같은 키워드가 될 것이다. 키워드 선정할 때 주의할 점 한 가지가 너무 경쟁이 치열한 키워드 가령 오렌지주스' 같은 대표 키워드를 선정하면 내가 콘텐츠를 만든다 할지라도 내가 만든 콘텐츠가 상위에 노출되기 힘들던지 노출되더라도 금방 뒷페이지로 밀릴 수 있다는 것이다. 그래서 내 상품 판매에 도움이 되면서 너무 경쟁이 치열하지 않은 키워드를 선정하는 것이 필수이다. 키워드 경쟁도는 네이버 광고(https://searchad.naver.com/)에 들어가서 회원가입 후 로그인한 후에 '광고시스템'-'도구'-'키워드 도구'에 들어가서 각 키워드별로 조회해 보면 파악할 수 있다. 여기 들어가면 해당 키워드의 PC 별, 모바일별 월간 검색수, 월평균 클릭수, 월평균 클릭률뿐만 아니라 해당 키워드의 연관 키워드들까지 파악해 볼 수 있어서 유용하다.

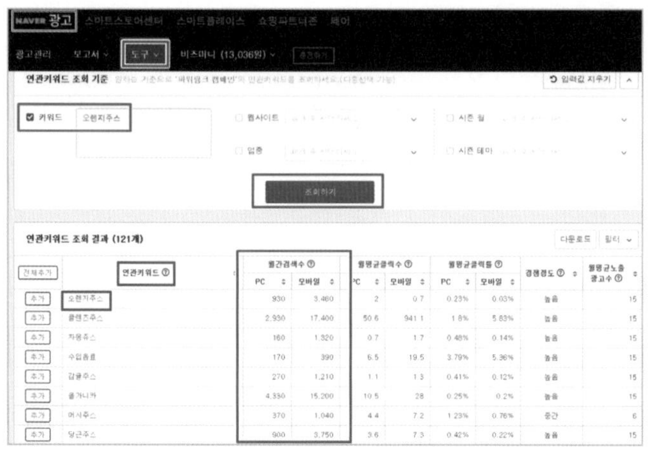

네이버 키워드 도구에서 '오렌지주스' 키워드 검색

네이버에 구축해야 하는 콘텐츠 중에 가장 중요한 것은 이미 구매한 사람들이 얘기하는 시식·사용·체험 후기이다. 처음 보는 상품에 대해 신뢰가 가지 않아서 살지 말지 고민하고 있는 예비 고객에게 미리 구매한 사람들의 구매 후기는 큰 도움을 주게 된다. 미리 구매한 고객들이 만족하다는 구매 후기를 여러 개 작성해 놓았다면 예비 고객이 구매를 하기가 훨씬 수월하게 된다. 아무리 상품에 대한 장점들과 각종 수상, 인증 사례가 있다고 하더라도 다른 미리 구매해서 사용한 사람들의 구매 후기가 없다고 하면 최종 구매 전환까지 이어지기가 쉽지 않다. 상품 콘텐츠를 구축할 때 네이버 통합 검색의 각 영역 중 가장 중요한 영역을 세 가지 뽑자면 그것은 '뉴스', '블로그', '카페' 영역이라고 할 수 있다.

뉴스 영역에 공식적으로 신뢰할 수 있는 콘텐츠가 올라가게 되면 고객의 상품에 대한 신뢰는 높아지게 되는데 조선일보, 중앙일보, 동아일보 같은 메이저 언론사에 기사가 나가는 것보다는 중소 언론사라 할지라도 기사의 숫자가 많이 올라가는 것에 집중을 해야 한다. 블로그·카페에 있는 글들은 홍보, 광고라고 생각하기 쉬우나 뉴스 기사들은 그렇게 생각하지 않는 경향이 강하다.

블로그의 사용·시식 후기가 광고, 홍보라는 것을 예전 대비 고객들도 많이 인지하고 있는 상황이긴 하지만 그래도 사용 후기를 노출하고 콘텐츠를 쌓아 놓는 데 있어서 블로그 영역이 가장 중요하다. 특히 네이버 모바일 통합검색에서 블로그, 카페, 포스트 영역이 'VIEW'로 통합되어 버린 후 VIEW 영역 노출의 대부분을 차지하는 블로그가 더욱 중요해졌다.

카페 영역도 사용·시식 후기의 콘텐츠를 구축하기 좋은데 블로그 영역 대비 카페 영역의 사용·시식 후기 콘텐츠들은 광고 · 홍보성이 덜 느껴지며 진정성 있게 보인다는 장점이 있다. 그러나 모바일 통합검색 VIEW 영역에서 카페 콘텐츠의 노출이 거의 되지 않기 때문에 네이버 모바일에서 브랜딩을 하는데 불리하다는 단점이 있다. 뉴스·블로그·카페 영역뿐만 아니라 '포스트', '웹사이트', '동영상', '지식IN' 영역 그리고 오프라인 매장이나 사업체가 있다고 하면 '지도' 영역 등에도 콘텐츠들을 추가로 구축한다면 고객에게 더욱 신뢰를 줄 수 있어서 고객이 구매를 결심하기가 쉬워질 것이다. 물론 상품을 최종적으로 구매할 수 있는 네이버 '쇼핑' 영역에는 무조건 상품이 등록되어 있어야 한다. 그럼 네이버 통합검색의 각 영역들에 대해 하나하나 알아보자.

뉴스 영역

뉴스 기사는 세 가지 방법으로 낼 수 있다. 첫 번째는 내가 직접 기사를 작성하여 막노동 방식으로 온·오프라인 언론사 기자들에게 보내서 선정되면 기사화되는 방법이고 두 번째는 뉴스와이어(www.newswire.co.kr) 같은 유료 보도자료 배포 서비스를 이용하는 방법이며 세 번째는 언론 홍보대행사들을 통해 기사를 노출하는 방법이다. 첫 번째 방법은 효율성이 많이 떨어지고 두 번째 방법은 기사나 콘텐츠에 자신이 있는 경우에 이용하면 좋은데 일반적인 중소기업이 활용할 만한 방법은 세 번째 언론홍보 대행사를 이용하는 방법이다. '크몽'이나 '오투잡' 같은 프리랜서 중계 사이트에 가서 '언론홍보', '기사송출'등을 검색하면 많은 언론홍보 대행사를 찾을 수 있다. 언론홍보 대행사들 중 구매 후기가 많이 달려 있고 좋은 구매 후기를 가진 대행사들을 선정하면 된다. 뉴스 콘텐츠를 만들 때 뉴스 기사는 비중 있는 언론사 한 곳에 나오는 것보다는 중소 온라인 언론사 열 곳에 나오는 것이 훨씬 효과적이다. 일반적으로 10만 원 안팎으로 뉴스 기사 1건 노출이 가능하다. 뉴스 기사의 내용은 CEO 인터뷰, 신상품 출시, 대형 이벤트, 각종 공신력 있는 인증·수상 내역 등이 적합하다.

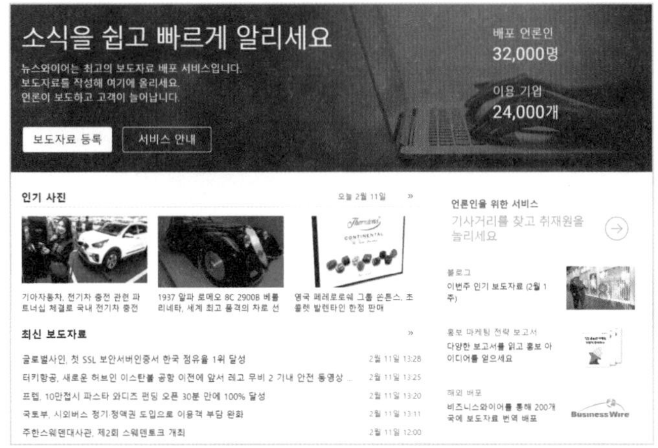

뉴스와이어 : 보도자료 배포 서비스

'오투잡(www.otwojob.com)에서 '기사송출'로 검색

블로그 영역

블로그 영역에는 보통 고객들의 구매 후기가 올라온다. 뉴스 영역에는 상품 구매에 대한 객관적인 신뢰를 주는 콘텐츠가 있다면 블로그 영역에는 구매에 직접적인 영향을 주는 먼저 구매한 사람들의 상품 세부 설명 및 만족하다는 구매평이 있어야 한다. 블로그 영역에도 단순히 블로그 한 개에 올리는 것이 아니고 여러 개의 키워드로 여러 개의 블로그에 올려야 한다. 블로그 영역에 올리는 것은 일반적으로 블로그 체험단을 통해서 이루어지는데 블로그 체험단은 직접 모집해서 진행하는 방법도 있지만 내가 직접 할 역량이 안 되면 대행사를 통해서 진행하는 방법도 있다. 체험단을 운영할 때는 키워드 선정, 우수 블로거 파악하는 방법, 블로그 작성 가이드라인에 대한 것들을 내가 어느 정도 알고 있어야 효과를 볼 수 있다. 아무 지식 없이 대행사들에 맡기면 대행사들에 휘둘릴 수 있고 큰 효과를 보지 못할 수도 있다. 가령 블로그도 노출 등급이 따로 있다. 무조건 키워드 잡아 글을 쓴다고 다 네이버 블로그 영역에 상위 노출되는 것이 아니고 어느 정도 블로그 지수가 있는 블로그에 콘텐츠를 올렸을 때 네이버 블로그 영역에서 상위 노출이 가능하다. 체험단을 진행하는 블로거들이 블로그 등급이 낮은 블로거들로만 이루어져 있으면 체험단 효과가 떨어질 수밖에 없다. 대행사들이 이런 세부적인 것들을 다 컨트롤해줘야 하는데 대중적으로 널리 알려진 블로그 체험단 대행사 몇 군데를 소개하면 아래와 같다.

레뷰 : https://biz.revu.net
모두의블로그 : http://modublog.co.kr/
쉬즈블로그 : https://blog.naver.com/blognara_
블로슈머 : www.blosumer.co.kr
미스터블로그 : http://mrblog.net/

블로그 체험단 '모두의 블로그'

카페 영역

카페 영역도 블로그 영역과 마찬가지로 상품 구매 후기가 주 내용이다. 카페 후기들은 블로그 후기들보다는 세련된 맛이 떨어지는데 이것이 도리어 예비 구매 고객들에게 더 진정성 있게 다가선다. 블로그의 아주 잘 만들어진 구매후기는 아무래도 고객들이 느끼기에 광고라는 느낌이 많이 드는데 카페 영역에 올라온 아마추어적인 구매후기들은 실제 구매를 해본 고객들의 콘텐츠인 것으로 생각되기 쉽다. 카페 영역에서의 노출도 블로그와 마찬가지로 카페 영역지수라는 것이 있다. 기본적으로 카페 등급이 '열매' 이상 또는 최소 '가지' 등급의 최적화 카페에서 진행을 해야 콘텐츠가 노출될 확률이 높아진다. 그리고 콘텐츠 글을 쓰는 작성자의 아이디 지수도 중요하다. 작성자의 아이디 지수가 낮을 경우 키워드를 잡아서 글을 써도 상위 노출이 안 되는 경우가 발생한다. 맘들이 많이 모여 있는 전국 단위, 지역 단위 맘카페에서 체험단이 활발히 운영되는데 이런 맘카페에서 체험단을 진행하면 된다. 맘카페의 체험단들은 보통 카페·블로그·SNS 3종 세트인 경우가 많아서 세 곳에 동시 노출도 가능한 경우가 많다. 유명한 전국 단위 맘카페들을 소개하면 아래와 같다.

레몬테라스 (http://cafe.naver.com/remonterrace)
맘스홀릭 베이비 (http://cafe.naver.com/imsanbu)
예카 (http://cafe.naver.com/mjann)
지후맘의 임산부 모여라 (http://cafe.naver.com/1msanbu)

대형 맘카페 레몬테라스

레몬테라스 체험단 모집 게시글

이런 전국 단위 맘카페들은 노출이 워낙 많이 되기 때문에 체험단 가격도 지역 맘카페들보다 높다. 가격을 알아보고 비용이 부담스러우면 송파맘, 일산맘, 판교맘 같은 지역 단위의 맘카페들 중에 체험단을 진행하는 지역 맘카페를 찾아서 진행하면 된다.

쇼핑 영역

쇼핑 영역 노출은 오픈마켓, 종합몰, 소셜, 스마트스토어, 자사몰 같은 쇼핑몰에 등록하면 노출이 된다. 스마트스토어는 네이버에서 운영하는 쇼핑몰이라 쇼핑영역에 자동 노출되나 자사몰, 오픈마켓, 종합몰, 소셜 같은 외부 쇼핑몰의 경우는 네이버쇼핑 연동 노출 설정을 해주어야 노출이 된다. 네이버 통합검색의 모든 영역에 노출이 되어도 실상 구매를 할 수 있는 쇼핑 영역에 상품이 없다고 하면 구매를 할 수 없기 때문에 반드시 등록이 되어 있어야 한다. 또한 일반적으로 고객들은 평소에 구매를 하는 쇼핑몰에서만 구매하는 특성이 있기 때문에 이왕이면 다양한 쇼핑몰들에 노출되면 좋다.

네이버쇼핑 영역 노출 : 돈시몬 100% 착즙 오렌지 주스

지식iN 영역

지식iN 영역은 몇 년 전에 마케팅 용도로 엄청난 인기를 끌었으나 사람들이 지나치게 광고, 홍보 글을 올린 뒤로는 네이버의 제재가 심해졌다. 마케팅 업체들이 수 백 개의 아이디로 키워드를 잡아서 여러 개의 아이디로 질문하고 또 다른 아이디들로 긍정적인 답글을 올리는 일이 빈번해지면서 네이버가 이런 행위에 대해 아이디 정지 등의 제재를 가하고 있다.

여하튼 지식iN 영역의 경우 나의 상품에 대해 궁금해하는 사람의 질문에 대해 답글을 올리게 되면 노출이 된다. 게시글의 제목과 본문 글에 내 상품 또는 브랜드에 대한 키워드가 여러 번 반복되어야 상위 노출에 유리하다.

동영상·이미지 영역

영상 또는 이미지로 상품 정보, 구매 후기, 제조 공정, 탄생 스토리 등을 만들어서 네이버TV, 유튜브, 판도라 TV 같은 동영상 공유 플랫폼에 올리거나 네이버 블로그·카페·포스트 등에 첨부하게 되면 동영상 영역 및 이미지 영역에 노출이 될 수 있다. 이때 한 가지 주의해야 할 것이 있는데 만든 영상이나 이미지의 파일명에 반드시 내가 노출하려고 하는 키워드가 들어가야 한다는 점이다. 키워드가 들어가지 않으면 네이버 검색 시 노출되지 않을 확률이 매우 높다. 동영상의 경우 네이버 동영상 영역 노출 순위를 보면 1순위가 네이버TV, 2순위가 네이버 블로그·카페, 3순위가 유튜브, 4순위가 아프리카·판도라TV이다. 동영상이라고 하면 누구나 유튜브가 1등이라는 것을 알지만 네이버에서는 네이버가 만든 네이버TV 및 네이버 블로그·카페가 노출면에서 유튜브를 앞지른다. 네이버TV는 유튜브처럼 누구나 쉽게 올릴 수 있지 않고 네이버의 승인이 필요하다. 2년 전만 해도 네이버TV 개설 조건이 상당히 까다로웠으나 지금은 조건이 많이 완화되었다.

웹사이트 영역

보통 웹사이트에는 홈페이지 사이트가 나오는데 본인의 홈페이지 사이트가 없을 때 굳이 노출을 하려고 하면 네이버에서 제공하는 무료 모바일 쇼핑몰인 MODOO를 만들면 웹사이트 영역에도 노출이 된다.

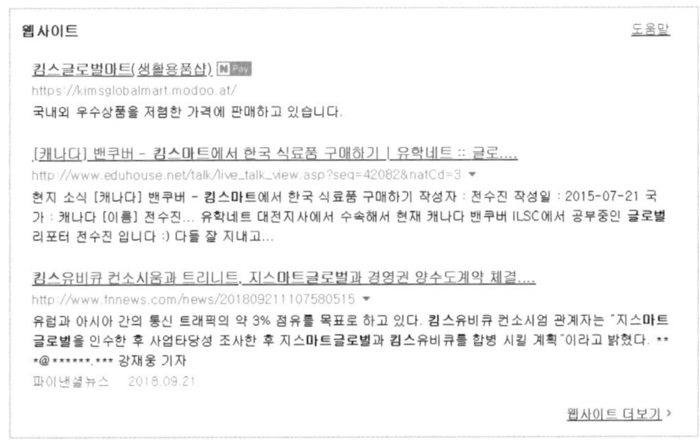

웹사이트 영역 노출 : 킴스글로벌마트 MODOO 홈페이지

위와 같이 네이버 통합검색의 각 영역들에 충분한 콘텐츠가 구축이 되어 있어야 그 키워드로 검색해서 들어온 예비 고객들에게 충

분한 신뢰를 주어서 구매로까지 연결될 수 있다. 네이버 통합검색 각 영역에 다양한 키워드로 콘텐츠를 구축하는 것은 온라인 상품 브랜딩의 가장 기본이 되는 일이며 어느 온·오프라인 브랜딩 광고·홍보 작업보다도 가성비가 좋기 때문에 신경 써서 세팅을 해두어야 한다. 그리고 최소 1~2년 단위로는 콘텐츠를 업데이트해주어야 한다. 그리고 키워드별로 네이버 PC·네이버 모바일에 노출 순서, 노출 영역이 다르기 때문에 이런 사항들을 잘 확인하고 진행을 해야 한다. 특히 모바일 영역은 노출되는 영역이 몇 개 안 되기 때문에 필히 확인해야 한다. 가령 모바일에서 많이 검색되는 키워드인데 검색해봤더니 블로그가 주로 검색된다고 하면 당연히 블로그 영역 노출에 신경을 써야 하고 내가 사용하는 키워드가 지식iN 영역이 주로 검색된다고 하면 지식iN 영역의 콘텐츠 구축에 신경 써야 한다.

(2) SNS 콘텐츠 구축

SNS 상에 콘텐츠를 구축하는 것은 네이버 통합검색만큼 가성비가 뛰어나지는 않다. 네이버 통합검색 콘텐츠 대비 SNS 콘텐츠들의 특징은 휘발성이다. 일정 시간이 지나면 사라지게 된다. SNS 콘텐츠들은 생명력이 짧다. 그렇기 때문에 신상품·신규 브랜드 출시

초기에 열광적인 초기 붐을 만들고자 할 때 이용한다. SNS 콘텐츠에는 페이스북, 인스타그램, 유튜브, 카카오스토리 채널, 네이버밴드, 트위터, 폴라 등이 있는데 이 중 상품 브랜딩에 가장 유용한 SNS를 뽑으라면 역시 인스타그램, 페이스북, 유튜브를 들 수 있다.

인스타그램

인스타그램은 체험단 형식으로 보통 이용을 한다. 네이버의 키워드에 해당하는 해시태그를 잡아서 체험단들을 통해 뿌리는 방식을 많이 사용한다. 즉각적인 매출·홍보 수단으로 인스타그램만한 SNS가 없다. 사진 1장과 글자 몇 개로 고객 반응을 이끌어낼 수 있기 때문에 SNS 홍보 수단으로 최근에 가장 인기가 있다. 1~2년 전만 해도 인스타그램 체험단이라는 용어가 생소했는데 지금은 수많은 인스타그램 체험단이 생겨났다. 직접 인스타그램 체험단을 모집해서 진행하기 힘든 업체들은 대행사들을 이용하면 된다. 체험단을 진행할 때 콘텐츠를 올려주는 인스타그램 유저가 어떤 사람이냐가 중요하다. 팔로워가 100명인 유저와 1만 명인 유저가 올리는 것은 홍보 효과 면에서 다르기 때문이다. 대행사를 이용할 때는 해시태그 키워드와 인스타그램 유저의 활성도를 잘 확인해야 한다. 팔로워가 1만 명만 넘어도 체험단을 진행 시 적잖은 비용을 주어야 하는 경우가 많기 때문에 몇 천 명 단위의 인스타그램 유저를 공략하는 게 낫다. 5천 명의 팔로워를 보유한 인스타그램 유저 20명만 잡아도 10만 명에게 내 상품을 홍보할 수 있다. 20~30대 대상의 비주얼이 중요한 상품들의 경우 인스타그램 홍보를 잘 이용하면 확실히 효과를 볼 수 있다.

마왕불닭(하루 그룹) 인스타그램 홍보 사례

페이스북

페이스북은 인스타그램과 달리 광고를 해야만 어느 정도 도달이 된다. 체험단보다는 직접적인 상품 홍보 및 구매 전환이 주를 이룬다. 페이스북의 기업용 계정인 페이지를 만들어서 여기에 콘텐츠를 올린 후 광고를 하는 형식이다. 이미지보다는 동영상이 훨씬 도달이 잘 되므로 콘텐츠는 동영상이 유리하다. 페이스북 영상광고만으로 무명의 중소기업에서 매출 수천억의 기업으로 성장한 에이프릴스킨, 미팩토리, 블랭크코러페이션 같은 사례도 많이 있다. 앞에 설명한 업체들의 페이스북 페이지에서 동영상 콘텐츠의 카피 및 영상 구성 등을 벤치마킹하여 만드는 것을 추천한다. 페이스북 브랜딩을 잘 알려면 타깃팅, 콘텐츠 제작 및 광고 방법에 대한 충분한 검토가 필요하다. 특히 뷰티, 패션, 다이어트, 건강 관련 상품들은 페이스북 홍보의 효과가 좋다. 초기에는 광고비를 들여 유료 광고를 집행하더라도 위의 우수업체들처럼 광고의 화제성, 차별성 및 퀄리티가 좋으면 페이스북의 공유하기 기능을 통해 수백만 명에게 홍보도 가능하기 때문에 페이스북은 여전히 매력적인 SNS이다.

미팩토리 황금돼지코팩

블랭크코퍼레이션 블랙몬스터 화장품

유튜브

유튜브는 휘발성이 강한 인스타그램이나 페이스북 콘텐츠와 달리 어느 정도 지속이 되는 특징이 있으며 게다가 검색 기반의 SNS 플랫폼이다. 그래서 네이버 통합검색 동영상 영역에서 유튜브 영상들은 키워드에 의해 검색이 된다. 유튜브는 단기적인 SNS 마케팅 수단이라기보다는 장기적인 SNS 마케팅으로 활용하여야 한다. 해외 사례인데 'Blendtech'라는 믹서기 업체는 자사 믹서기 상품으로 아이폰과 갤럭시S를 갈아버리는 유튜브 동영상을 통해 회사 브랜드 인지도를 엄청나게 올리고 상품 판매량도 비약적으로 늘렸다. SNS의 대세가 유튜브로 가고 있기 때문에 항상 유튜브에 대해 적극적으로 활용방안을 연구해야 한다.

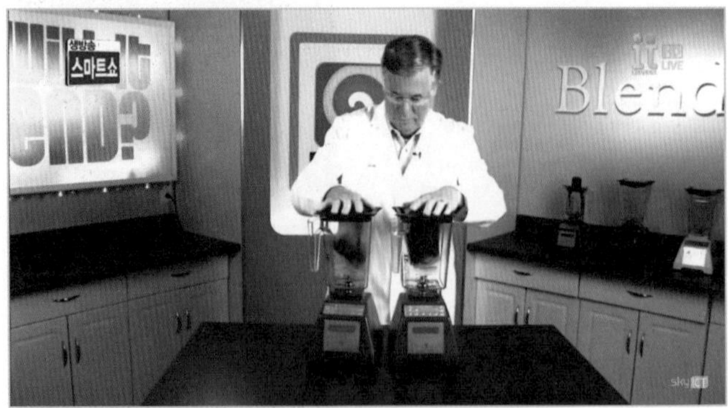

'Blendtech'사의 화제의 유튜브 동영상

SNS 체험단

SNS 상에 콘텐츠 구축의 중요성이 증가함에 따라 블로그 체험단과 비슷하게 인스타그램 위주의 SNS 체험단들이 활성화되고 있다. 네이버에서 'SNS 체험단'으로 검색해 보면 업계 선두권인 공팔리터(0.8L)를 비롯해서 많은 체험단들을 찾을 수 있다. 체험단 업체들은 일정 수수료를 받고 인플루언서들에게 특정 업체의 상품을 공급하여 SNS 상에 해당 업체의 사용·시식 후기 콘텐츠들을 만드는 것을 도와준다. 20~30대 젊은 여성 타깃의 비주얼이 중요한 패션, 잡화, 다이어트, 뷰티 상품이라면 SNS 체험단을 통해 좋은 효과를 볼 수 있다.

그러나 위의 SNS 콘텐츠 구축에서 언급한 인스타그램, 페이스북, 유튜브의 경우도 역시 네이버 통합검색의 영향에서 벗어날 수 없다. 인스타그램, 페이스북, 유튜브에서 상품 콘텐츠를 보고 관심이 있어서 상품에 대해 더 알아보려고 하면 결국 네이버 통합검색에서 종합적으로 알아볼 것이기 때문이다. SNS 상에 콘텐츠를 구축하는 것도 중요하지만 네이버 통합검색 영역의 콘텐츠 구축은 기본으로 확실히 해놓아야 한다.

공팔리터(www.08liter.com) : 국내 1등 SNS 마케팅 플랫폼

공팔리터는 뷰티, 푸드, 패션 등 다양한 상품을 체험할 수 있는 국내 1위 SNS 마케팅 플랫폼이다. 소비자들은 공팔리터를 통하여 SNS에 상품의 체험 리뷰를 남기는 대신, 상품을 사용해볼 수 있는 기회를 갖는다. 새롭고 트렌디한 상품을 무료 또는 3,000원이라는 저렴한 가격에 경험해 볼 수 있다는 것은 공팔리터만이 제공하는 차별화된 서비스이다. 이러한 장점을 기반으로 공팔리터는 현재 전 세계 10개국에 진출해 있을 뿐 아니라 아모레퍼시픽, LG생활건강, 러쉬, 풀무원, 오뚜기 등 대형 파트너에서 중소기업까지 4,500여 개의 파트너를 두었다.

개인의 일상뿐 아니라 다양한 정보를 공유하는 SNS가 폭발적으로 성장하며, 대다수의 기업이 마케팅적으로 활용하고 있다. SNS 뉴미디어는 현재 고객을 가장 쉽게 싸게 만날 수 있는 채널이기에 그 채널 안에서 콘텐츠를 바이럴해서 홍보해야 하는 광고주에게는 가장 최적화된 마케팅 방법 중 하나이다. 또한 리뷰는 구매 페이지에서 구매 전환율을 높이는 주요 기능을 했지만 이제 리뷰는 SNS 상에서 홍보를 할 수 있는 주요 기능이 더해졌기에 상품이나 서비스 등을 판매하려는 판매자에게는 가장 중요한 마케팅 방법이다.

요즘은 기업이나 인플루언서 광고보다 SNS 상에서 인스타그램·페이스북 친구를 통해서 홍보, 마케팅하는 것이 몇 배 더 효과적이고 실제로 이를 통한 성공 사례가 증가하고 있다. 주목할만한 부분은 공팔리터의 '세상의 모든 판매자와 소비자를 연결하는 곳'이라는 비전대로, 소비자의 리뷰 콘텐츠가 SNS에 그대로 확산되도록 하고 있다는 점이다. 소비자의 솔직한 후기가 SNS 상에서 팔로워들에게 공유되기 때문에 브랜드와 제품에 대해 친밀하게 확산되는 것은 물론, 브랜드 신뢰도 또한 크게 증진시킬 수 있다.

제품에 대해 관심 있는 사람에게 사용 기회를 주기에 파트너 입장에서도 더 큰 홍보 효과를 기대할 수 있고 만족도도 높다. 파트너들은 공팔리터 담당자와 파트너십을 토대로 함께 마케팅 세우는 것부터 시작한다. 대부분의 체험 마케팅 회사는 사람이 관리해서 체험 마케팅이 비싸거나 제한적이지만 공팔리터는 프로세스를 자동화하였다. 최근 유튜브를 통한 체험단과 QR 리뷰 서비스까지 확장하고 있다.

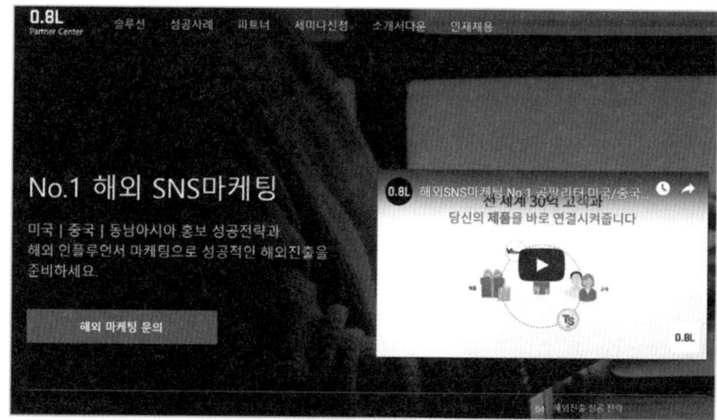

공팔리터 홈페이지 : www.08liter.com

02

모바일 뉴스 기사 마케팅 : 콘텐츠 유통 마케팅의 끝판왕

모바일로 네이버에 접속해서 뉴스 기사들을 보다 보면 중간중간에 뉴스 기사인지 광고인지 애매한, 아래와 같은 콘텐츠들을 보게 된다.

'오직 입소문으로 대박 난 제품이라고?', '세상에 이런 제품이?' 이런 식으로 클릭하고 싶은 마음이 들게 하는 자극적인 제목이다. 모바일 네이버 뉴스를 보는 수많은 사람들이 이 콘텐츠들을 클릭하게 되는데 이런 콘텐츠들은 당연히 정교하게 기획된 상품 광고이다. 보통 이런 광고를 네이티브 광고라고 한다. 잘 보면 AD(광고)라는 마크가 표시되어 있다. 이런 콘텐츠들이 광고라는 것을 알고 있는 필자조차도 내용이 너무 궁금해서 클릭해서 들어가 보게 되는 경우가 많다. 하루 방문객이 3천만 명에 달하는 네이버이기 때문에 해당 광고에 유입되는 사람들도 엄청난 숫자에 이른다.

이런 뉴스 기사 형식의 콘텐츠 광고들에 대해 자세하게 알아보도록 하자.

네이버 모바일
'나만 몰랐던 기막힌 제품들'

위의 네이버 모바일 뉴스에서 중간에 '1분 만에 머리 말리는 간단 비법'을 클릭하면 네이버 블로그 또는 네이버 포스트가 뜨면서 아래와 같은 콘텐츠들이 좌르륵 나온다.

토네이도 드라이기

바쁜 아침 1분만에 머리 말리기가 가능해진다. 일반 드라이기 대비 5배 강력해 '토네이도'라는 애칭이 붙었다. 덕분에 머리가 흩날리다 못해 날아다녀 건조 속도가 평소의 절반으로 줄

약해진 피부에 호~호~ 유기농 호호바 멀티 오일

와르르 무너진 피부 장벽을 철벽치듯 다시 탄

5,436 ···

속눈썹 연장? 나는 마스카라로 해!

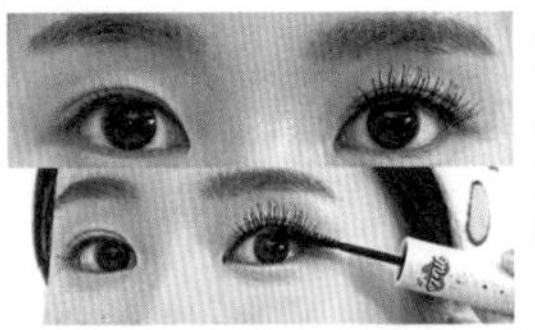

개미 다리보다 짧은 속눈썹이 싫어 울며 겨자먹기로 비싼 연장샵을 갔다면 이제 발길을 끊어도 좋다. 바르는 만큼 속눈썹이 마법처럼 길

이 흡수된다. 얼굴뿐만 아니라 바디, 헤어 등 건조한 어느 곳이든 사용할 수 있다. 지금 바로 구매시 30%나 할인된 가격에 가져갈 수 있으니 기회를 놓치면 손해다. 자세히 보러가기

속눈썹 연장? 나는 마스카라로 해!

5,436 ···

이 된 듯 변신한다. 비즈왁스, 아라비아고무, 카나우바 왁스 등 자연유래 성분의 착한 접착력을 가져 눈에도 무해하다. 자세히 보러가기

갈라진 뒤꿈치, 10초만에 촉촉보습! 피치풋밤

대략 10개 정도의 상품 홍보 콘텐츠들이 나오는데 구매를 할 수 있는 결제 링크도 '자세히 보러 가기' 같은 형식으로 있다. '자세히 보러 가기'를 클릭하게 되면 아래와 같이 구매를 할 수 있는 결제 사이트로 이동하게 된다.

구매가 가능한 결제 사이트로 이동

위와 같이 네이버 같은 포털사이트의 모바일 뉴스 기사와 연계하여 차별화된 콘텐츠를 무기로 하여 상품을 판매하는 방식이 핫하게 떠오르고 있다. 위와 같은 뉴스 콘텐츠 기사가 들어가는 영역은 모바일 네이버의 '판'이라는 영역이다. '판'은 네이버에서 다루는 여러 가지 분야를 세분화하여 모아놓은 섹션이라고 보면 된다. 비즈니스, 뉴스, 영화, 연예, 푸드, 쇼핑 등등 다양한 판이 있는데 각각의 판에 들어가 보면 뉴스 기사를 포함한 다양한 콘텐츠들을 볼 수 있다. 뉴스 기사들 사이에 위와 같은 뉴스 기사 형식의 상품 광고들이 각 '판'의 성격에 맞게 중간중간 들어가게 된다. 상품 광고를 클릭하게 되면 여러 개의 상품들이 있는 네이버 블로그 또는 포스트로 넘어가게 되는데 각 상품들마다 구매를 할 수 있는 결제 링크들이 붙어있다.

모바일 네이버 판

뉴스 기사 광고 프로세스

뉴스 광고 대행사들이 네이버에서 광고를 할 수 있는 일정 면적을 사온 후 광고주들을 모집하는 시스템이다. 광고주들은 상품을 보유한 제조업체나 수입업체들보다는 실력 있는 유통 기획사들이 많다. 유통 기획사들은 네이버 판 각 영역별로 어울리는 상품들을 선정하여 광고를 진행한다. 광고 진행은 무조건 되는 것은 아니고 네이버가 최종적으로 광고 내용 및 광고 상품을 검수하고 승인되면 진행이 된다.

광고 비용 및 판매량

네이버 판 영역이 워낙 사람들의 유입이 많기 때문에 광고비도 매우 높은데 보통 월 몇 천만 원 단위로 알려져 있다. 필자의 지인이 여름에 선풍기를 뉴스 기사 광고 방식으로 판매를 하였는데 많이 팔릴 때 하루에 2,000개가 판매가 되었다고 한다. 이때 한 달간 광고비는 5천만 원이었다.

뉴스 기사 광고에 적합한 상품

아무 상품이나 뉴스 기사 광고를 할 수 있는 것이 아니고 고객을 끌 수 있을만한 스토리가 있는 상품들이 적합하다. 한두 줄로 표현되는 상품 설명에서 고객을 확 잡고 상세페이지에서 다시 한 번 구매 전환을 일으켜야 하기 때문에 콘텐츠의 중요성이 더욱 강조된다. 주로 고객의 생활을 편리하게 해주는 아이디어 생활용품이 적합하다. 내가 가지고 있는 상품이 이런 식의 스토리가 나올 수 있는 상품이라면 뉴스 기사 광고를 검토해 보는 것도 좋다.

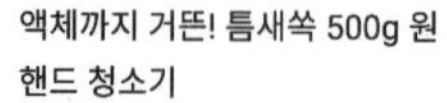

액체까지 거뜬! 틈새쏙 500g 원
핸드 청소기

10분만 써도 손목이 시큰거리던 무거운 차량용 청소기는 잊자. 고작 500g이지만 액체까지 한 방울 남기지 않고 빨아들이는 괴물급 성능을 자랑한다. 작고 가볍지만 4500PA초강력 흡입력과 7개 날개가 선사하는 33000rpm 회전력으로 손이 안닿는 차량 틈새까지 깊게 파고들어 각종 미세먼지를 흡입한다. 글로

4,953 ···

스텐레스 코털제거기

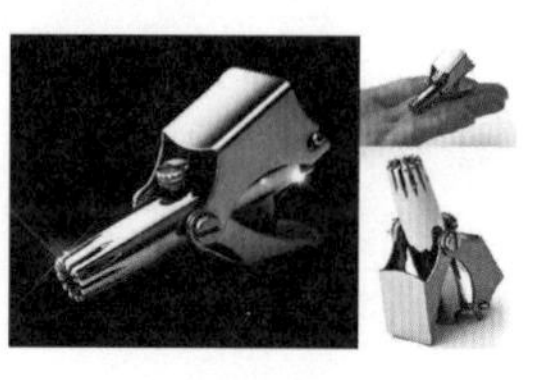

손이나 가위로 코털을 뽑는 사람에게 없어서는 안 될 제품. 원래는 독일에서 개발된 제품인데 국내 밀링업체가 그대로 본떠서 만들었다. 콧구멍에 넣고 눌러주면 깔끔하게 절삭된다. 스텐레스강 재질이라 녹슬지 않아 흐르는 물에 세척할 수 있고 절삭력이 오래 유지된다. 욕실에 두면 온가족이 편하게 쓴다. 가격 1만원대. 자세히 보러가기

4,953 ···

아이디어 생활용품 예시

제휴 방법

해당 뉴스 기사 광고를 쓴 블로그나 포스트를 보면 아래와 같이 블로그, 포스트를 작성한 작성자와 대행사의 이름이 나온다. 작성자와 대행사에 연락을 해서 입점 제안을 하면 된다.

또 다른 제휴 방법은 리얼클릭 같은 전문적인 광고 플랫폼을 통해서 네이티브 광고를 진행하는 것이다. 리얼클릭에 접속해서 네이티브 뉴스 기사 광고에 대해 문의하면 해당 광고 진행이 가능하다.

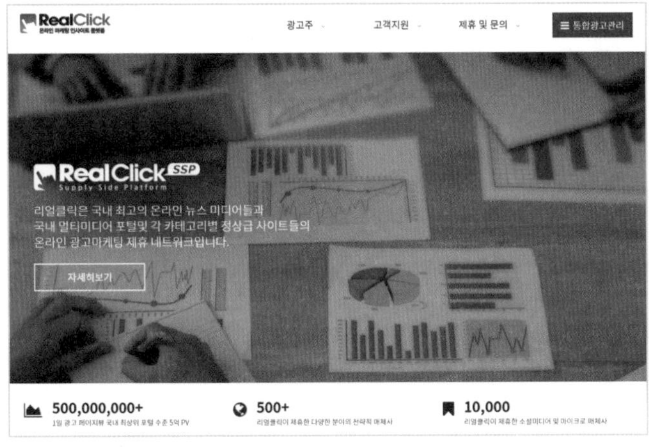

온라인 광고 플랫폼 '리얼클릭' : www.realclick.co.kr

카카오톡 PC버전 뉴스 기사 광고

Tip

카카오톡 PC버전의 경우도 하단에 광고가 노출되는데 여기도 뉴스 기사 형식의 상품 광고가 노출되고 있다. 카카오톡도 엄청나게 많은 사람들이 접속하고 있는 플랫폼이기기 때문에 광고 노출에 매우 유리하다. 하단의 뉴스 기사 형식의 광고를 클릭하면 블로그 또는 쇼핑몰로 이동하게 된다.

카카오톡 하단광고1

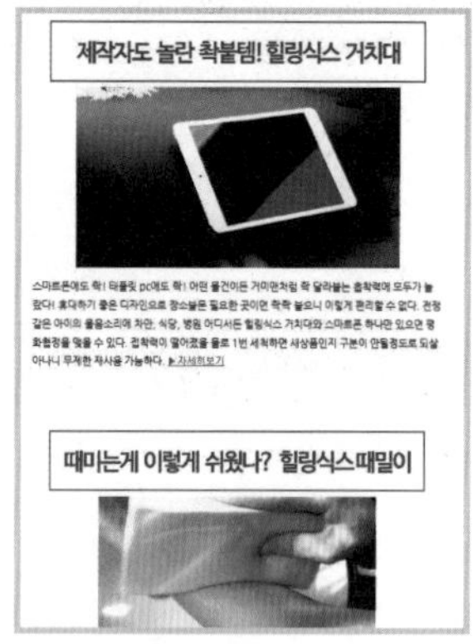

클릭 후 블로그 연결

카카오톡 하단광고2

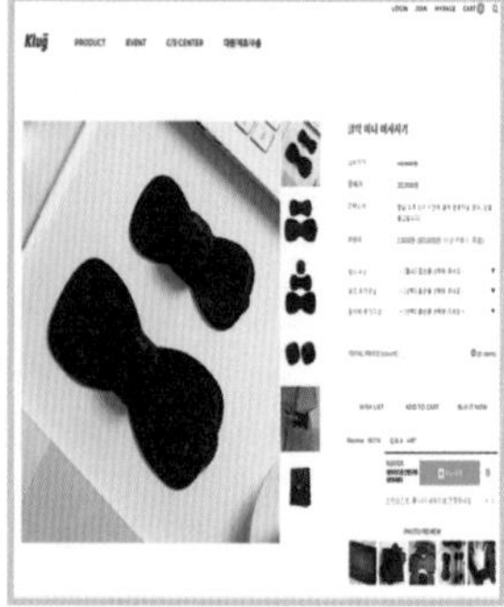

클릭 후 쇼핑몰 연결

고려생활건강

Tip

뉴스 기사 및 언론사를 활용한 유통 마케팅에 매우 강점이 있는 회사이다. 건강, 식품, 생활잡화, 가전, 주방용품 등 다양한 카테고리의 상품들을 판매한다. 고려생활건강에서 판매하는 상품들은 카피라이팅, 스토리텔링, 상세페이지가 매우 우수한데 참고하여 벤치마킹하면 도움이 많이 될 것이다. 고려생활건강에 입점 문의는 홈페이지 하단의 '제휴 문의'를 통해서 하면 된다.

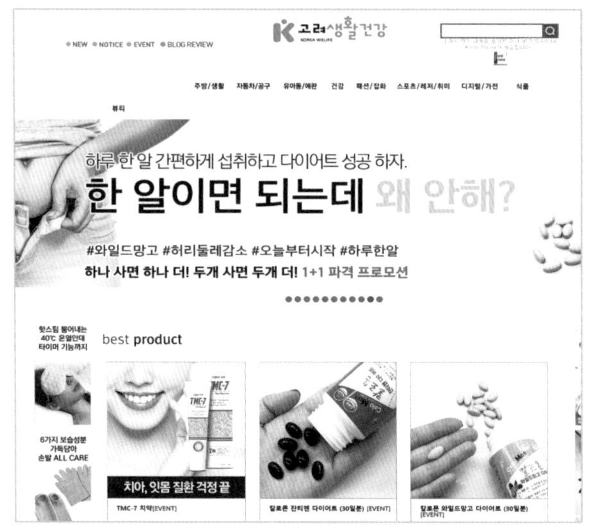

고려생활건강 홈페이지 (www.mcnplaza.com)

03 스마트스토어 노하우 : 상위 노출 및 판매 꿀팁

스마트스토어 운영 목적은 다른 모든 쇼핑몰들과 마찬가지로 매출 발생이다. 매출 발생을 이해하기 위해서는 먼저 아래 그림의 쇼핑몰 업무 흐름도를 명확하게 이해하고 있어야 한다.

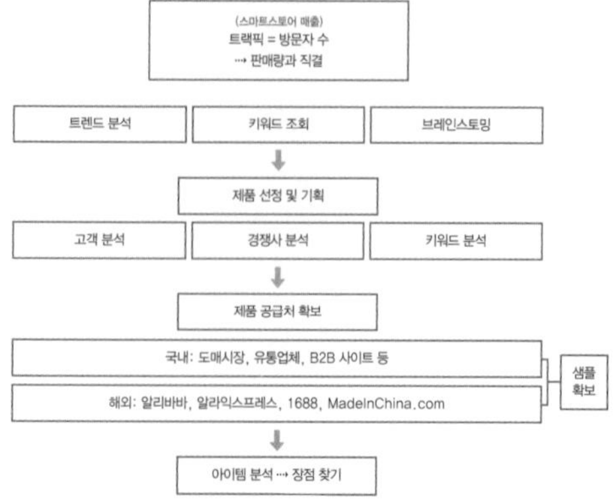

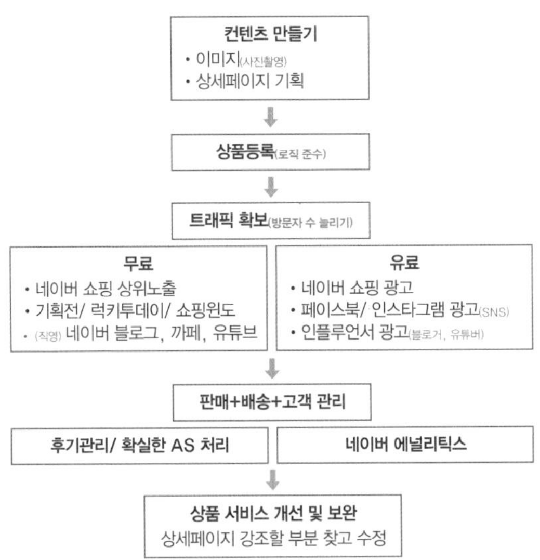

네이버쇼핑 상위 노출은 위 업무 흐름도에 나와있는 '트래픽 발생'의 일부를 차지할 뿐이지만 네이버 검색엔진 사용자가 워낙 많고 별도의 광고비를 투자하지 않고도 상위 노출을 할 수 있다는 것이 스마트스토어만의 특징이라 판매자라면 반드시 공략해야 한다.

상위 노출 및 판매 꿀팁 ❶: 가이드를 암기하라!

스마트스토어 상위 노출을 이해하기 위해서 먼저 네이버의 가이드를 이해하고 있어야 한다. 많은 판매자들은 상위 노출 가이드가 공식적으로 공개되어 있다는 사실을 모르고 있으며 이 내용만 어느 정도 숙지하면 상위 노출을 비교적 쉽게 할 수 있다. 많은 판매자들은 아래 사진을 보고 적용했을 것이다.

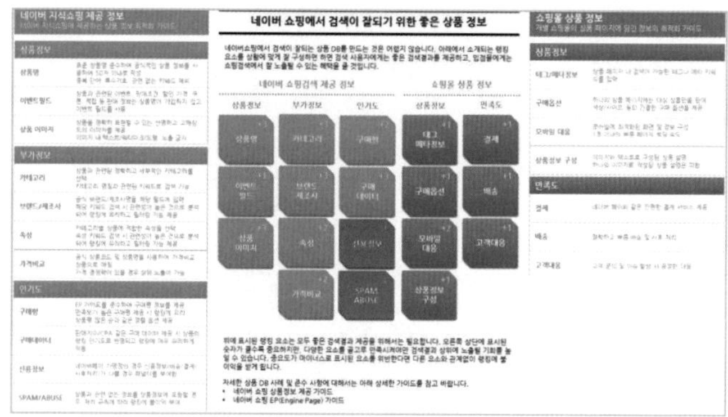

2017년 12월 이전 '네이버 공식 상품 검색 SEO 가이드'
(출처 : 네이버 스마트스토어 판매자 센터)

하지만 이는 최신 가이드가 아니며 최신 가이드는 오른쪽 사진과 같이 바뀌었다. 사실 내용이 크게 바뀌지는 않았지만 그래도 미세한 워딩의 차이가 있으니 최신 가이드를 보도록 하자. 최신 가이드는 네이버쇼핑 입점 및 광고 홈페이지의 '자주 묻는 질문 FAQ'의 '상품 검색 SEO 가이드'에서 확인할 수 있다. 여기서 SEO는 Search Engine Optimization(검색 엔진 최적화)를 의미한다. 스마트스토어 판매자라면 이 가이드를 반드시 3회 이상 정독하고 가능하면 암기해야 한다고 생각한다.

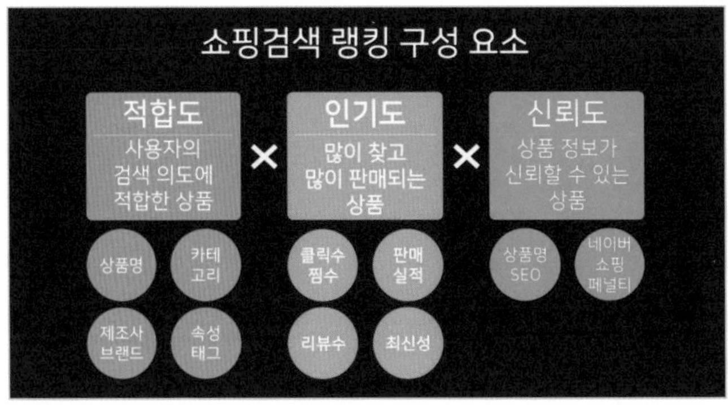

최신 네이버 공식 상품 검색 SEO 가이드
(2017년 12월 이후 최신 가이드, 출처 : 네이버 스마트스토어 판매자 센터)

1. 적합도: 사용자의 검색 의도에 적합한 상품

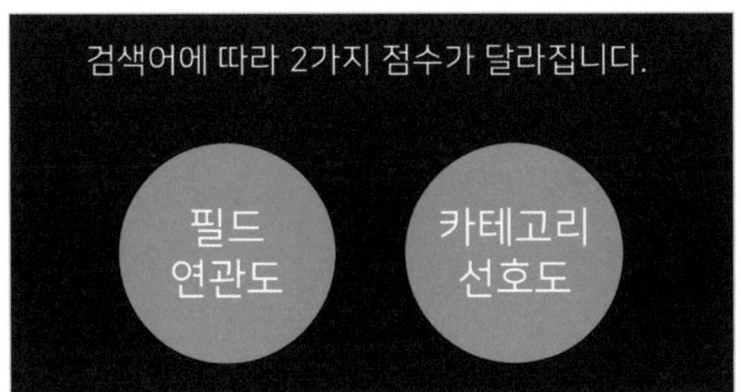

네이버 공식 상품 검색 SEO 가이드 (출처 : 네이버 스마트스토어 판매자 센터)

적합도는 이용자가 입력한 검색어가 상품명, 카테고리, 제조사·브랜드, 속성·태그 등 상품 정보의 어떤 필드와 연관도가 높은지, 검색어와 관련하여 어떤 카테고리의 선호도가 높은 지를 산출하여 적합도에 반영된다고 한다.

필드 연관도의 경우 상품 정보를 정확하게 입력하면 상품이 검색될 가능성이 상승한다는 것이다. 스마트스토어 상품을 등록할 때 상품명 만 입력하는 것이 아니라 상품명, 제조사, 브랜드, 카테고리, 속성, 태그 등 다양한 정보를 입력하도록 되어 있다. 제조사, 브랜드 등의 정보를 정확하게 입력해야 한다. 한 가지 꿀팁을 주자면 상품명은 최대한 간결하고 핵심 키워드만 포함하도록 하면서 특수문자나 무료배송, 사은품 증정과 같은 이벤트 필드에 들어가야 할 문자들이 들어가면 안 된다. 11번가, G마켓 등 타 오픈마켓에서 판매하는 것이 익숙한 판매자들이 자주 하는 실수로 이런 실수는 피해야 한다.

카테고리 선호도는 특정 키워드를 검색했을 때 해당 키워드의 카테고리를 사용해야 검색이 잘 된다는 뜻이다. 역시 꿀팁을 주자면, 상위 노출을 원하는 키워드를 결정하고 그 키워드를 네이버쇼핑에 검색하였을 때 노출이 되는 카테고리를 선택하면 된다. 예를 들어보면, '수유등'이라는 카테고리의 경우 흔히 '출산·육아' 카테고리에 해당한다고 생각할 수 있다. 하지만 네이버쇼핑에서 검색해보면 가구·인테리어 〉 인테리어 소품 〉 조명 〉 인테리어 조명 카테고리이다.

네이버쇼핑에 '수유등' 검색 결과

수유등을 팔고 있는데 '출산·육아' 카테고리를 지정해두었다면 백날 팔아봐야 노출이 되지 않을 것이다. 따라서 카테고리를 알아보는 작업은 상품 등록 전 반드시 선행되어야 하는 기본적이고 중요한 작업이다.

2. 인기도: 클릭수·찜수, 판매 실적, 리뷰 수, 최신성

네이버 공식 상품 검색 SEO 가이드 (출처 : 네이버 스마트스토어 판매자 센터)

인기도는 잘 팔린 상품을 상위 노출시켜준다는 의미이다. 물론, 최신성 로직도 적용되어 신규 등록된 상품들에게도 기회를 준다. 하지만 이는 일시적이니 경험이 풍부한 우수 셀러들은 상품을 등록하고 빠른 시간 내 마케팅을 통해 판매 실적과 리뷰수를 높여 인기도 지수를 높인다.

3. 신뢰도: 상품명 SEO, 네이버쇼핑 페널티

네이버 공식 상품 검색 SEO 가이드 (출처 : 네이버 스마트스토어 판매자 센터)

신뢰도는 상품명이 적절하게 지어졌는지와 네이버쇼핑 페널티에 대한 내용으로 구성된다. 상품명에 대한 SEO는 꽤 구체적으로 명시되어 있으니 가이드를 확인해보자.

상품명 SEO (출처 : 네이버 스마트스토어 판매자 센터)

상품명 SEO를 요약해보자면 짧고 깔끔하게 상품명을 지으라는 것이다. 여러 상품을 등록하고 판매를 해보았을 때 가장 좋은 상품명은 '핵심 키워드 + 상품 특징 한두 개 정도(재질, 사이즈, 색깔 등)'이다.

네이버쇼핑 '남자 겨울 코트' 검색

예를 들어, '남자 겨울 코트'를 검색해보면 상위 노출된 상품 1~4위 모두 굉장히 간결한 상품명을 사용하고 있음을 확인할 수 있다. 긴 상품명은 여러 개의 키워드에 걸려들 수도 있지만 노출될 가능성은 그만큼 감소하니 짧은 상품명으로 상위 노출을 노리는 것이 훨씬 효과적이다.

네이버쇼핑 페널티는 배송 지연 등 처리 지연과 어뷰징이 있는 경우 순위를 떨어트리는 내용이다. 최근 들어서 네이버는 배송에 굉장히 민감해졌다. 쿠팡의 로켓 배송과 같은 타사의 빠른 배송 서비스를 의식해서인지 판매자들의 빠른 배송을 장려하고 있다. 2018년 초에 도입된 '오늘 출발' 기능을 보면 알 수 있는데 현재는 배송 지연이 일어나는 경우 상품 노출 순위를 굉장히 큰 폭으로 떨어트리고 있는 것으로 보여 판매자들은 필히 배송 지연에 주의를 해야 한다.

어뷰징 역시 네이버가 규제하고 있는 부분이다. 어뷰징이란 불법 프로그램을 활용해서 또는 타인의 계정을 도용해서 혹은 다중 계정을 활용해서 부당한 이득을 취하는 것이다. 네이버 스마트스토어가 나오기도 전에 네이버 블로그와 카페만 있을 때도 어뷰징이 감지될 경우 '저품질(네이버 1, 2페이지 안에 노출될 수준의 게시글임에도 불구하고 3페이지 이후에 노출되는 것)'을 시켜버리는 경우도 종종 있었다. 이런 네이버가 그동안 쌓아둔 어뷰징 감지 관련 데이터를 가만히 두고 있을 리는 없지 않은가? 따라서 스마트스토어 역시 어뷰징에 주의를 해야 한다. 적발될 경우 판매 정지나 페널티를 받으며 추가 적발될 경우 퇴점 조치가 이루어진다.

스마트스토어 어뷰징은 크게 두 가지로 나눌 수 있다.

첫 번째는 '3종 찜' 어뷰징으로 상품찜 + 스토어찜 + 톡톡친구 추가에 대한 어뷰징이다.

상품찜

스토어찜 + 톡톡친구

상품찜은 가이드에도 나와있듯이 상위 노출과 관련이 있으며 스토어찜과 톡톡친구는 소비자가 보았을 때 판매자의 신뢰도와 연관이 있다.

두 번째는 상품 후기 찜으로 가구매 후 상품 후기를 작성하여 어뷰징하는 방식으로 네이버의 인공 지능이 점점 영리해지면서 더 많은 판매자들이 적발되고 있다. 스마트스토어로 안정적으로 사업을 하고 싶다면 어뷰징은 피하도록 해야 한다.

여기까지가 가이드에 대한 내용이다.

상위 노출 및 판매꿀팁 ❷: 스마트에디터 3.0을 적극 활용하라!

스마트스토어가 등장하기 전 대부분의 온라인 쇼핑몰들은 포토샵을 이용해서 한 장의 긴 상세페이지를 만들었다. 하지만 스마트스토어는 이런 상세페이지들이 아닌 스마트에디터 3.0을 활용한 상세페이지 제작을 선호한다.

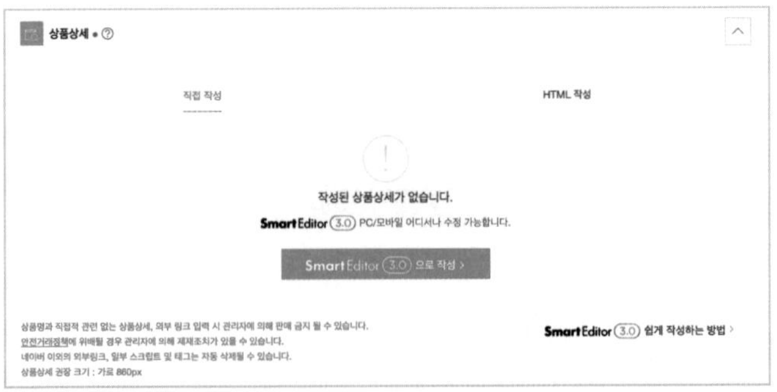

스마트스토어 상품 등록 화면

스마트에디터 3.0을 활용한다면 포토샵으로 상세페이지를 작업할 필요 없이 상품 이미지만 있으면 텍스트로 나머지를 작성하면 된다. 사진 배치가 어렵다면? 스마트스토어에서 제공하고 있는 여러 개의 템플릿 중에서 골라서 사용하면 굉장히 쉽다.

이미지 최상단의 중간에 있는'템플릿' 확인

그렇다면 텍스트는 어떤 내용을 작성해야 할까? 상품명에도 들어가는 키워드를 5~10회 반복하면서 상품에 대한 자연스러운 설명을 하면 된다.

상위 노출 및 판매꿀팁 ❸: 황금 키워드를 사용하라!

네이버 스마트스토어를 통해서 매출을 올리는 가장 쉬운 방법이 무엇일까? 바로 수요는 많지만 공급이 적은 제품을 찾아서 판매하는 것이다. 이런 황금 아이템/키워드를 찾아서 사용하게 되면 경쟁이 적기 때문에 상위 노출도 잘 되고 가격 방어도 잘 되는 좋은 제품을 많은 소비자들에게 판매할 수 있게 된다. 원리는 굉장히 쉽고 간단하다.

그렇다면 실제로 이것을 적용하기 위해서 정의해야 하는 두 가지가 있다. 바로 수요 그리고 공급이다.

네이버에서의 '수요'란 무엇일까? 먼저 수요의 사전적 의미는 '어떤 재화나 용역을 일정한 가격으로 사려고 하는 욕구'이다. 네이버에서 이 수요를 나타내는 수치가 바로 '월간 검색수'라고 볼 수 있다. 네이버라는 검색 엔진에 소비자가 특정 키워드를 검색한다는 것 자체가 그 키워드에 대한 수요를 가지고 있다고 볼 수 있기 때문이다.

네이버에서의 '공급'이란 무엇일까? 공급의 사전적 의미는 '경제 주체가 상품을 판매하고자 하는 의도'이다. 네이버에서 제품을 판매하는 공급자들은 바로 네이버쇼핑에 입점된 쇼핑몰들이다. 즉, 많은 판매자들이 해당 키워드에서 검색되는 제품들을 판매한다면 공급이 많은 제품이다. 이런 제품들은 신규 진입자가 상위 노출하기 어렵다. 판매자 입장에서는 공급자들이 적은 제품을 찾는 것이 이득이다.

정리하자면 아래와 같다.

수요 = 키워드의 '월간 검색수'
공급 = 네이버쇼핑에 키워드 검색 시 '전체 상품수'

황금 키워드 / 아이템 = 수요 〉 공급 인 키워드 / 아이템
= '월간 검색수' 〉 '전체 상품수'인 키워드 / 아이템

따라서 '월간 검색수 / 전체 상품수' 〉 1 인 상품이 바로 황금 키워드 / 황금 아이템인 것이다.

예를 들어, 아래 키워드를 확인해보면

EX) 국민수유등

2019년 2월 2일 기준 월간 검색수: PC 1600 + Mobile 6110 = Total 7710

2019년 2월 2일 기준 네이버쇼핑 전체 상품수: 747건

월간 검색수 / 전체 상품수 = 10.32 …… (1 이상)

위 데이터는 2019년 2월 2일 기준으로 월간 검색수는 계절, 인기도에 따라서 매일 바뀔 수 있으며 전체 상품수는 보통 증가하기 때문에 직접 해당 데이터를 확인하는 시점에서는 데이터가 차이가 있을 수 있다.

위 키워드를 네이버에 검색해보면 아래와 같다.

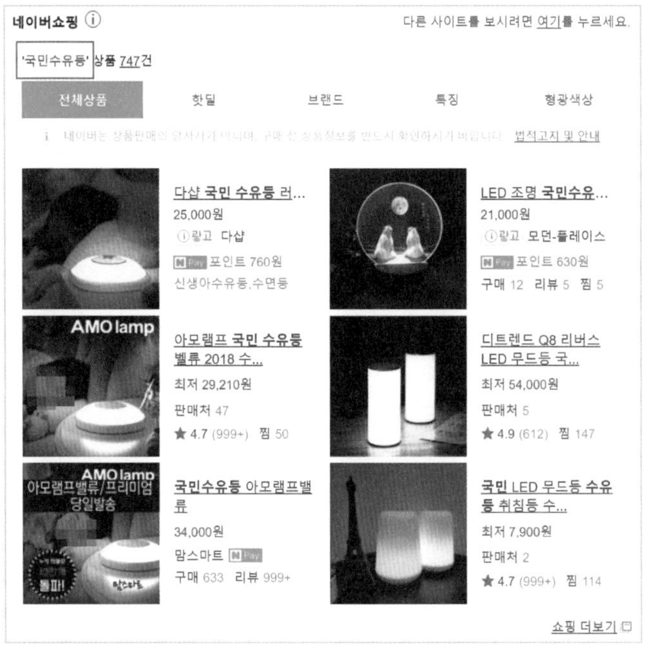

네이버쇼핑 국민 수유등 검색결과

해당 키워드로 등록된 상품 수는 적지만 검색량은 많아 꾸준히 많은 소비자들이 유입되며 리뷰 수가 굉장히 많은 것을 보면 잘 팔리는 제품이라는 것을 알 수 있다. 이런 것이 바로 황금 키워드 / 황금 아이템인 것이다. 광고 구좌 2 + 최상위 노출 구좌 4에 들지 않고 1페이지 안에 들더라도 충분히 수익을 낼 수 있는 키워드이다.

이제 황금 아이템 / 키워드가 무엇인지는 이해했을 것이다. 이런 키워드가 필요한 이유는 무엇일까? 바로 경쟁을 피하기 위해서다. 점점 많은 판매자들이 스마트스토어 판매에 진입하면서 경쟁은 점점 증가하게 되었다. 가격은 떨어지고 판매자들은 많아져서 갈수록 힘들어지고 있다. 이러한 현상에 대응하기 위해서 황금 아이템 / 키워드를 미리미리 찾아내어 판매지수도 높이고 매출도 높여야만 한다.

점점 판매자들이 많아지고 있는 시점에서 황금 아이템 / 키워드를 사용하지 않는 판매자들은 무조건 밀린다고 말하고 싶다.

황금 키워드를 쉽게 찾을 수 있도록 해주는 온라인 서비스도 있으니 참고하면 도움이 될 것이다.

NSS1000 : 네이버 스마트스토어 이용시 필수로 이용해야 할 사이트

네이버 스마트스토어 성공 운영을 위해서 '키워드'에 대한 공부가 굉장히 중요하다. 네이버 키워드에 대한 심층분석을 무료로 해주는 사이트가 있는데 이 사이트를 이용하면 스마트스토어 운영에 큰 도움이 된다.

사이트 주소: www.nss1000.com (사이트 이용은 무료이나 접속 코드를 알아야 한다. 유통노하우연구회(https://cafe.naver.com/aweq123)와 스마트스토어노하우연구회(https://cafe.naver.com/sineugene)에 가입하면 매달 바뀌는 접속코드를 알 수 있다)

네이버 스마트스토어로 월 1000만 원을 벌어보자는 의미를 가진 사이트이다. NSS1000은 내가 생각하고 있는 키워드를 자세히 분석해주고 있다.

사이트 이용 시 알려주는 데이터
PC 월간 검색 수 / Mobile 월간 검색 수
통합검색 시 쇼핑 영역 유무
네이버쇼핑에 등록 된 총 제품수
골든넘버 (총 월간 검색수 / 총 제품수)
네이버쇼핑 권장 카테고리
1페이지 평균 가격
연관 키워드 목록
알리바바 / 알리익스프레스 / 1688 자동 검색 링크

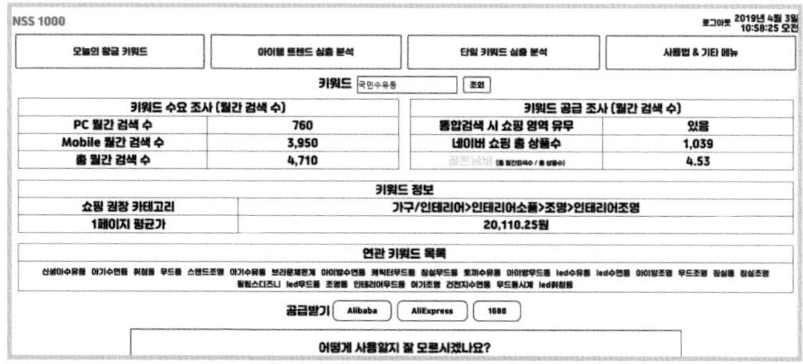

NSS1000 사이트를 통해 '국민수유등' 키워드를 분석한 결과

스마트스토어 상위 노출 :
판매에 대해서 더 배우고 싶다면?

스마트스토어는 점점 경쟁이 치열해지고 있다. 경쟁에서 살아남기 위해서 계속 배우고 실천하고 도전해야 한다. 방향성을 잃었다면 간단한 진단을 받아보거나 교육을 듣는 것도 분명 도움이 된다.

2017년부터 크몽이라는 국내 1위 재능 판매 사이트에서 '스마트스토어 컨설턴트'로 활동하는 전문 컨설턴트가 있다. 해당 분야 크몽 1위이며 서비스 만족도도 높으며 크몽 Pro 등급 달성, 2018 크몽 어워즈 수상 등 여러 업적을 단기간에 달성하여 관심이 많이 가는 20대의 서울대 출신 스마트스토어 전문가이다.

그의 카페 '서울대생의 부의 추월차선'에서 1만 원이라는 저렴한 가격에 스마트스토어 진단을 받을 수 있으며 필요한 경우 교육도 받을 수 있으니 필요하다면 커피 두 잔 안 사 먹는다고 생각하고 진단을 받아보면 분명 도움이 될 것이다. 또한 스마트스토어 컨설팅뿐만 아니라 알리바바·1688을 통해 나만의 차별화된 아이템을 소싱하는 노하우도 컨설팅하고 있기 때문에 관심이 있는 독자는 한번 문의해 보기 바란다. 직접 중국에서 알리바바·1688을 통해 간편하게 수입하는 과정도 같이 진행해 볼 수 있다.

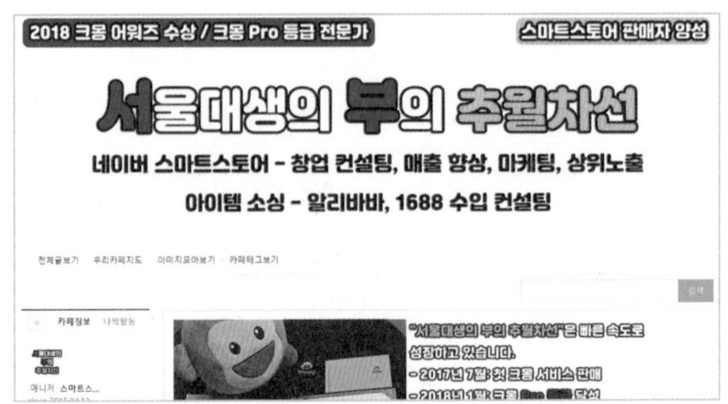

서울대생의 부의 추월차선 : https://cafe.naver.com/perlonstrap

'서울대생의 부의 추월차선' 이외에도 스마트스토어 운영자들의 네이버 카페 커뮤니티인 '스마트스토어 노하우 연구회(스노연)'에서도 많은 스마트스토어 관련 실전 정보 및 유용한 노하우들이 공유되니 가입하여 활동하면 좋을 것이다.

스마트스토어 노하우 연구회 : https://cafe.naver.com/sineugene

04

알리바바 활용 간편 수입 : 상품·가격 경쟁력과 안전성을 동시에

다양한 상품을 경쟁력 있는 가격에 쉽게 공급받을 수 있는 방법은 무엇이 있을까? 국내 도매시장이나 도매사이트에서 거래하면 가격 면에서 경쟁력이 없을 때가 많다. 대량으로 사입하지 않는 한 직수입업체나 대량 구매 업체 대비 가격 경쟁력을 가지기가 힘들다. 또한 여러 사람들이 도매 시장이나 도매 사이트를 이용하기 때문에 나만의 차별화된 상품을 가지기도 어렵다. 그래서 이런 단점들을 보완해주면서 요즘 뜨고 있는 곳이 '전 세계의 공장', 중국의 알리바바 B2B 도매거래 웹사이트이다.

흔히 알리바바라고 하면 '알리바바 그룹'을 연상한다. 알리바바

그룹은 중국 최대의 전자상거래 업체이다. 알리바바 그룹의 규모는 상상을 초월한다. 중국 최대의 쇼핑 축제인 11월 11일 '광군절'의 규모를 보면 알 수 있는데 중국의 '광군절'이 미국의 '블랙프라이데이' 전체 매출을 추월한지는 이미 몇 년 지났다. 실제로 2018년 11월 11일에 단 하루 매출이 34조 7천억으로 집계된다. 참고로 대한민국 전체의 온라인 쇼핑몰 판매액을 연간 100조 원으로 추정한다. 단 하루 만에 쇼핑몰 판매액의 34%를 팔아버린 것이다.

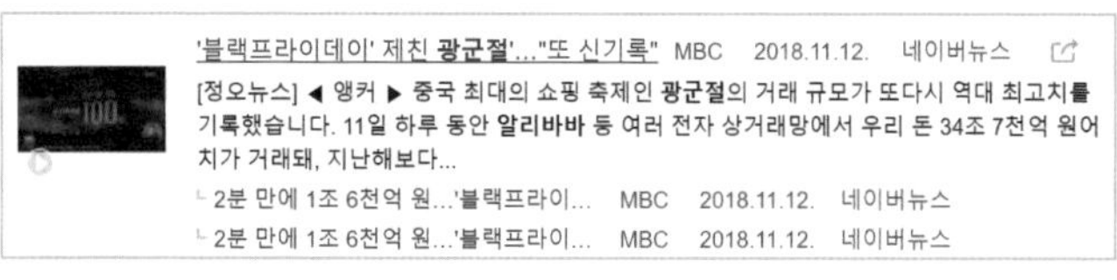
'블랙프라이데이' 제친 **광군절**'..."또 신기록" MBC 2018.11.12. 네이버뉴스

[정오뉴스] ◀ 앵커 ▶ 중국 최대의 쇼핑 축제인 **광군절**의 거래 규모가 또다시 역대 최고치를 기록했습니다. 11일 하루 동안 **알리바바** 등 여러 전자 상거래망에서 우리 돈 34조 7천억 원어치가 거래돼, 지난해보다...

└ 2분 만에 1조 6천억 원...'블랙프라이... MBC 2018.11.12. 네이버뉴스

└ 2분 만에 1조 6천억 원...'블랙프라이... MBC 2018.11.12. 네이버뉴스

2018년 광군절 관련 기사 (출처 : 네이버뉴스)

알리바바 그룹은 티몰, 타오바오, 1688, 알리익스프레스, 알리바바 등 여러 개의 사이트를 운영하고 있다. 그중 유통을 하는 사람들이 관심을 가져야 하는 사이트는 B2B 거래 사이트인 '알리바바'이다.

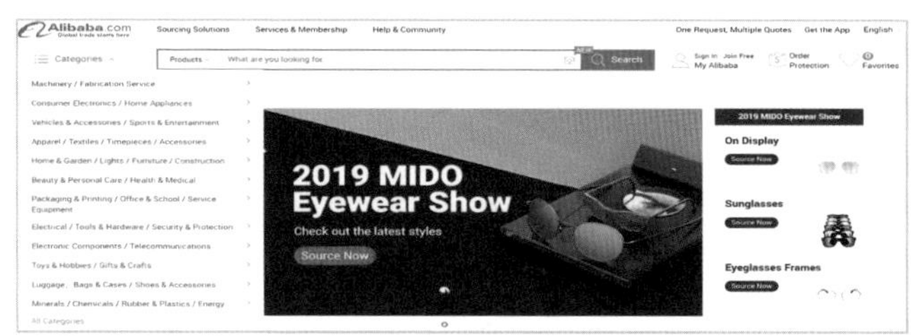

세계 최고의 B2B 거래 사이트 알리바바 : www.alibaba.com

물론 알리바바에 대한 불신이 있는 것은 사실이다. 무역과 유통을 오랫동안 해온 경험자들은 '중국에서 물건을 확인도 안 하고 구입하는 것은 돈을 버리는 것'이라고 하기도 한다. 하지만 알리바바의 구매자 보호 서비스는 최근 몇 년에 굉장히 발달했으며 결제 서비스 역시 안정화되었다. 이러한 알리바바의 구매자 보호 서비스는 결제 서비스와 연동 되어 Alibaba Trade Assurance라고 부른다.

알리바바 사용법은 알리바바 홈페이지가 영어로 되어 있기 때문에 매우 간단하다. 알리바바의 홈페이지에 접속한 뒤 원하는 키워드를 입력하기만 하면 된다. 예를 들어 'iphone 11 case'를 검색해보았다.

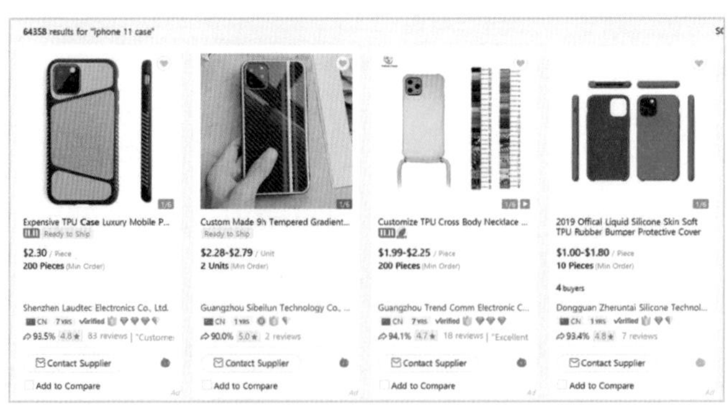

알리바바에서 iphone 11 case 검색

64,358개의 검색 결과가 나오며 국내에서 판매되는 평균 가격대보다 훨씬 저렴하다는 것을 한눈에 확인할 수 있다. 이런 다양한

상품과 매력적인 가격이 많은 국내 유통, 판매 전문가들이 알리바바를 이용하는 주요 이유라고 볼 수 있다. 예전에는 알리바바에서 거래하면 많은 문제점들이 있었으나 알리바바에서 지속적으로 안전성 보장을 강화하면서 지금은 이런 문제점들이 상당 부분 개선되었다. 이런 알리바바의 노력으로 알리바바에서 안전하게 거래하는 방법이 생겼는데 바로 'Filter Results by'에서 'Supplier Types'에 있는 'Trade assuarance', 'Verified Supplier'를 모두 체크하는 것이다.

알리바바 안전 거래 필수 체크사항

두 가지 모두 체크한다면 상품 수가 14,987개로 1/4로 감소한다는 것을 알 수 있다.

Trade Assurance는 알리바바의 구매자 보호 프로그램이다. 상품 수량이 모자라거나 품질이 너무 낮거나 배송 기간이 지켜지지 않을 경우 구매자는 환불을 요청할 수 있다. 알리바바는 신뢰를 굉장히 중요하게 생각하기 때문에 신뢰도가 높지 않은 판매자들에 대해서는 확실한 페널티를 주고 있어 Trade Assurance를 이용한 판매자들은 믿을만하다고 볼 수 있다.

Verifed Supplier는 말 그대로 인증을 받은 공급자라는 것이다. 이것은 판매자들이 매년 상당한 이용 요금을 지불하고 구입하는 인증마크로 그만큼 알리바바를 많이 이용하고 알리바바로 그 이상의 이익을 내고 있기 때문에 사용하고 있다고 볼 수 있다.

이렇게 해서 수입을 원하는 상품을 골랐다고 가정해보자. 그러면 상품을 바로 구매할 수 있도록 아래와 같은 주문 화면이 뜬다.

알리바바 주문 화면

하지만 여기서 바로 주문하면 무조건 손해 본다. 가격, 배송비, 색상 선택의 자유 등 많은 부분을 놓치게 된다. 게다가 품질도 확인이 어려워 사진과 다소 다른 상품을 받아보게 되면서 낭패를 볼 수 있다. 따라서 그전에 판매자와 대화를 해야 한다.

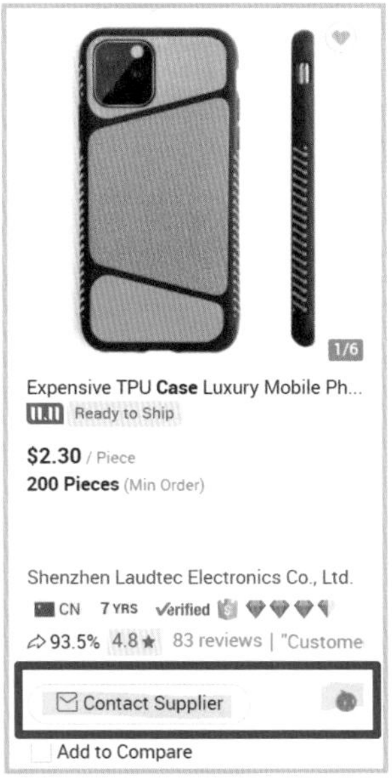

알리바바 판매자 연락

알리바바 판매자와 대화하는 방법은 크게 두 가지가 있다. 첫 번째는 위 사진의 왼쪽 하단의 'Contact Supplier'이고 두 번째는 위 사진 오른쪽 하단의 파란색 이모티콘이다. 'Contact Supplier'는 이메일과 같으며 오래 써본 결과 답장이 느리고 확인이 번거롭다. 파란색 이모티콘을 클릭해주면 실시간으로 채팅을 할 수 있다. 이를 알리바바 Trade Manager라고 부른다.

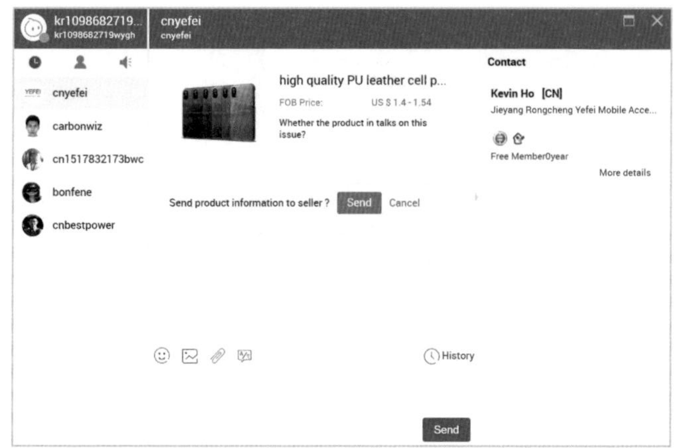

알리바바 Trade Manager

왼쪽 단에는 과거 채팅한 업체들의 목록이 뜬다. 카카오톡에 비유하자면 '카톡방'이라고 생각하면 된다. 가운데는 채팅을 할 수 있는 영역이다. 오른쪽은 회사 정보가 나와 회사 이름을 클릭하면 회사의 규모, 판매 아이템 종류 등 다양한 정보를 확인할 수 있다.

이 화면에서 판매 수량, 가격, 상품 이미지 등 다양한 정보를 확인하고 수입을 진행해야 손해를 보지 않고 현명한 거래를 할 수 있게 된다. 거래 조건을 모두 결정하고 나면 아래와 같은 결제창 링크를 보내주고 결제 방식을 선택할 수 있다. 동일 상품에 대해 여러 판매자가 있는데 이들과 협상을 하다 보면 최적의 거래 조건을 찾을 수 있다. 협상은 많은 상대방과 하면 할수록 좋아진다는 사실을 명심하라.

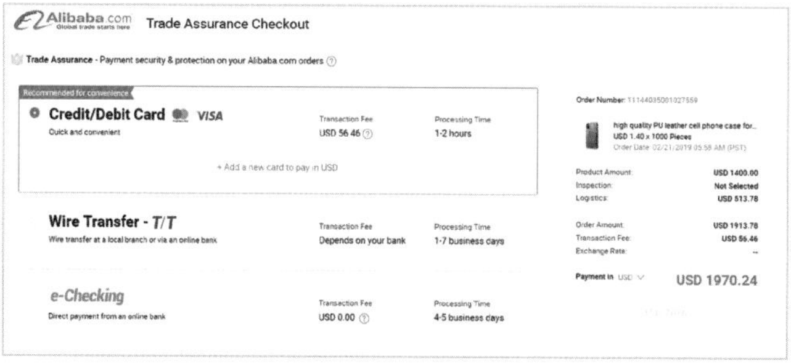

알리바바 결제 화면

이때 안전한 결제를 위해서는 반드시 신용카드를 이용한 알리바바 내부 결제 시스템을 이용해야 한다. 거래 금액의 약 3%에 해당하는 수수료가 나가지만 Alibaba Trade Assurance는 안전 배송을 보장받을 수 있는 결제 방법이다. 이 결제방식으로 인해 알리바바의 거래 안전성은 비약적으로 증가하였다. 여기서 결제를 하고 판매자에게 송장번호를 받으면 알리바바 웹사이트에서 하는 업무는 끝이다.

하지만 무역 관련 업무 특성상 관부가세를 납부해야 한다. 관부가세를 납부하는 방법은 크게 두 가지이다. 첫 번째는 관세사를 이용하는 방법으로 비용이 들지만 안전하고 빠르다. 선박으로 수입하거나 컨테이너 단위의 대량 주문을 하게 되면 관세사를 통해서 관부가세를 납부하는 것이 권장된다.

하지만 소량으로 수입하여 항공 운송으로 제품을 받아본다면 굳이 관세사를 고용하여 수수료를 내면서 통관을 할 필요는 없다.

DHL, FEDEX, SF Express, TNT Express 등 대부분의 국제 물류 회사들은 사내 관세 부서가 있어 수입되는 제품들의 통관 절차를 대행해준다. 이때 해당 물류 회사의 고객센터 이메일로 송장 번호에 사업자등록번호와 결제금액을 보내주면 사업자 통관을 할 수 있도록 도와주니 이 서비스도 꼭 이용하도록 하자. 보통 중국에서 수입하는 방법을 알려주는 많은 책들에서 관세사를 통해서 수입하는 방법을 주로 언급하는데 준비할 것도 많고 과정도 복잡하기 때문에 포기하는 경우가 많다. 소량 수입 시 위에서 언급한 국제 물류 회사를 이용하면 정말 간단하게 수입을 진행할 수가 있다. 앞 장에서 언급한 '서울대생의 스마트스토어' 컨설팅에서는 누구나 간단히 할 수 있는 국제 물류 회사를 이용한 간편 수입에 대해서도 자세히 알려준다. 심지어 내가 HS코드를 알아볼 필요도 없다.

관부가세를 미리 예측하려면 네이버의 '관부가세 계산기'를 이용하면 된다.

관부가세 계산기

물품선택 대분류 ▾ 소분류 ▾

구입국가 미국 USD ▾

물품가격 USD 물품무게 kg ▾

물품가격은 외국내 배송료, 세금을 포함한 가격입니다.

계산하기

여기서 주의할 점은 사업자가 판매를 목적으로 통관할 경우 단 $1라도 관부가세를 납부해야 한다는 점이다. 개인 사용 용도로 제품을 직구하면 $150까지는 관부가세를 납부하지 않는데 판매를 목적으로 하는 사업자라면 금액에 상관없이 관부가세를 납부하게 된다는 점을 꼭 기억하자.

관세는 보통 8~13%이며 일부 사치품은 그 이상이다. 부가세는 과세가격+관세의 10%에 해당하는 금액으로 매년 1월, 7월 부가세 신고를 할 때 돌려받게 된다. 즉, 정식 통관을 하여 관부가세를 모두 납부한 물건에 대해서는 관부가세를 납부하면서 자동으로 비용처리가 되는 것이니 일부러 가격을 낮게 잡아 수입하는(언더밸류) 등 불법적인 행위는 오히려 큰 손해가 될 수 있으니 주의해야 한다.

한국의 도매시장, 도매사이트에서 상품을 소싱해서 판매를 하다가 알리바바 간편수입을 알게 되면 신세계가 열리는 경험을 할 수 있다. 실제로 국내 도매시장, 도매사이트의 중국 수입품의 상당 부분이 알리바바에 등록되어 있는 상품이다. 알리바바에 등록되어 있지 않더라도 알리바바에서 운영하는 중국 내수도매 B2B사이트인 1688(www.1688.com)과 중국의 또 다른 B2B 도매사이트인 메이드인차이나닷컴(www.made-in-china.com)에 있을 확률이 매우 높다. 1688과 메이드인차이나닷컴은 영문 알리바바에 비해 가격경쟁력은 더 있으나 구매가 어렵다든지 배대지(배송대행지의 준말 : 해외 사이트에서 물품구매 시 국내까지 배송이 안 되는 상품을 배송대행지를 이용해서 국내로 보낼 수 있음)를 이용한다든지 거래 안전성 확보가 어렵다든지하는 문제가 있기 때문에 여기서는 깊이 있게 다루지는 않겠다. 여하튼 알리바바에서 수입해서 판매하다가 실력이 늘면 1688, 메이드인차이나닷컴에서 배대지를 이용해서 수입하는 단계까지 이르면 중국 전문 정식 수입업체가 되는 것이다. 엄청난 가격 경쟁력이 있는 나만의 상품을 개발하는 것도 가능하고 수입해서 내가 직접 팔기도 하고 도매사이트나 도매시장에 공급하여 도매 사업을 하는 것도 가능하다.

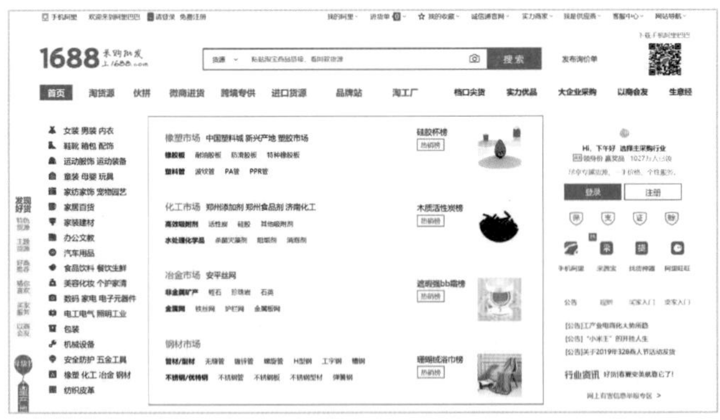

알리바바 운영 중국 내수 B2B 도매사이트 1688 : www.1688.com

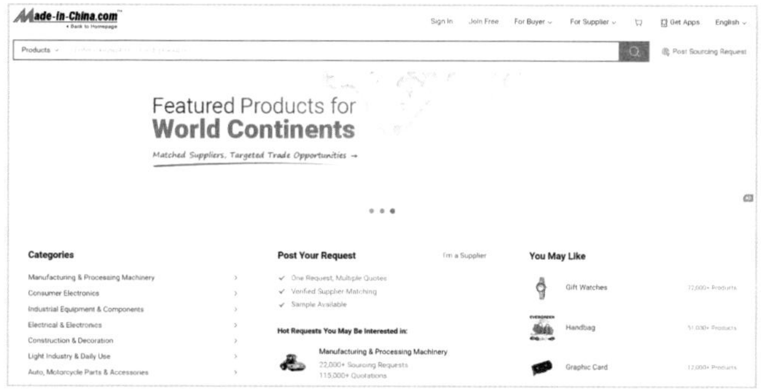

중국 B2B 거래 사이트 메이드인차이나닷컴 : www.made-in-china.com

필자가 만약 온라인 판매를 직접 한다고 하면 철저한 국내 온·오프라인 시장조사를 통해 괜찮게 팔리는 중국 수입 상품 중 경쟁이 치열하지 않아서 가격이 높게 형성된 상품들만 선정하여 알리바바·1688·메이드인차이나닷컴등을 통해 직접 수입해서 판매를 할 것이다. 실제로 이 방법으로 많은 수익을 올리고 있는 수입업자들이 즐비하게 있다.

05

제휴 마케팅 : 선진국형 윈-윈 마케팅을 활용하라

제휴 마케팅이라는 것을 들어보았는가? 제휴 마케팅은 서구에서 유행하는 첨단 마케팅 판매 기법인데 아직 우리나라에서는 대중적으로 널리 알려져 있지는 않다. 쿠팡에서 2018년에 론칭한 '쿠팡파트너스'라는 서비스가 CPS(Cost Per Sales, 광고를 통한 구매가 이루어졌을 때 수익배분 방식) 제휴 마케팅의 일종이다. 쿠팡파트너스라는 서비스를 통해 쿠팡에 등록된 특정 상품의 판매가 이루어졌을 때 일정 수수료를 쿠팡파트너스에서 판매자인 마케터(어필리에이터)에게 지불하게 되는 방식이다.

우리가 블로그나 카페 글들을 보다 보면 다음과 같은 글들을 보게 된다.

위의 예시는 다이어트 상품에 대한 카페의 게시글인데 상품에 대한 상세한 설명과 본인이 해당 상품을 이용해서 효과도 보고 어쩌고저쩌고 설명을 하다가 마지막에는 추천한다는 문구와 함께 링크('본사 홈페이지(제품+전문코치받기)')가 나오고 이 링크를 클릭하면 아래와 같은 화면이 나온다.

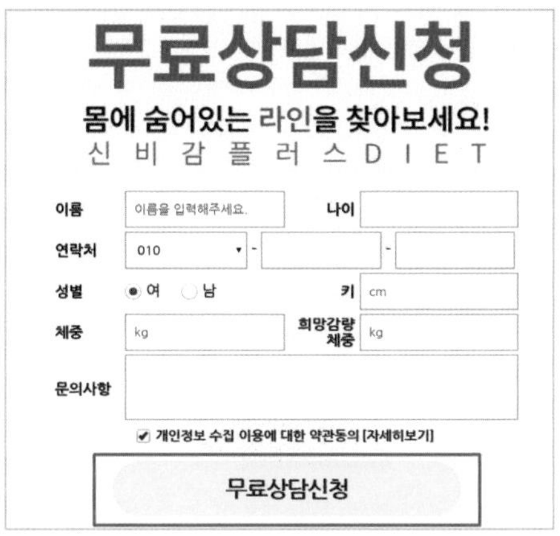

이 상담 신청 페이지에 본인의 정보를 입력하고 제출하면 해당 다이어트 상품을 판매하는 업체에서 전화가 걸려온다. 이것은 CPA(Cost Per Action, 고객 반응 당 수입 배분 방식) 제휴 마케팅의 방식이다. 고객 반응이란 회원가입, 무료 상담 신청, 소프트웨어 다운로드, 설문 참여, 이벤트 응모 등이 있는데 이런 반응이 이루어졌을 때 일정액의 수수료를 마케터(어필리에이터)에게 지불한다.

CPS(Cost Per Sales, 광고를 통한 구매가 이루어졌을 때 수익 배분 방식) 광고의 예시도 한번 보기로 하자. 네이버 블로그에 아래와 같은 마스크팩에 대한 상품 홍보 글이 있고 게시글 중간에 있는 '구매하기'의 링크가 있다. 블로그에 들어온 사람이 구매하기 링크를 클릭하게 되면 해당 상품을 판매하는 쇼핑몰로 이동하게 된다. 그리고 이 쇼핑몰에서 해당 상품을 구매·결제하게 되면 해당 블로그의 운영자는 일정 금액의 수수료를 상품 공급업체로부터 받게 된다.

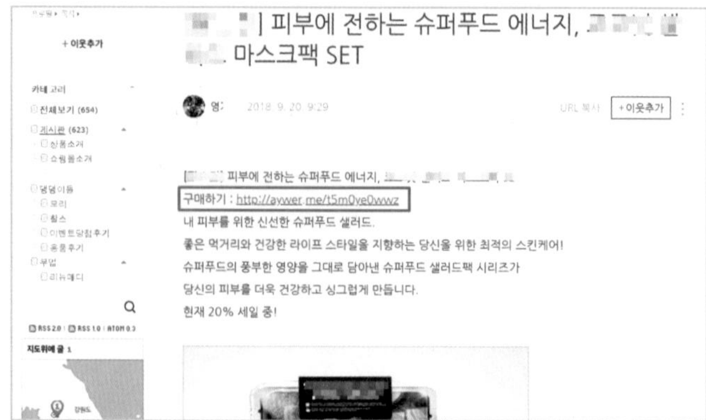

위의 '구매하기' 링크를 클릭하면 아래의 쇼핑몰 홈페이지로 들어가게 된다.

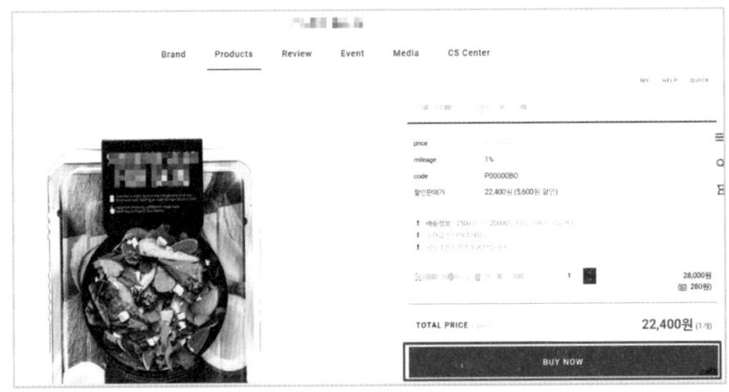

위에서 언급한 CPS, CPA 같은 광고 방식을 보통 제휴 마케팅이라고 한다. 제휴 마케팅은 머천트(광고주), 어필리에이터(마케터), 제휴 중개사로 이루어진다. 머천트는 상품이나 서비스를 가진 공급업체를 말하고 어필리에이터는 머천트의 상품이나 서비스를 광고하고 판매하는 마케터를 말하고 제휴 중개사는 머천트와 어필리에이터를 이어주는 플랫폼을 가진 업체를 말한다. 온라인상에 자주 돌아다니는 문구인 '노트북 하나로 월 천만 원 벌기', '온라인 하루 2시간 투자로 월 2백 부업', '재택근무 하루 3시간 월 3백 보장' 같은 내용이 주로 제휴 마케팅을 말하는 경우가 많다. 이 책에서 말하려고 하는 내용은 어필리에이터(마케터)에 관한 내용은 아니고 머천트(광고주)로서 내 상품을 제휴 마케팅하는 방법에 대해 얘기해보고자 한다. 어필리에이터(마케터)로 월 천만 원을 벌려면 어필리에이터 중 상위 0.1% 안에 들어도 될까 말까하다고 말해주고 싶다. 제휴 마케

팅 초기만 해도 고소득자가 꽤 생겨서 위와 같은 홍보 문구들이 잘 통했지만 지금은 워낙 입소문(?)이 나서 수많은 사람들이 어필리에이터로 뛰어들다 보니 치열한 경쟁으로 인해 예전 같은 수익을 올리기가 힘들어진 상황이다. 예전에는 위의 예시에서와 같은 방식으로 카페, 블로그에 올리면 진성 구매후기로 여기고 링크 타고 들어와서 정보도 남기고 구매도 하고 하였지만 지금은 사람들이 위와 같은 카페, 블로그 게시글을 보면 광고로 여기는 사람들이 많아져서 어필리에이터들이 수익을 올리기가 더욱 어려워졌다. 그러나 광고주(상품 공급업체) 입장에서는 제휴 마케팅과 맞는 상품만 가지고 있으면 여전히 매력적인 시장이다. 실제로 일부 특화된 상품을 가진 업체들은 모든 영업, 판매, 홍보 활동을 제휴 마케팅으로만 하는 업체도 있고 이들의 제휴 마케팅을 통한 매출, 수익은 일반적인 상품 판매 업체들보다 훨씬 높다. 내가 취급하는 상품이 제휴 마케팅에 적합하다고 생각하면 다른 어떤 유통 채널, 유통 마케팅 방법보다 제휴 마케팅을 통한 유통판매를 검토해보길 추천한다. 물론 효율이 안 나는 상품들이 많다 보니 깐깐한(?) 제휴 중개사의 승인을 통과해야 판매가 가능하다.

✅ 광고주(상품 공급업체) 입장에서 제휴 마케팅의 장점

(1) 광고비에 대한 부담이 적다

타 광고와 달리 실적이 발생된 경우에만 광고비용을 지불하기 때문에 광고 효율에 대해 걱정할 필요가 없다.

(2) 상품을 온라인상에 브랜딩하기에 좋다

상품이 판매가 되던 안 되던 수많은 어필리에이터(마케터)들이 광고주가 공급한 상품설명서, 상세페이지, 상품 이미지들을 가지고 다양한 온라인 공간(커뮤니티, SNS 등)에 홍보를 하기 때문에 적은 비용으로 내 상품을 홍보하기에 좋다. 특히 가격이 무너지지 않는다는 점이 큰 장점이다.

(3) 긍정적인 후기들이 온라인상에 생겨난다.

상품을 광고해주는 어필리에이터(마케터)들은 CPA, CPS 실적이 있어야 수수료를 얻을 수 있기 때문에 내 상품에 우호적인 콘텐츠들을 생산해 내고 온라인상에 퍼트린다. 제휴 중개사별로 마케터들의 등급을 매겨서 제휴 상품을 주고 있는데 등급이 높은 마케터들을 할당받는 것이 좋다. 물론 등급이 높은 마케터들을 할당받으려면 제휴 중개사와 협상을 잘 해야 한다.

✅ 광고주(상품 공급업체) 입장에서 제휴 마케팅의 단점

(1) CPA 광고의 경우는 고객 DB를 마케터가 조작하는 경우가 발생할 수 있다.

수수료를 받기 위해 마케터가 지인에게 클릭을 유도하거나 다수의 아이디로 고객 DB를 만들어 낼 수 있다. 우수한 제휴 중개사에는 이런 불량 DB들에 대해 검수하고 감안하는 시스템이 있긴 하나 100% 완벽하게 거르는 것은 상대적으로 힘들다.

(2) 상품의 브랜드가 하락할 우려가 존재한다

일부 마케터들이 실적을 낼 목적으로 과대, 과장된 콘텐츠들을 생산하여 수많은 커뮤니티, SNS에 뿌리는 경우 상품에 대한 신뢰가 도리어 떨어질 수도 있다.

(3) 일반적으로 낮은 광고 효과

제휴 마케팅이 활성화되지 않는 이유 중에 하나는 제휴 마케팅에 적합한 상품이 한정되어 있다는 것이다. 광고 효과가 낮다고 여겨지는 이유 중에 하나가 제휴 마케팅에 적합하지 않은 상품을 광고하기 때문이다. 제휴 마케팅에 적합한 상품을 선정하는 것이 중요하다.

CPS 광고에 적합한 상품

기본적으로 객단가가 높고 SNS(페이스북, 인스타그램 등)에서 판매가 잘 되는 상품이다. 또한 제휴 중개사에 지불해야 하는 CPS 상품의 기본 수수료가 30~40%는 되기 때문에 충분한 마진 구조가 나오는 상품이어야 한다. 다이어트 관련 상품, 마약 베게, 쿨러 마사지기 같은 상품들이 많은 인기를 끌었는데 주로 카페나 블로그 같은 커뮤니티보다는 SNS에서 판매가 많이 일어났다.

CPA 광고에 적합한 상품

CPA 광고는 고단가 상품이면서 상세한 설명과 설득 작업이 필요한 상품에 적합하다. 방문 판매하는 고가의 건강기능 식품, 다이어트 상품, 유아 교육기구 등이 좋은 반응을 보였다. CPA 광고는 주로 개인 정보를 입력해야 하는 방식이기 때문에 SNS보다는 카페나 블로그 같은 커뮤니티에서 주로 이루어진다. CPA 광고를 진행하는 업체들은 CPA 광고를 통해 확보한 고객DB(데이터베이스)로 상담을 진행해야 하기 때문에 전담 콜센터 조직이 있는 경우가 많다.

• **주요 제휴 중개사 리스트**

Link Price : www2.linkprice.com
10 Ping : https://tenping.kr/
아이라이크클릭 : http://home.ilikeclick.com/
디비디비딥 : www.dbdbdeep.com
리더스CPA : www.leaderscpa.com

CPA 광고의 경우는 거의 대부분의 제휴 중개사가 다 서비스하고 있으나 CPS 광고는 일부 제휴 중개사만 현재 서비스를 하고 있다. 어필리에이터들이 수익을 내기 쉽고 건당 수익 금액이 높은 CPA 광고에 참여를 많이 하는 추세이다. 텐핑의 경우는 특정 상품에 대한 CPS 광고도 하지만 개별 쇼핑몰의 모든 상품에 대해 CPS 광고를 하는 서비스도 운영하고 있다. 제휴 중개 업체별로 광고 상품, 광고 조건, 광고 비용이 다르기 때문에 제휴 마케팅을 희망한다면 각 제휴 중개 업체 홈페이지의 상담 코너를 활용하기 바란다. 일단 제휴 중개 업체들과 상담을 해보면 내가 가진 상품이 제휴 마케팅에 적합한지 아닌지 바로 알 수 있다. 그러나 제휴 중개업중개 선택할 때 이름이 별로 알려지지 않은 영세한 제휴 중개 업체들은 아무리 조건이 유리하더라도 선택하지 않는 게 좋다. CPA, CPS를 통한 제휴 마케팅은 특히 제휴 중개 업체의 역량이 중요한데 일부 비양심적인 영세 업체들은 수치를 조작하거나 제대로 된 관리를 해주지 않을 여지가 있기 때문이다.

역사와 전통의 제휴 마케팅 업체 Link Price

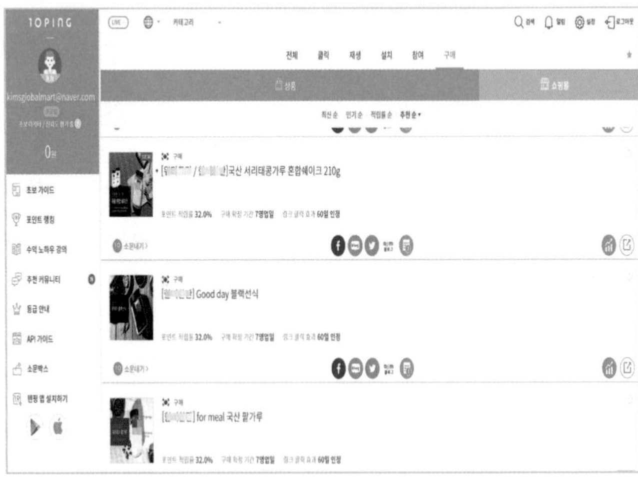

제휴 마케팅 업계의 무서운 신예 10Ping

PART5

온라인 유통 마케팅 핵심 실전 노하우2

01

어뷰징 완전 정복 : 숨겨진 꿀팁? 금단의 열매?

사람들은 어뷰징에 관심이 많다. 뭔가 적은 노력으로 꿀팁을 얻는 방법인 거 같고 숨겨진 노하우라고 생각하기 때문이다. 하지만 어뷰징은 엄연히 불법이기 때문에 필자는 절대 하지 말기를 강력하게 권고한다. 지난번 대선을 뒤흔든 드루킹 사건도 불법적인 어뷰징과 관련이 있다. 가장 흔한 네이버 상위 노출·검색 어뷰징의 경우 만약 적발되면 네이버로부터 '업무 방해' 혐의로 기소되어 전과자가 될 수도 있다는 점 명심하길 바란다. 다음 기사를 보자.

서울동부지법 장동민 판사는 1월 18일 매크로(자동입력 반복) 프로그램을 이용해 포털사이트인 네이버에서 연관 검색어를 조작한 혐의(형법상 컴퓨터등장애업무방해) 등으로 기소된 박 모(30)씨에게 징역 8월과 추징금 3800만원을 선고했다(2018고단3829).

박씨는 2018년 4월 11일경 수원시 영통구에 있는 원룸 등에서 인터넷 광고대행업체 운영자인 B씨에게 자신이 개설한 사이트에 접속하여 검색어로 '활성산소', 연관검색어로 '약용버섯착한차가'를 입력하게 한 다음, 매크로 프로그램을 작동시켜 B씨가 입력한 이 검색어와 연관검색어에 대한 허위 클릭 정보를 네이버 검색시스템에 보내어 마치 일반 이용자들이 네이버 검색창에 검색어를 입력한 결과 연관검색어가 노출된 것처럼 통계자료를 잘못 인식하게 함으로써, 컴퓨터 등 정보처리장치에 허위의 정보 또는 부정한 명령을 입력하거나 기타의 방법으로 정보처리에 장애를 발생하게 하여, 이용자들의 검색과 방문횟수 등에 따라 연관검색 결과 순위를 표시하고자 하는 네이버의 검색서비스 제공 업무를 방해했다. 박씨는 이때부터 2018년 6월까지 약 두 달간 1190회에 걸쳐 같은 방법으로 네이버의 검색서비스 제공 업무를 방해한 혐의로 기소됐다.

박씨는 네이버 광고를 원하는 고객이나 광고대행업체 등에게 돈을 받고 자신이 개설한 사이트에 접속하여 광고를 원하는 검색어와 연관검색어를 입력하게 하고, 사무실에서 노트북 30여대와 휴대폰 30여대를 설치하고 휴대폰 테더링(정보기기 간 데이터를 함께 사용하는 기능)이나 비행기 탑승모드 전환을 이용한 아이피(IP) 주소 수시변경 등의 수단을 동원해 네이버의 어뷰징(abusing, 오용) 차단시스템을 피해 네이버 검색창에 접속하여 검색어와 연관검색어를 자동 검색하는 방법으로 연관검색어 노출을 조작한 것으로 조사됐다.

재판부는 "피고인의 행위는 인터넷 포털 운영자의 업무를 방해한 것일 뿐만 아니라 인터넷 사용자들에게 허위의 정보를 제공하여 유무형의 피해를 입게 한 것이고, 범행 기간과 규모, 범행으로 인하여 얻은 이익 등에 비추어 죄책이 무겁다"고 양형사유를 설명했다.

출처 : Legal Times 2019년 1월 31일 기사

한순간의 욕심으로 인해 평생의 멍에가 될 전과자가 될 수는 없지 않은가? 물론 어뷰징을 하면서도 적발이 되지 않는 사람들이 대부분이기 때문에 아직도 수많은 사람들이 어뷰징을 하고 있지만 일단 한번 문제가 되면 그 여파는 엄청나다. 어뷰징은 사실 주변에서 신고로 적발되는 경우가 99%이다. 나의 경쟁사 또는 나와 관계가 안 좋은 지인, 안 좋게 회사를 그만둔 전 직원 등 모든 사람이 나의 어뷰징 행위를 신고할 수 있다.

먼저 어뷰징의 사전적 정의를 보면 다음과 같다.

어뷰징(ABUSING)

오용, 남용, 폐해 등의 뜻을 가진다. 인터넷 포털 사이트에서 언론사가 의도적으로 검색을 통한 클릭수를 늘리기 위해 동일한 제목의 기사를 지속적으로 전송하거나 인기 검색어를 올리기 위해 동일한 제목의 기사를 지속적으로 전송하거나 인기 검색어를 올리기 위해 클릭수를 조작하는 것 등이 이에 해당된다. 한편, 어뷰징은 게임 용어로도 사용되는데, 게임에서의 어뷰징은 게임의 시스템을 이용해 불법적인 이익을 취하는 행위를 뜻한다. 즉 게임에서 허용하지 않는 방법 또는 게임시스템의 허점을 이용해 대결 결과를 조작하고, 이를 통해 게임 내 지위 상승 등 부당한 이득을 누리는 것을 가리킨다.

출처 : 네이버 지식 백과

이상이 어뷰징의 사전적 정의인데 일반적으로 온라인 마케팅에서는 한마디로 '조작하는 행위', '부정 클릭'이라고도 한다. 이러한 어뷰징으로 단기적인 이익을 보는 사람도 있지만 반대로 타인의 어뷰징으로 인해 손실을 보는 사람도 있기 때문에 이번 장에서는 온라인 유통 마케팅에서 자주 일어나는 어뷰징들에 대해 알아보고자 한다. 실제로 내가 어뷰징을 하지는 않더라도 어뷰징이 어떤 것인지는 알고 있어야 이런 수법으로 인한 피해를 최소화할 수 있다. 모르면 당한다고 하지 않는가?

그럼 온라인 유통 마케팅에서 대표적인 어뷰징 사례들에 대해 하나하나 알아보자.

가구매(가구매 후 후기작성 어뷰징)

오픈마켓, 소셜커머스, 스마트스토어 등 거의 모든 대형 쇼핑몰은 해당 쇼핑몰에 등록된 상품들을 상위에 순서대로 노출시키는 나름대로의 로직이 있는데 보통 상위에 노출시키는 데 가장 큰 영향을 끼치는 요소가 고객들의 구매수량과 구매평이다. 따라서 본인이 등록한 상품을 상위에 노출시키기 위해 수 십 개의 타인의 계정으로 본인의 상품을 본인이 구매하는데 이것을 가구매라고 한다. 가구매의 경우는 당연히 적발되면 해당 상품을 판매하는 판매자 계정이 정지되던지 노출 순위를 저 멀리 뒷페이지 안드로메다로 보내버린다. 경쟁사의 신고도 있지만 대형 쇼핑몰들도 가구매를 막기 위해 여러 가지 IT 기술을 동원하여 자체적으로 가구매를 적발하고 있다. 대표적으로 구매를 하는 쇼핑몰 아이디가 모두 동일한 아이피(PC나 휴대전화를 인터넷에 연결할 때 네트워크 프로그램에 꼭 입력해야 하는 개인 위치번호 123.432.132.032 형식의 12자리 숫자)에서 구매를 했다든지, 아니면 아이피는 틀려도 모두 동일한 신용카드로 결제를 했다든지 하는 경우가 지속적으로 발생하면 가구매로 의심을 해서 불이익을 준다. 물론 영악한 판매자들이 이런 모든 것을 모두 감안하여 걸리지 않는 가구매 방법을 끊임없이 개발해왔는데 쇼핑몰들도 끊임없는 학습효과로 이런 가구매를 잡아내고 있다. 예전에 크게 유행했던 방법 한 가지를 들면 여러 개의 핸드폰과 노트북으로 아이피를 계속 변경하면서 다양한 신용카드로 결제하고 여러 지역으로 발송하는 방식이었다. 이 가구매의 핵심은 무발송 처리라는 것이다. 실제 발송을 하면 여하튼 택배비를 내야하고 여러 가지 귀찮은 일이 벌어지기 때문이다. 그러나 위의 방법도 100% 안 걸린다고는 할 수 없다. 더 이상 얘기하면 이대로 따라 할 독자들이 있을 수도 있기 때문에 이쯤에서 마무리하고자 한다. 여하튼 위와 같은 방식으로 구매량을 올리고 3~4일 뒤에 티 안 나게 호의적인 구매평을 달면서 순식간에 상위 노출을 하는 방식이다. 그러나 쇼핑몰측에서 누군가의 신고를 받고 마음먹고 어뷰징을 잡고자 하면 티가 나기 때문에 절대 안전한 방법이 아니다.

연관 검색어 조작

연관 검색어는 포털에서 특정 검색어를 입력했을 때 해당 검색어와 관련성이 높아 함께 보이는 검색어를 말한다. 사람들이 포털 사이트에서 특정 검색어를 검색했을 때 추가로 많이 검색해보는 연관되어 있는 검색어를 보여주는데 이것은 사용자들의 검색 패턴에 의해 자연스럽게 형성된 검색어이다. 가령 네이버에서 다이어트에 좋다고 하는 '깔라만시'라는 검색어를 입력하면 다음과 같이 검색 결과가 나온다.

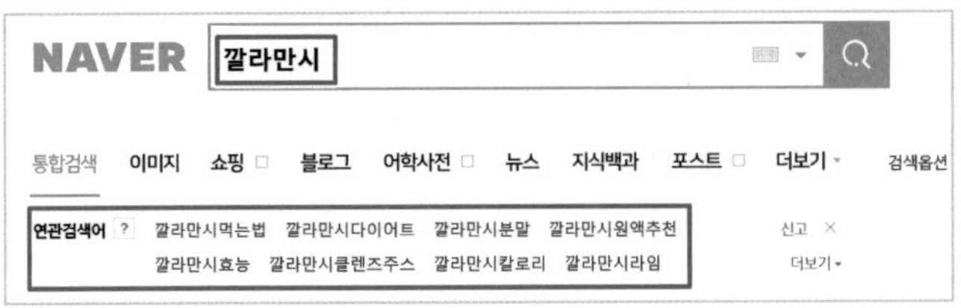

'깔라만시먹는법', '깔라만시다이어트', '깔라만시분말', '깔라만시원액추천', '깔라만시효능', '깔라만시클렌즈주스', '깔라만시칼로리', '깔라만시라임'등이 연관 검색어로 나오는데 이것은 '깔라만시'를 검색하는 사람들이 추가로 많이 검색하는 검색어들이다. 그런데 만약 '깔라만시'를 검색했는데 연관 검색어로 내가 판매하는 '유노연깔라만시'라는 검색어가 나온다면 어떨까? '유노연깔라만시'를 클릭하는 사람들이 분명히 생기고 '유노연깔라만시'를 구매하는 사람들도 생기게 될 것이다. 이런 효과를 노리고 연관 검색어를 조작하는 어뷰징이 발생하게 된다. 연관 검색어 조작은 '깔라만시'와 '유노연깔라만시'를 매크로 프로그램을 써서 자동으로 수 백 번, 수 천 번 아이피를 바꿔가면서 계속 검색하고 허위 클릭하게 하는 방식으로 시행된다. 연관 검색어 조작은 실제로 상업성이 짙은 키워드를 검색하면 자주 확인할 수 있다. 상업성 키워드의 연관 검색어로 별로 유명하지 않은 특정 회사의 상품명, 브랜드명이 나오면 이것은 연관 검색어 조작을 의심해 볼 수 있다. 보통 연관 검색어 조작하는

데 키워드 경쟁도에 따라 다르지만 월 8~20만 원이면 가능하기 때문에 많은 사람들이 연관 검색어를 조작하는 방식으로 매출을 올리고 있다. 네이버뿐만 아니라 아래에서와 같이 오픈마켓에서도 연관 검색어 기능이 있기 때문에 여기서도 연관 검색어 조작이 알게 모르게 이루어지고 있다.

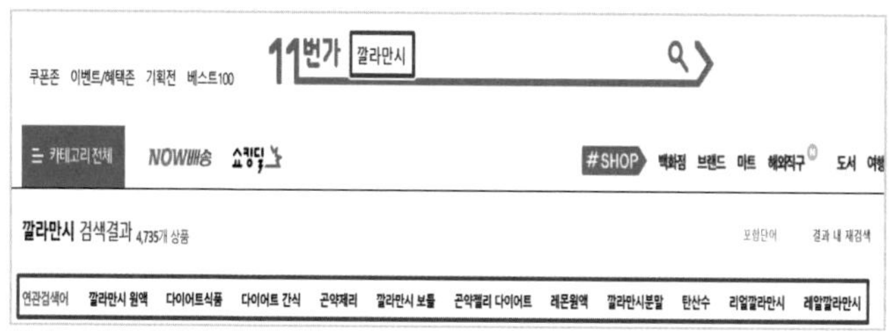

11번가 '깔라만시' 관련 연관 검색어

자동완성 조작

자동완성이란 포털이나 쇼핑몰에서 어떤 검색어를 입력할 때 앞의 몇 글자로 입력하려는 단어를 예측하여 자동으로 완성시켜주는 기능을 말한다. 자동완성은 연관 검색어와도 비슷한 개념인데 이용자가 찾아보려는 내용을 검색어로 최대한 잘 표현할 수 있도록 도와주는 역할을 한다. 검색어를 강조해주기 위하여 이용자가 입력한 검색어와 정확히 같은 부분에 색깔(하이라이팅)을 표시하고 있으며, 사용자가 의도한 검색어 일부만 입력해도 입력한 문자가 포함된 다양한 자동완성어를 추천해 준다. 자동완성으로 나오는 검색어도 당연히 특정 검색어와 관련성이 깊은 사람들이 많이 검색해보는 단어를 보여준다.

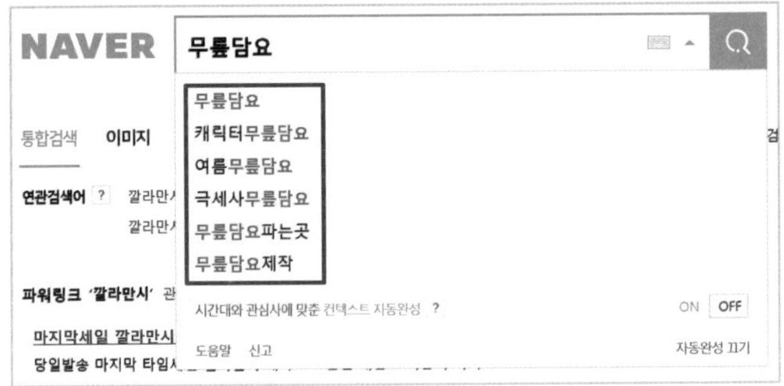

네이버에서 '무릎담요' 검색시 자동완성

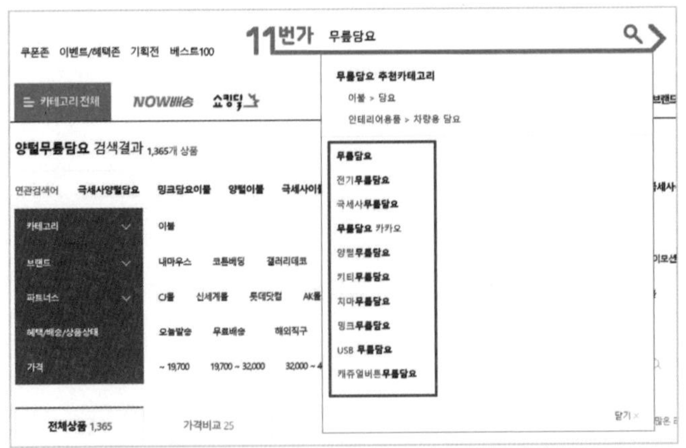

11번가에서 '무릎담요' 검색시 자동완성

연관 검색어 조작과 마찬가지로 매크로 프로그램을 써서 자동완성에 내가 원하는 검색어가 노출되게 할 수 있다면, 그리고 자동 완성으로 나온 검색어를 클릭하게 해서 내가 원하는 콘텐츠를 검색자에게 보여줄 수 있다면? 나는 이로 인해 고객 트래픽과 추가 매출을 올릴 수 있을 것이다. 자동완성 조작은 이렇게 인위적으로 프로그램을 써서 자동완성을 실제와 다르게 조작하는 어뷰징이다. 자동완성 조작도 월 10만 원 내외의 적은 비용으로 가능하기 때문에 은밀하게 많이 이용되는 어뷰징이다.

블로그 상위 노출 어뷰징

온라인 유통에서 블로그를 통한 마케팅이 활발하다. 지금도 예전만큼은 아니지만 블로그만 잘해도 한 달에 몇 천만 원 수익을 올리는 것은 그리 어려운 일이 아니다. 블로그를 통한 판매는 내가 판매하는 상품과 관련된 키워드를 내가 미리 작업해놓은 블로그를 통해 상위 노출시켜서 해당 키워드를 검색한 사람이 블로그로 들어와서 블로그 게시글에 있는 결제 링크 또는 쇼핑몰 링크를 통해서 결제하게 만드는 방식이다. 당연히 내 블로그가 상위 노출이 돼야 고객이 내 블로그에 들어올 확률이 높아지기 때문에 블로그 상위 노출을 위해 안간힘을 쓰게 된다. 정상적인 운영을 통해서 블로그 상위 노출을 하는 것이 원칙이나 당연히 어뷰징을 통해 손쉽게 상위 노출을 하려는 시도들이 있다. 특히 객단가가 높고 구매 전환이 잘 되는 뷰티, 건강, 다이어트, 의료, 대출 같은 키워드들은 블로그 상위 노출 어뷰징의 전쟁터이다. 블로그 상위 노출 어뷰징의 최고수 마케팅 대행사들이 매일매일 소리 없는 총성을 벌이고 있다. 네이버에서도 이런 블로그 상위 노출 어뷰징을 막기 위해 매년 로직 변경을 하고 있지만 네이버의 방패를 뚫는 마케팅 대행사들의 창이 매년 진화하기 때문에 매년 창과 방패의 전쟁이 벌어지고 있다.

블로그는 방문객 숫자, 댓글 숫자, 이웃 숫자, 스크랩 숫자 같은 것들이 상위 노출에 영향을 끼치기 때문에 이런 작업들을 자동으로 해주는 매크로 프로그램들이 존재한다. 구글이나 각종 프리랜서 사이트들에서 잘 찾아보면 이런 프로그램들이 보인다. 보통 이런 매크로 프로그램을 판매할 때 '네이버'라고 하지 않고 포털의 제재를 피하기 위해 'N사'라는 표현을 사용한다. 아래는 구글 검색을 통해 발견한 블로그 상위 노출 매크로 프로그램 판매 사이트의 일부를 캡쳐한 내용이다.

☐ "초간단" N사 서로이웃추가 프로그램	+ 15,000
☐ "초간단" 도메인 변경 프로그램	+ 25,000
☐ "초간단" N사 실시간 검색어 자동 블로그 포스팅 프로그램	+ 65,000
☐ "초간단" ★★★ N사 블로그 자동 댓글달기 ★★★ 프로그램	+ 65,000

각종 블로그 상위노출 어뷰징 프로그램

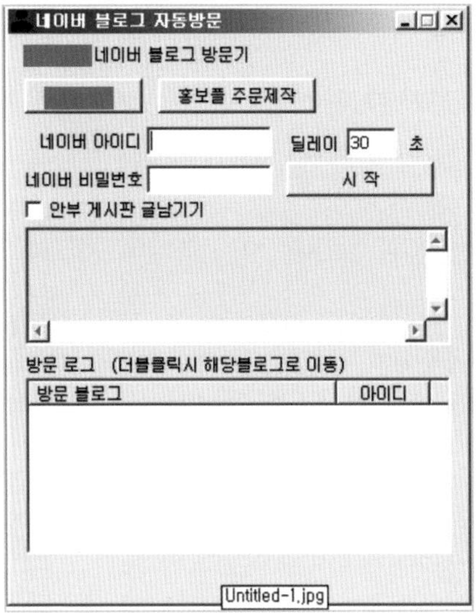

블로그 자동 방문 프로그램 예시

위와 같은 어뷰징 프로그램도 있지만 상위 노출에 방해가 되는 유사 문서를 피하면서 포털사이트가 좋아하는 블로그 글을 만들기 위해 HTML 영역에 '히든 태그(본문 게시글에는 보이지 않고 HTML 영역에만 존재하는 글자)'를 써서 원하는 키워드를 모두 넣고 상위 노출을 하는 방식도 있다. 이 방법은 정말 경쟁이 치열한 상업성 키워드의 상위 노출을 할 때 마케팅 대행사들이 사용하는 방식이다. 예전에는 글자 크기를 0으로 맞추거나 글자 색을 하얀색으로 바꿔서 가리는 방법이 유행했었는데 지금은 포털에서 다 막아놔서 최근에는 위와 같이 HTML 영역에 '히든 태그'를 이용해서 작업한다. 물론 '히든 태그' 작업은 경쟁자든 지인이든 누군가가 신고를 하면 블로그 자체가 날아가 버리지만 상위 노출로 얻을 수 있는 이익이 워낙 크기 때문에 아직도 알게 모르게 시행되고 있다.

내 블로그를 상위 노출을 시키기 위해 기존에 상위 노출되어 있는 블로그를 끌어내리는 어뷰징도 존재한다. 여태까지의 방법들이야 프로그램을 쓰든 어뷰징을 쓰든 내 블로그를 상위 노출시키기 위해 노력하는 방법이었는데 거기서 더 나아가 기존에 상위 노출되어 있던 블로그를 끌어내리는 어뷰징이 있다. 유사 문서 공격이라는 용어로 불리는데 이 방법을 사용하면 기존 상위 노출되어 있던 블로그가 유사 문서로 분류되어 상위 노출에서 사라지게 된다. 이런 행위는 악랄한 어뷰징 행위로서 피해를 당한 피해자가 확실한 증거를 가지고 포털사이트에 신고하면 처벌을 받게 된다.

블로그 유사 문서 공격 Tip

원본 블로그A의 내용을 전체 또는 일부를 복사해서 원본 블로그A보다 앞서 작성된 블로그B에 붙여넣어 수정하는 방법으로 블로그B가 원본으로 인식하게 하고 원본 블로그A를 유사 문서로 분류하게 하는 방법이다. 동일 · 유사한 게시글이 여러 개 올라올 경우 나중에 생성된 게시글은 '유사 문서 포함' 옵션 선택 시에만 검색에 노출되는 점을 악용하여 검색품질을 저해시킨다.

출처 : 네이버 블로그팀

SNS(페이스북, 인스타그램 등) 회원수 늘리기

페이스북이나 인스타그램의 경우 친구인 회원수를 늘리는 것이 가장 중요하다. 누군가의 페이스북이나 인스타그램을 우연히 보게 되었는데 친구수가 세 명뿐이라면 친구 추가를 안 할 확률이 높을 것이다. 그래서 기본적으로 회원수가 어느 정도 있어야 SNS 계정을 키우는 것이 수월하다. 이런 이유 때문에 회원수 늘리는 작업을 프로그램을 통해서 늘리는 어뷰징 방법이 있다. 이런 프로그램을 써서 늘리게 되면 회원수를 의미하는 '좋아요', '팔로워'의 객관적인 숫자는 늘어나게 되나 실제로 나의 비즈니스에 도움이 되는 사람들이 늘어나는지는 알 수가 없다. 의미 없는 외국인들이나 마케팅용 허위 계정의 사람들이 늘어날 수도 있다. 수작업으로 늘리는 작업에 비해 진성 고객을 찾을 확률은 떨어질 수밖에 없다. 이런 프로그램들은 구글이나 프리랜서 사이트, 유튜브에서 검색하면 쉽게 찾을 수 있다. 이런 프로그램들은 프로그램을 작동시키고 약간의 설정을 하면 '좋아요' 누르고, '댓글' 달고, '팔로우' 누르는 작업 등을 자동으로 하는데 페이스북, 인스타그램의 제재를 피하기 위해 사람이 하는 것처럼 자동 작업의 방식을 조절한다. 요새는 SNS 어뷰징 프로그램을 쓰는 사람들이 너무 많아서 이런 프로그램을 쓰게 되면 동일하게 프로그램을 쓰는 사람들 위주로 회원 수가 늘어나는 경향이다. 인스타그램을 하다 보면 상황에 맞지 않는 이상한 댓글이 보일 텐데 이런 것이 프로그램을 쓴 경우라고 할 수 있다. 보통 이런 회원 수 늘리기 프로그램들은 월 단위로 결제를 하는데 SNS 본사에서 이런 어뷰징을 막기 위해 계속 로직을 바꾸기 때문에 계속 어뷰징 프로그램을 업데이트해야 한다. 일부 양심 없는 업자들은 어뷰징 프로그램을 한 번에 고액을 받고 판매하고 로직이 변경될 때마다 반드시 해줘야 하는 후속 업데이트 작업을 해주지 않고 잠적하는 경우도 있다. 페이스북, 인스타그램뿐만 아니라 거의 모든 SNS 프로그램들은 이런 자동 어뷰징 프로그램들이 존재한다.

인스타그램 어뷰징 프로그램

페이스북 어뷰징 프로그램

네이버 카페 운영 관련 어뷰징

네이버 카페는 가장 활성화시키기 어렵지만 어느 정도 사람이 모이면 가장 수익화가 잘 되는 플랫폼으로 알려져 있다. 당연히 이런 네이버 카페 관련해서도 각종 어뷰징들이 존재한다. 카페 관련 대표적인 자동 어뷰징 프로그램들은 댓글 달기, 쪽지 보내기, 초대하기, 게시글 작성하기, 좋아요 달기, 게시글 조회수 늘리기, 회원 수 늘리기 등이 있다. 필자도 네이버 유통노하우연구회(유노연) 카페를 운영하지만 솔직히 말해서 이런 카페 어뷰징 프로그램들을 통해서 카페를 진성 회원이 많은 활성화 카페로 키우는 것은 매우 어렵다고 말하고 싶다. 카페 운영에 대해 잘 모르는데 이런 어뷰징 프로그램으로 카페를 키워 보겠다고 뛰어드는 것은 무모한 일이다. 그리고 카페를 키우기 위해서는 아이디가 있어야 하는데 이런 아이디를 판매하는 업자들이 많이 있다. 아이디 구매는 정말 위험해서 절대 하지 말 것을 당부한다. 그 아이디가 남의 아이디를 해킹해서 얻은 아이디일 가능성도 있는데 해킹한 아이디를 판매한 업자뿐만 아니라 구매한 사람도 무거운 처벌을 받을 수 있기 때문이다. 또는 해킹한 아이디는 아니라 할지라도 네이버 카페에서 노출이 안 되는 저품질 아이디이거나 일정 시간이 지나면 막히는 아이디일 수도 있다.

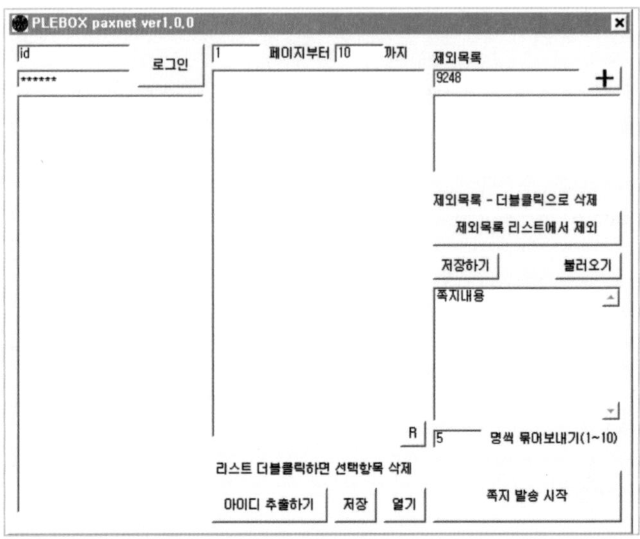

카페 자동 쪽지 발송 프로그램

이 외에도 카페·블로그 아이디 추출 프로그램, 스마트스토어 찜 프로그램, 오픈마켓 구매평 관련 프로그램, 블로그 조회수 늘리기 프로그램 등등 수많은 어뷰징 프로그램들이 존재한다. 사실 이런 프로그램들은 구글, 유튜브나 각종 프리랜서 사이트, 또는 IT 프로그램 거래 사이트 등에서 누구나 손쉽게 찾아볼 수 있다.

어뷰징 프로그램을 써서 단기 성과를 본 사람들이 이런 어뷰징 프로그램에 집착하는 경향이 있는데 장기적으로는 어느 한순간에 여태까지 이룬 모든 것을 날릴 수 있다는 것을 명심해야 한다. 필자의 지인도 블로그 어뷰징 프로그램을 이용해서 3년간 블로그를 잘 키우다가 경쟁사의 신고로 블로그가 폐쇄되었다. 3년간 블로그에 들인 모든 노력이 모두 허사가 되었으며 해당 네이버 아이디가 정지가 된 것이다. 또 일부 어뷰징 작업은 전과자가 돼서 감옥에 갈 수도 있을 정도로 위험한 것들이 많으니 조심해야 한다. 하지만 내가 만약 이런 어뷰징을 통해 피해를 보았다면 관련 포털사이트 등에 신고를 해서 나의 피해를 최소화해야 한다. 독자들이 혹시 타인의 어뷰징으로 피해를 보았을 때를 위해서 이번 챕터를 구성했으니 참고하기 바란다.

02

온라인 판매 서포터 : 온라인 판매 효율 극대화

온라인 유통을 하면서 온라인 판매는 필수적인 요소이다. 규모가 어느 정도 되는 업체라면 직원들을 충분히 고용하여 온라인 판매를 하겠지만 대다수의 업체는 인건비 부담 때문에 그럴 수가 없다. 온라인 판매는 해보면 알게 되지만 상품 등록, 수정, 주문 수집, 발주, 고객 CS, 결제, 정산, 포장, 배송 등 관련되는 일들이 상당히 많다. 판매가 조금 잘 되는 업체라면 하루 종일 단순 작업만 하다가 하루가 끝날 것이다. 그렇기 때문에 효율적인 업무 진행이 필요한데 시중에는 온라인 판매를 도와주는 많은 시스템과 서비스들이 있다. 일정 비용을 지불하더라도 이런 시스템과 서비스들을 이용하는 것이 장기적으로 성장하는데 훨씬 유리하다.

쇼핑몰 통합 관리 솔루션

온라인 판매를 하다 보면 여러 개의 온라인 유통 채널에서 판매를 하게 된다. 오픈마켓, 소셜커머스, 종합몰, 복지몰, 전문몰 등등 많은 유통 채널에서 판매를 하게 되는데 이 많은 유통 채널을 관리한다는 것은 쉬운 일이 아니다. 가령 매일 아침이든 오후든 정해진 시간마다 각 쇼핑몰 관리자 센터에 로그인해서 주문 확인하고 발주서를 다운받고 송장을 추출하고 송장 번호를 하나씩 업로드하는 과정을 거치게 된다. 이것뿐만 아니라 상품 등록해야 하고 고객 CS 문의사항 체크해야 하고, 재고 관리해야 하고 등등 많은 번거로운 일들을 매일매일 해야 하는데 이런 단순 작업에 대부분의 시간을 사용한다는 것이 참 안타까운 일이다. 한 쇼핑몰당 30분간 관리를 한다 해도 16개의 쇼핑몰이라면 무려 8시간이 걸리게 되는데 거의 하루 시간을 모두 단순 쇼핑몰 관리에 투자하게 된다. 이런 불편함을 해소해 주는 시스템이 바로 쇼핑몰 통합 관리 솔루션이다.

쇼핑몰 통합 관리 솔루션

여러 쇼핑몰에 분산되어 있는 상품, 주문, CS의 데이터를 자동으로 한곳에 취합해서 관리할 수 있게 해주는 솔루션이다. 솔루션을 사용하게 되면 판매자는 시간 절약 및 인력 절감의 효과를 얻게 되며 이런 단순 작업 대신에 다른 마케팅이나 영업 활동에 집중할 수 있어서 더 많은 수익을 얻을 수 있다.

다양한 쇼핑몰 통합 관리 솔루션이 시중에 나와 있으며 단순 상품관리, 주문관리, CS관리뿐만 아니라 통계관리, 재고관리, 마케팅 지원, 판매 대행 등의 기능도 지원해 주는 솔루션들도 있으니 각 업체별로 하나하나 알아보고 본인에게 맞는 쇼핑몰 통합 관리 솔루션을 선택하면 된다. 기능이 많다고 좋은 것도 아니고 적다고 나쁜 것도 아니다. 보통 기능이 많으면 가격이 올라가는데 나의 수준에서는 단순 상품관리, 주문관리, CS 관리만 필요한 경우 가격이 비싸고 기능이 많은 것은 전혀 도움이 되지 않는다. 쇼핑몰 통합 관리 솔루션은 사용법을 익히는 게 쉽지 않기 때문에 교육 시스템이 잘 된 업체를 선택해야 한다. 사용법 활용 정도에 따라 관리 효율, 매출이 좌우되기 때문에 제대로 배워놓아야 한다. 쇼핑몰 통합 솔루션만 잘 이용해도 온라인 판매에서 가장 중요한 매출 효율이 비약적으로 올라갈 수 있으며 쇼핑몰 통합 솔루션에서 제공하는 다양한 마케팅, 영업 지원을 활용하면 내 사업의 성장에 큰 도움이 된다. 취급하는 상품이 다양하고 거래하는 쇼핑몰 수가 많은 업체라면 반드시 통합 관리 솔루션을 사용하는 것을 추천한다. 수작업으로 일일이 관리하는 것보다 일정 비용을 지불하더라도 통합 관리 솔루션을 사용하는 것이 큰 도움이 될 것이다. 많이 알려진 대표적인 쇼핑몰 통합 관리 솔루션 업체 네 군데를 소개하면 아래와 같다.

사방넷

사방넷은 필자의 주변에서는 가장 많이 사용되는 통합 쇼핑몰 솔루션인데 웹으로 실행하므로 모바일로 PC로 언제 어디서든 접속이 가능하다는 장점이 있다. 연동 가능한 쇼핑몰 사이트가 많아서 상품 관리, 매출 관리, 재고 관리에 강점이 있는데 초기 세팅이 약간 복잡하다는 단점이 있다. 연동 쇼핑몰이 250개 이상, 고객사 5,000개 이상, 교육 프로그램 주 200시간 이상으로 쇼핑몰 통합 관리 솔루션 중에 최상위권에 속하는 솔루션이며 7일간의 무료 서비스 기능도 제공하고 있다.

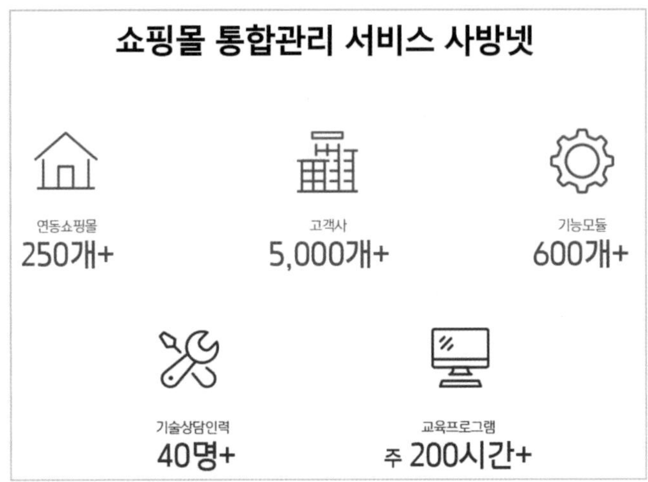

사방넷 홈페이지 : www.sabangnet.co.kr

플레이오토

사방넷과 함께 통합 쇼핑몰 솔루션업계에서 잘 알려진 업체이다. 기능이 잘 정리되어 있어서 처음 사용하는 사람이라도 쉽게 사용법을 익힐 수 있다. 그러나 웹 기반이 아닌 주로 컴퓨터에 설치하여 사용하는 방식이라 호스팅을 사용하려면 따로 비용을 지불해야 한다. 초기 비용은 저렴하지만 쇼핑몰과 등록상품 수가 많아질수록 유지관리 비용이 증가한다는 특징이 있다. 그러나 최근에는 웹 기반 방식의 플레이오토 2.0도 출시되어 운영되고 있다. 플레이오토는 쇼핑몰 통합 솔루션뿐만 아니라 다양한 온라인 마케팅 대행 서비스 및 통합물류 서비스도 운영하고 있다.

플레이오토 홈페이지 : www.playauto.co.kr

이셀러스

이셀러스도 플레이오토와 비슷한 시기에 출시한 오래된 솔루션으로 쇼핑몰 통합 솔루션 노하우가 풍부하다. 가격 대비 파워풀한 기능이 장점인데 타 솔루션과는 달리 상품 등록과 주문관리 기능이 나누어져 있다. 필요한 기능만 선택해서 이용할 수 있는데 두 기능 다 이용하게 되면 가격은 더 올라가게 된다. 굳이 두 기능 다 이용할 필요가 없는 사용자라면 이셀러스가 좋은 선택이 될 수 있다. 이셀러스는 유료로 오픈마켓 광고 서비스와 SNS 마케팅 지원 서비스도 운영하고 있다. 또한 통계 로그 분석 프로그램인 샵로그와 제휴되어 있어서 동시 이용 시 추가 할인 혜택도 제공하고 있다.

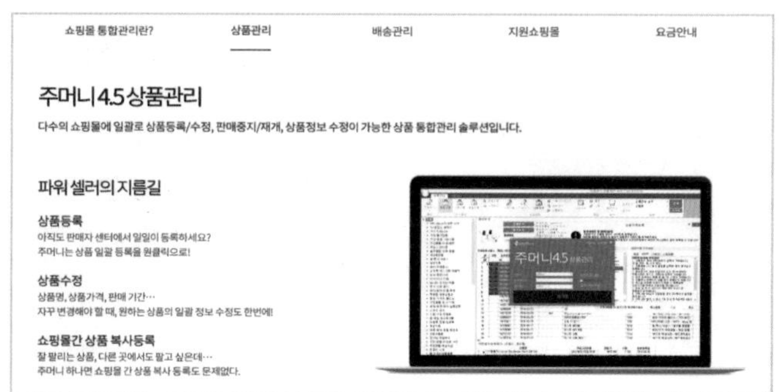

이셀러스 홈페이지 : www.esellers.co.kr

샵링커

샵링커는 14년의 노하우를 바탕으로 160여 개의 쇼핑몰과 상품, 주문 연동 기능을 제공하고 있으며 대기업 가전, 화장품, 생활용품, 식품 등 다양한 분야의 대형 고객사가 샵링커 서비스를 이용하고 있다. 시스템은 전체적으로 사방넷과 비슷한 편이며 샵링커 하나로 상품 등록, 주문 수집, 송장 전송, 재고관리 등의 반복적인 쇼핑몰 업무를 한 번에 편리하게 처리할 수 있다는 점이 강점이다. 또한 유료로 국내·해외 온라인 판매 대행 서비스와 3PL 물류대행 서비스도 제공하고 있다.

샵링커 홈페이지 : www.shoplinker.co.kr

위에 소개한 네 개 업체 이외에도 셀러허브, 샵플링, 이지어드민, 샵마인 등 많은 쇼핑몰 통합 관리 솔루션들이 있는데 후발 업체들은 보통 가격 면에서 강점이 있으나 교육 및 관리적인 측면에서 약점이 있는 경우가 많다. 쇼핑몰 통합 관리 솔루션은 업체별로 기능별로 가격 차이가 크고 월 사용료(월 5~30만 원)를 생각하면 연간 많은 비용이 들어가기 때문에 각 업체별로 꼼꼼히 비교해 보고 나에게 맞는 솔루션을 결정해야 한다.

온라인 셀러의 필수 선택,
'사방넷(www.sabangnet.co.kr)'

쇼핑몰을 운영하다 보면 자연스레 판매 쇼핑몰과 상품이 늘어나기 마련이다. 이때 온라인 셀러는 필연적으로 '상품 판매를 위한 관리를 어떻게 잘해야 하는가?' 의 문제에 직면하게 된다. 생각해 보라. 쇼핑몰 별로 상품 가격, 상품 정보, 옵션 종류를 수시로 변경하면서 늘어나는 C/S에 대한 대응까지 즉각적으로 대응하기란 쉬운 일이 아니기 때문이다.

이때 쇼핑몰 통합 관리 서비스 사방넷을 사용하면 이런 문제를 손쉽게 해결할 수 있다. 여러 쇼핑몰을 각각 접속하여 개별적으로 처리하던 반복 업무를 사방넷을 이용하면 상품 등록부터 주문, 재고, C/S 관리까지 한번에 처리할 수 있으며, 지원 기능면에서 국내 최고 수준을 자랑한다.

사방넷은 오픈마켓, 종합몰, 소셜 등 업계에서 가장 많은 쇼핑몰에 연동을 지원한다.(19.8월 기준 250개) 기능이 많고, 연동 쇼핑몰 수가 많아 판매하는 상품의 카테고리 제약 없이 이용이 가능하다. 5,000여 개의 다양한 기업에서 사방넷을 이용하고 있으며 작업시간의 감소와 효율적인 쇼핑몰 운영을 통한 매출 증대 효과를 체험하고 있다.

또한 쇼핑몰 통합 관리 서비스의 도입이 부담스러운 고객사도 쉽게 적응할 수 있도록 사방넷에서는 정기 교육, 원격 교육, 지정 교육 등 다양한 교육을 지원하며, 업계 최다인 40여 명의 상담 인력이 사방넷의 안정적인 사용을 지원한다.

[사방넷 주요 기능]

■ 쇼핑몰 상품 등록 : 다수의 쇼핑몰에 다량의 상품을 등록·수정

■ 주문·클레임 수집 : 다수의 쇼핑몰에 접수된 주문, 취소, 반품·교환 내역 일괄 수집

■ C/S 문의 관리 : 접수된 고객 문의를 일괄 수집하여 일괄 답변 송신

■ 옵션 재고 및 품절 관리 : 쇼핑몰에 상품 및 옵션별 재고 수량, 품절 상태 송신

- 통계 관리 : 쇼핑몰, 상품, 기간 별 판매 내역 및 통계 확인 가능

사방넷에서는 고객사가 사방넷 도입 전 사방넷을 파악할 수 있도록 7일 무료 테스트 기간을 제공하고 있으며 help_sb@daou.co.kr 또는 1599-1311로 사방넷 관련 문의도 가능하다.

로그 분석기

쇼핑몰을 운영하면서 그리고 광고를 집행하면서 항상 고민이 되는 문제는 '과연 내가 지금 제대로 효율적으로 운영을 하고 있는가?'이다. 그래서 아래와 같은 의문점이 생기게 된다.

우리 고객들의 특성은 무엇인가?

나의 고객은 어느 경로로 어떤 검색어로 유입되고 있는가?

광고비는 효율적으로 사용되고 있는가?

고객들은 내 쇼핑몰의 어느 페이지를 선호하는가?

앞으로 어느 분야에 집중해야 하는가?

어느 유입 매체가 가성비가 좋은가?

어느 광고에 집중을 해야 하는가?

방문자가 쇼핑몰을 어떻게 이용하고 있는가?

어떤 상품이 언제 많이 판매되고 있는가?

방문자의 나이와 성별은 어떤가?

어떤 검색어가 반응이 좋은가?

PC, 모바일 중 어느 경로로 유입이 되고 광고 효율은 어느 쪽이 좋은가?

위의 의문들에 대한 답을 주는 것이 로그 분석기이다. 로그 분석기를 통해 매일매일 분석을 하다 보면 효율적인 쇼핑몰 및 광고 운영이 가능하며 이는 곧 매출 증대로 이어진다. 로그 분석의 사전적 정의는 다음과 같다.

웹 로그 분석

웹 사이트의 방문객이 남긴 자료를 근거로 웹의 운영 및 방문 행태에 대한 정보를 분석하는 것. 방문객이 웹 사이트에 방문하게 되면 웹 서버에는 액세스 로그, 에러 로그, 리퍼럴 로그, 에이전트 로그 등의 자료가 파일 형태로 기록된다. 액세스 로그는 누가 어떤 것을 읽었는지를, 에러 로그는 오류가 있었는지를, 리퍼럴 로그는 경유지 사이트와 검색 엔진 키워드 등의 단서를, 에이전트 로그는 웹 브라우저의 이름, 버전, 운영 체계(OS), 화면 해상도 등의 정보를 제공한다. 이러한 기본적 분석 외에도 실시간 분석을 위해 분석 태그를 웹 사이트에 삽입하여 분석하는 방법도 있다. 웹 로그 분석에 의해 얻은 방문자 수, 방문 유형, 각 웹 페이지별 방문 횟수, 시간·요일·월·계절별 접속 통계 등의 자료는 웹의 운영 및 마케팅 자료로 유용하게 이용된다.

출처 : 네이버 지식 백과

로그 분석기를 사용하여 방문자, 회원들의 특성과 잘 판매되는 상품, 상품별 매출 추이 등을 분석하여 고객들이 관심 있어 할 만한 상품을 진열하고 고객들에게 잘 먹히는 광고를 집행한다면 매출은 당연히 올라갈 것이다. 또한 온라인 판매활동을 하다 보면 광고, 홍보 및 기타 마케팅 활동을 하게 되는 데 이는 많은 비용 및 노력이 들어가게 된다. 로그 분석기를 통해 다양한 광고·홍보·마케팅 활동에 대한 결과를 분석하여 비효율적인 활동을 없애고 효율적인 활동에 집중해야 한다. 월 몇 백만 원, 몇 천만 원씩 광고, 홍보비를 쓰면서 로그 분석기를 쓰지 않는 업체들도 많은 데 이는 정말 어이없는 일이라고 할 수 있다. 로그 분석기를 쓰면 지금 사용하고 있는 광고비를 1/10로 줄이면서 매출은 몇 배로 늘릴 수 있는 기회를 얻을 수도 있다는 것을 명심해야 한다. 물론 이런 로그 분석기는 앞에서 설명한 쇼핑몰 통합 솔루션과 마찬가지로 사용법을 익히는데 시간과 노력이 필요한데 사용법 익히는 것이 어렵고 싫다고 하여 로그 분석기를 사용하지 않는 사람들도 많다. 로그 분석기를 사용하지 않는다면 당신의 온라인 판매는 항상 그 수준에 머물던지 퇴보하게 될 확률이 높다. 구멍가게에서 시스템이 갖춰진 번듯한 기업으로 나아가야 하지 않을까? 로그 분석기를 이용하려면 페이지뷰, 유입수, 전환수, 반송수, 쿠키, 노출, 도달, CPC, CPM 등의 기본적인 온라인 마케팅 용어 등을 알아야 하는데 이는 Part 5의 5장 '반드시 알아야 할 필수 온라인 유통 마케팅 용어 TOP 50'에 정리되어 있으니 참고하기 바란다.

로그 분석기에는 무료로 이용할 수 있는 네이버 애널리틱스, 구글 애널리틱스와 유료인 에이스카운터(네이버), 샵로그, 오픈로그 등이 있다. 유료 로그 분석기는 더 디테일한 분석이 가능한데 특히 홍보/유통 채널별 광고 및 마케팅 유입 분석 그리고 실시간 IP추적, 부정 클릭 방지에서 강점이 있다. 초기에는 무료 분석기로 사용법을 익힌 후 필요성이 생기면 그때 유료 로그 분석기를 이용하는 것을 추천한다. 유료 로그 분석기는 기능면에서는 당연히 우월하지만 일정 수준 이상의 분석 결과를 받아 보려면 보통 월 사용료 3~10만 원 내야 한다는 점이 부담스럽다.

네이버 애널리틱스(https://analytics.naver.com/)

온라인의 거대 공룡 네이버에서 제공하는 로그 분석기답게 무료임에도 불구하고 많은 다양한 분석 기능을 제공한다. 주요 기능은 아래와 같다

① 실시간 분석

지금 내 사이트에 방문한 이용자 수, 유입 검색어, 네이버 검색 광고 전환 등 사이트 이용 현황을 한눈에 파악할 수 있다. 이를 이용하여 마케팅 활동의 시작 여부와 효과를 실시간으로 측정하고 개선할 수 있다.

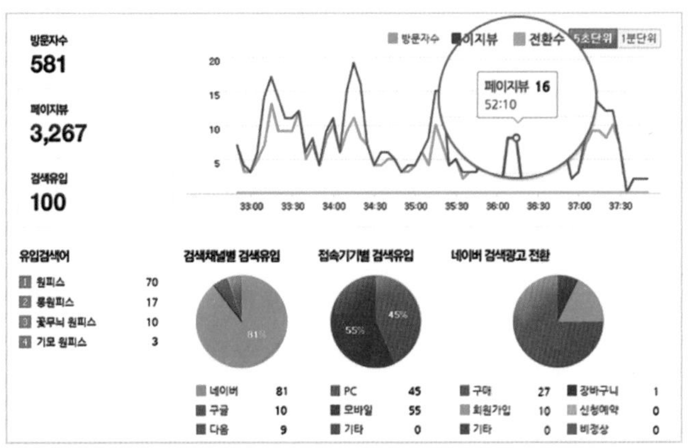

출처 : 네이버 애널리틱스 홈페이지

② 유입분석

방문자들이 어떤 유입 채널을 통해 내 사이트에 방문하는지, 상세하게 파악할 수 있다. 유입 정보를 알면 많이 유입되는 채널, 검색어 등에 집중하여 보다 효과적으로 사이트 방문을 유도할 수 있다.

채널별 유입현황 채널그룹별 | 채널/유형별   셀강조 ☑ 30개씩 보기 ▾ ⭳ 데이터저장

채널그룹	채널/유형	유입수 (비율) ▾	반송률 ▾
전체	**전체**	**270,000** (100.00%)	**33.62%**
Direct	direct	27,000 (27.00%)	24.10%
쇼핑		16,000	56.84%
검색	네이버 / 검색	14,000	21.08%
일반유입	일반유입	12,000 (12.00%)	12.70%
검색광고	네이버광고 / 사이트검색광고	10,000 (10.00%)	41.98%
소셜	페이스북 / 소셜	8,000 (8.00%)	79.33%
검색광고	네이버광고 / 클릭초이스상품광고	6,000 (6.00%)	90.90%
쇼핑	네이버쇼핑 / 검색	4,000 (4.00%)	85.51%
검색	구글 / 검색	2,000 (2.00%)	34.65%
검색광고	구글광고 / 검색광고	1,000 (1.00%)	50.27%

출처 : 네이버 애널리틱스 홈페이지

③ 페이지분석

내 사이트에서 가장 인기 있는 페이지는 어디인지, 각 페이지에 방문자가 머무르는 시간은 얼마나 되는지 등을 알 수 있다. 페이지 분석 정보를 통해 인기가 많은 콘텐츠는 강화하고, 그렇지 않은 콘텐츠는 보완하여 전체적인 사이트 품질을 높일 수 있다.

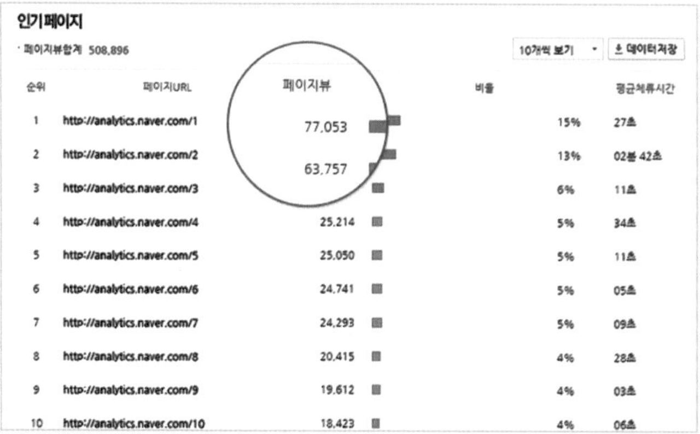

인기페이지

· 페이지뷰합계 508,896

10개씩 보기 · ⤓ 데이터저장

순위	페이지URL	페이지뷰	비율	평균체류시간
1	http://analytics.naver.com/1	77,053	15%	27초
2	http://analytics.naver.com/2	63,757	13%	02분 42초
3	http://analytics.naver.com/3		6%	11초
4	http://analytics.naver.com/4	25,214	5%	34초
5	http://analytics.naver.com/5	25,050	5%	11초
6	http://analytics.naver.com/6	24,741	5%	05초
7	http://analytics.naver.com/7	24,293	5%	09초
8	http://analytics.naver.com/8	20,415	4%	28초
9	http://analytics.naver.com/9	19,612	4%	03초
10	http://analytics.naver.com/10	18,423	4%	06초

출처 : 네이버 애널리틱스 홈페이지

④ 방문 분석

방문 현황(UV), 신규·재방문자 수, 시간대별 방문 분포, 방문지역 등 방문자의 방문 특성을 이해하기 위한 종합적인 정보를 제공한다. 중요한 고객 유형(신규·재방문)이 잘 방문하는지, 방문이 집중되는 시간대는 언제인지 등을 참고하여 사이트 운영 방식을 개선할 수 있다.

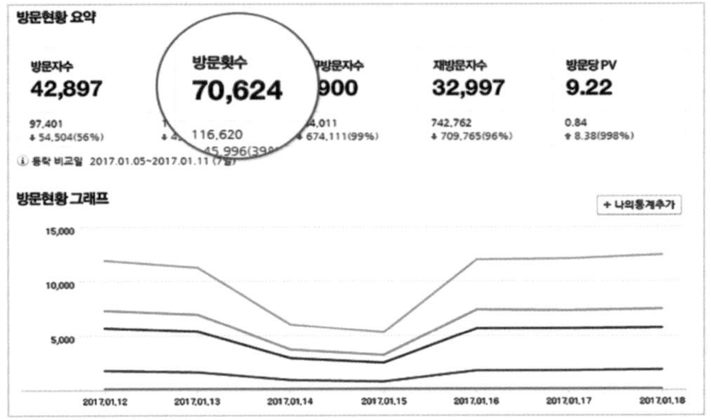

출처 : 네이버 애널리틱스 홈페이지

⑤ 인구통계 분석

사이트 방문자의 나이, 성별 등 인구통계학적 정보를 제공한다. 이를 통해 사이트 방문자와 비즈니스를 보다 잘 이해할 수 있고, 비즈니스에 중요한 이용자가 잘 유입되도록 마케팅 활동을 개선할 수 있다.

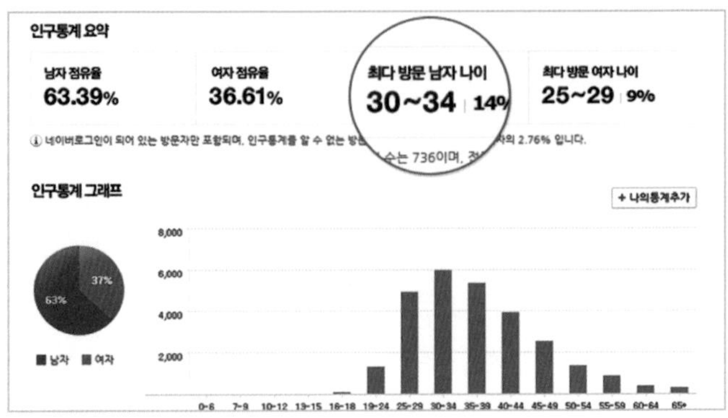

출처 : 네이버 애널리틱스 홈페이지

⑥ 권한부여

네이버 애널리틱스 보고서를 다른 사람과 공유할 수 있도록 권한부여 기능을 제공한다. 사이트 현황을 함께 분석하고, 개선점을 찾을 수 있다.

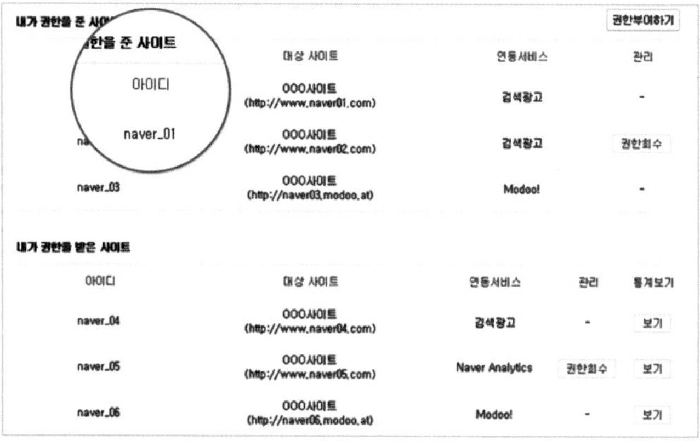

내가 권한을 준 사이트 권한부여하기

아이디	대상 사이트	연동서비스	관리
naver_01	OOO사이트 (http://www.naver01.com)	검색광고	-
na	OOO사이트 (http://www.naver02.com)	검색광고	권한회수
naver_03	OOO사이트 (http://naver03.modoo.at)	Modoo!	-

내가 권한을 받은 사이트

아이디	대상 사이트	연동서비스	관리	통계보기
naver_04	OOO사이트 (http://www.naver04.com)	검색광고	-	보기
naver_05	OOO사이트 (http://www.naver05.com)	Naver Analytics	권한회수	보기
naver_06	OOO사이트 (http://naver06.modoo.at)	Modoo!	-	보기

출처 : 네이버 애널리틱스 홈페이지

네이버 애널리틱스는 네이버에 최적화되어 있는 데다가 무료이며 초보자들도 쉽게 이용할 수 있다는 장점이 있다. 게다가 보통 네이버 광고에 대한 의존도가 엄청나게 큰데 네이버에 최적화되어 있으니 네이버 광고에 대한 디테일한 분석이 가능하다. 네이버에서 들어온 유입이라면 유입 경로나 유입 검색어 모두 정확하게 측정이 가능하다. 물론 구글 애널리틱스와 유료 로그 분석기에 비해서는 성능면에서 약간 떨어지고 네이버 이외의 유입에 대해서 분석하는 기능이 약하기는 하지만 위의 네이버 애널리틱스 기능 설명에서도 나와 있듯이 웬만한 기능들은 모두 갖추고 있다.

구글 애널리틱스(GA, Google Analytics)

구글 애널리틱스는 2005년 구글이 웹분석 전문 업체인 Urchin Software를 인수하여 만든 웹로그 분석 프로그램이다. 네이버 애널리틱스와 마찬가지로 무료임에도 불구하고 강력한 기능들을 제공하여 전 세계적으로 가장 널리 사용되는 로그 분석기이다.

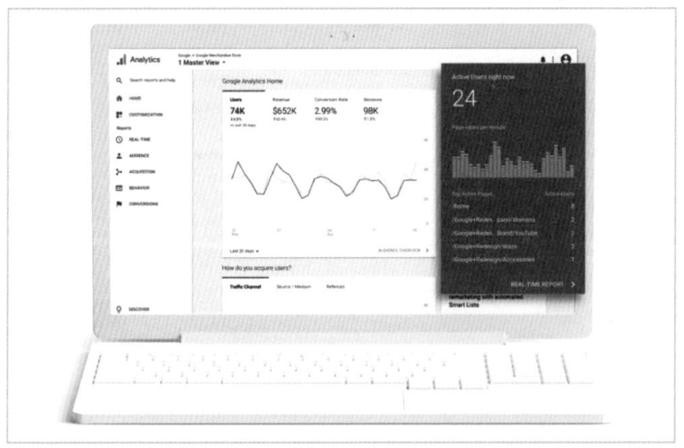

구글 애널리틱스 (marketingplatform.google.com)

구글 애널리틱스에서 제공하는 기능은 네이버 애널리틱스에서 제공하는 기능들은 물론 네이버의 유료 로그 분석기인 에이스카운터에서 제공하는 기능들에 비해서도 전혀 떨어지지 않는다.

구글 애널리틱스 장점으로는 월간 1,000만 조회수까지는 무료라는 점인데 일반적인 사업자는 이 정도만 해도 충분하다. 또한 사용자 인터페이스가 훌륭하며 다양한 목표 설정 기능, 향상된 전자상거래 기능, 이벤트 설정과 세그먼트 등의 기능은 국내 유료 솔루션도 제공하지 못하는 수준 높은 분석을 가능하게 해준다. 또한 구글 유입 및 구글 애드워즈, GDN 같은 구글 광고에 대해서는 더욱 디테일한 분석이 가능하다.

구글 애널리틱스의 가장 큰 단점은 초보자가 사용하기 어렵다는 점이다. 일단 네이버 애널리틱스와는 달리 외국에서 만들어진 로그 분석기이다 보니 한국인이 사용하기에는 상당히 어렵다. 궁금한 사항은 스스로 찾고 해결해야 하고 번역의 한계로 인해 구글 애널리틱스에서 사용되는 용어와 개념의 이해가 어렵다. 무료로 구글에서 제공하는 교육은 아래에 있으니 참고하기 바란다.

- **구글 애널리틱스 아카데미 (공식 동영상 강의)**
  https://analytics.google.com/analytics/academy/
- **구글 애널리틱스 고객센터**
  https://support.google.com/analytics#topic=354490

구글 애널리틱스 무료 아카데미 과정

구글에서 제공하는 무료 교육만으로는 한계가 있어서 유료로 구글 애널리틱스를 전문적으로 교육하는 강의도 시중에 많이 있다.

아이보스(www.i-boss.co.kr) 유료 구글 애널리틱스 실무 마스터 과정

유료 로그 분석기

유료 로그 분석기에는 네이버(NHN)에서 만든 에이스카운터 그리고 샵로그, 오픈로그 등이 있다. 유료 로그 분석기는 네이버 애널리틱스의 기본 기능들은 모두 제공하고 있으며 한국 쇼핑몰, 광고 시장에 특화된 더 디테일한 로그 분석 기능을 제공한다. 가령 유료 로그 분석기는 어느 유입 채널에서 어느 키워드로 어떤 광고를 통해 유입돼서 클릭이 얼마나 있었으며 어떤 활동들을 하고 나갔는지 등의 디테일한 분석 기능을 제공한다. 게다가 각종 SNS 유입에 대한 디테일한 정보도 제공하고 있으며 전환 페이지의 유입 출처 및 모바일앱 유입에 대한 분석 기능도 제공한다. 에이스카운터의 경우 네이버 광고, 유입에 대해서는 더욱 디테일한 분석이 가능하다.

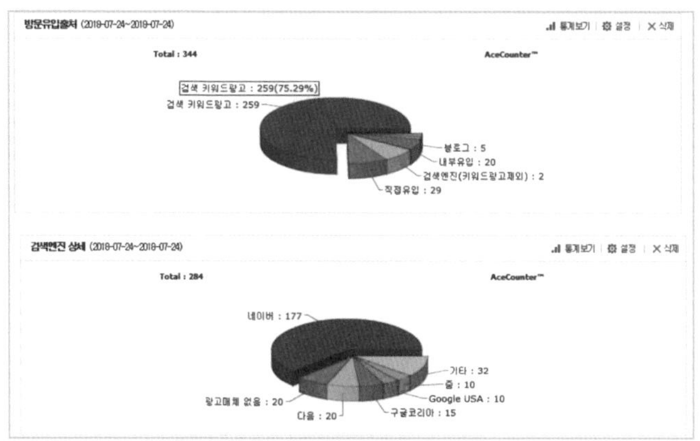

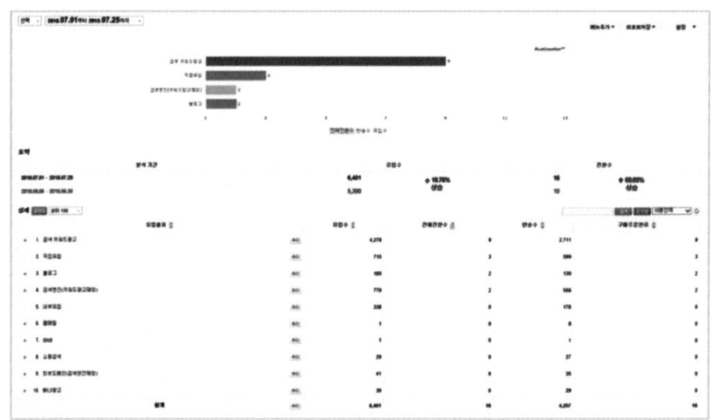

에이스 카운터 분석 사례 (출처 : 에드게이트 블로그)

로그 분석기 비용 (2019년 10월 현재)

① 에이스 카운터 (www.acecounter.com)

(단위: 원, 부가가치세별도)

서비스 버전 / 페이지뷰 (월)	요금				모바일웹	모바일앱
	스탠다드	프로페셔널	이비즈	이커머스		
50,000PV이하	10,000원	20,000원	30,000원	50,000원	30,000원	60,000원
50,001~ 100,000PV	20,000원	32,000원	45,000원	70,000원	45,000원	80,000원
100,000PV 초과	100,000페이지당 10,000원 증가	100,000페이지당 12,000원 증가	100,000페이지당 15,000원 증가	100,000페이지당 20,000원 증가	100,000페이지당 15,000원 증가	100,000페이지당 20,000원 증가
1,000,000PV 초과	별도 협의					
제공기능	서비스 버전에 따른 제공 기능을 비교해 보실 수 있습니다.					

출처: 에이스카운터 홈페이지

② 샵로그 (http://shoplog.co.kr/)

◎ 서비스 유형

VAT 포함

구분	A형	B형	C형	D형
월 비용	55,000원	88,000원	165,000원	330,000원
로그 분석 월 방문수	50,000명 이하	100,000명 이하	200,000명 이하	500,000명 이하
경쟁상품 수 모니터링 수	10개 이하	30개 이하	100개 이하	200개 이하
로그 분석	현재접속자 목록/ 상품별 통계/ 광고유형별통계/ 키워드별통계 유입분석(유입사이트별 통계/ 유입URL상세통계/ 일자별통계/ 시간대별통계/ IP별 통계)			
경쟁상품 모니터링	상품정보/ 광고노출정보/ 판매자정보/ 키워드광고정보			

◎ 서비스 유형

VAT 포함

구분	A형	B형	C형	D형
3개월	165,000원	264,000원	495,000원	990,000원
6개월	~~330,000~~ 10% OFF 297,000원	~~528,000~~ 10% OFF 475,000원	~~990,000~~ 10% OFF 891,000원	~~1,980,000~~ 10% OFF 1,782,000원
12개월	~~660,000~~ 20% OFF 528,000원	~~1,056,000~~ 20% OFF 844,800원	~~1,980,000~~ 20% OFF 1,584,000원	~~3,960,000~~ 20% OFF 3,168,000원

출처: 샵로그 홈페이지

③ 오픈로그 (www.openlog.co.kr)

서비스명	요금	최대 상품등록수	최대 페이비뷰/ 월
프로(pro)	11,000원	3,000	1,000,000
비즈니스(business)	33,000원	3,000	10,000,000

출처: 오픈로그 홈페이지

각 업체별로 교육 및 무료 체험 기간을 운영하고 있으니 사용법도 쉽게 익힐 수 있고 본인에게 적합한 로그 분석기도 찾을 수 있다.

간편결제 서비스

블로그, 인스타그램, 페이스북 등의 SNS에서 판매를 하면서 겪게 되는 문제 중의 하나가 바로 주문 처리 및 결제이다. 별도의 쇼핑몰이 아니다 보니 별도의 결제·주문 시스템을 장착할 수 없고 무통장입금만으로는 한계가 있다. 이럴 때 이용할 수 있는 시스템이 간편결제 서비스이다.

간편결제 서비스는 판매자와 구매자 모두 링크 주소 하나로 주문 결제를 빠르고 간편하고 편리하게 한다는 개념이다. 간편결제 서비스는 블로그, 카카오스토리 채널, 페이스북, 인스타그램, 카카오톡 등의 SNS에서 별도 쇼핑몰 없이 각종 주문서, 배송 관리 및 결제 시스템 이용을 가능하게 해준다. 2015년에 최초로 서비스를 시작한 블로그페이 및 SNS폼, 스룩페이, 09Form, 마이소호 등의 업체가 있다. 업체별로 서비스가 상이한데 단순히 간편결제 기능뿐만 아니라 주문 정보 관리, 별도 모바일 쇼핑몰 구축, 모바일앱 구축, 인스타그램 쇼핑 태그 연동 등 다양한 추가 서비스들을 제공한다.

간편결제 서비스를 이용하려면 기본적으로 보증보험에 가입해야 하며 보증보험 가입 액수에 따라 월 결제금액 승인 한도가 상이하다. 결제 수수료는 업체별로 상이한데 일반적으로 신용카드 3.3~3.4%, 휴대폰결제 5%, 계좌이체 2.3%인데 결제 건수 및 결제금액이 커지면 추가 네고가 가능하다. 그리고 결제 대금 정산 기간은 최대 D+5일 정도이다. 각 업체별로 홈페이지를 방문하여 서비스 및 비용들을 알아본 후 본인에 맞는 업체를 선택하면 된다.

(1) 블로그페이

2015년에 국내 최초로 간편결제 서비스를 시작한 원조 업체이며 현재 SNS 간편결제 시장에서 국내 브랜드 밸류 1등 업체이다. 블로그페이 안에 페이앱이라는 별도의 결제 시스템이 장착되어 있고 무료 SMS·알림톡, 별도 모바일 쇼핑몰·모바일앱 제공 등의 추가 서비스를 제공한다. 블로그페이는 사업자등록을 한 개인·법인 사업자뿐만 아니라 사업자등록을 하지 않은 개인도 이용이 가능하다는 장점이 있다. 단, 개인의 경우는 사업자보다 수수료가 높은데 신용카드 결제는 사업자 3.4%, 개인 4.0% 그리고 휴대폰 소액결제는 사업자 5.0%, 개인 5.7%이다.

신용카드(간편)	신용카드	PAYCO 페이코
휴대전화	Toss 토스	계좌이체
가상계좌	무통장입금	대리결제

블로그페이 결제 종류

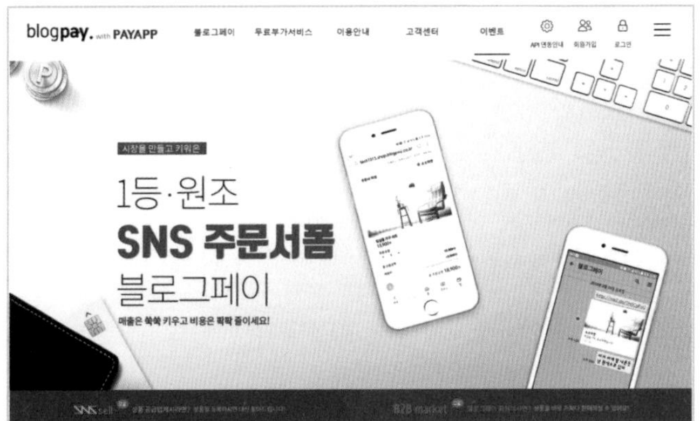

블로그페이 홈페이지 : http://blogpay.co.kr

(2) SNS폼

SNS폼은 통합솔루션으로 유명한 사방넷의 계열사인데 강력한 판매관리 서비스 제공, 실시간 SMS 문자서비스, 실시간 배송조회 기능 등을 제공한다. 통합솔루션인 사방넷과 연동해서 사용할 수도 있으며 인스타그램 쇼핑 태그 자동연동도 가능하다. 또한 보통 타 업체들의 신용카드 수수료가 3.4%인데 SNS폼은 3.3%로 0.1% 낮은데 결제수수료에서 0.1%는 상당히 큰 장점이다.

◎ SNS폼 가입 필요 서류

구분	개인사업자	법인사업자
필수 (스캔파일 업로드)	개인사업자등록증 사본 대표자명의 통장 사본 대표자 신분증 사본 대표자 개인인감증명서 사본	법인사업자등록증 사본 사업자 또는 대표자 명의 통장 사본 대표자 신분증 사본 법인인감증명서 사본

SNS폼 홈페이지 : www.snsform.co.kr

(3) 스룩페이

스룩페이는 전자결제 PG 업체로 유명한 KG이니시스가 콘텐츠 공유 플랫폼인 스룩과 손잡고 만든 간편결제 서비스이다. 스룩페이를 가입하고 KG이니시스를 가입하게 되면 신용카드 추가 우대 수수료 혜택도 가능하다. 스룩페이는 30초 초고속 상품 등록, 무통장 자동 입금 확인, 카카오 알림톡, 인스타그램 연동 서비스 등을 추가 제공한다.

스룩페이 홈페이지 : http://srookpay.com

앞에서 소개한 3개 업체 이외에 09Form, 마이소호 등의 업체가 있는데 각 업체들별로 서비스 및 기능, 거래 조건 등이 상이하니 비교하여 결정하면 된다.

블로그페이 :
국내 원조 SNS 간편결제 서비스

블로그페이의 다양한 서비스 및 기능

✓ 탄생 배경

기존의 전자 상거래는 주로 PC를 통해 이루어졌으나, 스마트폰의 활성화와 SNS의 적극적인 이용이 시작되면서 기존의 셀러들 또한 SNS 채널을 판매 수단으로 활용하는 등 쇼핑환경이 2세대 쇼핑몰 솔루션에서 3세대 SNS 판매로 시장 환경이 변화하게 되었다. 이에 따라 SNS에서의 판매를 위해 보다 간편한 판매루트가 필요하게 되었고 쇼핑몰보다 손쉽게 판매를 진행할 수 있도록 주문서 링크만으로 판매가 이뤄지는 서비스를 개발하게 되었다. 거기에 SNS 판매의 단점인 주문관리의 어려움을 보완해 판매자가 주문 리스트 및 배송과 관련된 내용을 손쉽게 관리할 수 있는 관리자 모드를 제공하고 있으며, 무통장뿐만 아니라 카드, 휴대폰, 가상계좌 등 다양한 결제수단을 지원하고 있다.

또한 소수의 상품을 판매하던 판매자의 사업이 활성화되어 더 많은 상품을 판매하게 되고, 이에 본인만의 쇼핑몰이 필요하게 되는 상황이 되어 무료 쇼핑몰 제공 및 업계 최초 쇼핑몰 빌더를 론칭해 판매자에게 제공하게 되었다.

앞으로 더욱 발전할 SNS 시장에 맞춰 SNS 사용자의 편의를 고려한 다양한 채널에 한 번에 포스팅할 수 있는 '이지포스팅', 상품 공급처를 찾는 판매자와 판매자를 찾는 공급업체의 연결고리 역할을 할 B2B 마켓과 SNS SELL 서비스를 제공하는 등 지속적으로 고도화가 진행될 예정이다.

✓ 블로그페이 강점

- 별도의 신청 절차 및 대기시간 없이 가입 후 바로 상품 등록 및 판매가 가능

– 쇼핑몰 없이도 주문서 링크로 주문 및 결제 가능
– 주문서·쇼핑몰 링크를 걸 수만 있으면 그 어떤 채널에서도 판매가 가능
–대응할 수 있는 거의 모든 결제수단 지원으로 구매자의 이탈 방지
(신용카드, 휴대전화, 계좌이체, 가상계좌, 무통장입금, 토스, 페이코, 대리 결제)
– 무료 쇼핑몰 제공 및 업계 최초 쇼핑몰 빌더 구현
– 쇼핑몰에 적용 가능한 각종 배너와 팝업 이미지 제공
– 판매와 관련된 다양한 부가서비스 및 편의기능 무료 제공
(부가서비스 6종·편의기능 9종, 추후 지속적으로 업데이트 예정)
– 상점만의 모바일 앱 무료 제작

→ 회원가입과 동시에 판매에 필요한 모든 서비스 지원으로 사용자의 피로도 감소

판매자 혜택

– 업데이트 및 기능 수정 요청 시 내부 논의 후 필요성 판단 후 바로 개발·적용 (빠른 피드백으로 사용자의 만족도 상승)
– 초보 사용자를 위한 블로그페이 기초설명회 진행
– 매월 정기 업데이트로 꾸준한 서비스 고도화 도모

결제 대금 선정산 서비스

소셜커머스에서 판매하는 업체들은 결제 대금 정산 문제로 머리가 아플 것이다. 소셜커머스의 경우 최종적으로 결제 대금을 모두 받는데 거의 60~70일 정도로 온라인 유통 채널 중 정산주기가 가장 길다. 소셜커머스에서의 매출이 늘어나면 늘어날수록 긴 정산 주기로 인해 묶이는 자금은 더욱 커진다.

소셜커머스에서 판매하는 판매자들을 대상으로 일정 수수료를 받고 소셜커머스의 결제 대금을 선정산 해주는 서비스들이 있는데 이런 서비스를 이용하면 자금 유동성을 확보할 수 있다.

프리페이·얼리페이

P2P금융회사인 피플펀드가 운영하는데 프리페이는 티켓몬스터 선정산, 얼리페이는 위메프 선정산을 지원한다. 프리페이는 하루 수수료 0.04%, 최대 2억 원, 각 딜별 배송 완료 대금에서 80~85%만큼 이용이 가능하며 서비스 신청 후 2~3 영업일 내에 신청금액을 받을 수 있다.

얼리페이는 하루 수수료 0.04%, 정산액 기준 최대 90%까지 받을 수 있으며 신청 후 최대 1~2 영업일 이내에 신청금액을 받을 수 있다.

프리페이 홈페이지 : https://theprepay.co.kr
얼리페이 홈페이지 : www.earlypay.co.kr

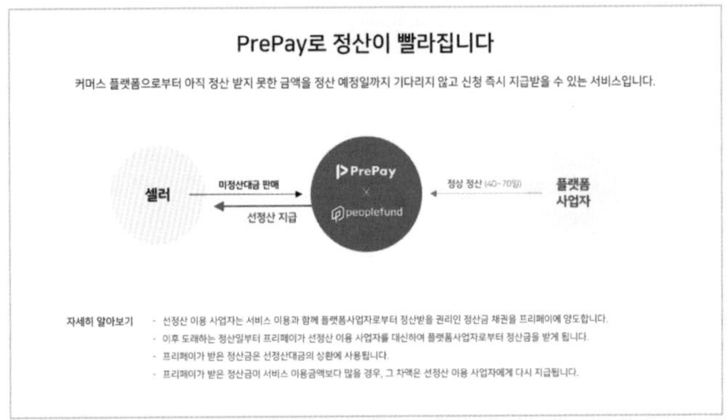

프리페이 선정산 시스템

미리페이

P2P금융회사인 누리펀딩이 운영하는 선정산 서비스이다. 미리페이는 오픈마켓(G마켓, 옥션, 11번가)과 소셜커머스(쿠팡, 위메프, 티켓몬스터) 모두에 선정산 서비스를 제공한다. 미리페이는 대출이 아닌 채권 양수도 개념이며 하루 수수료는 0.045%, 배송 완료 후 7일 이하의 금액을 제외한 미정산 대금의 100%까지 이용 가능하다.

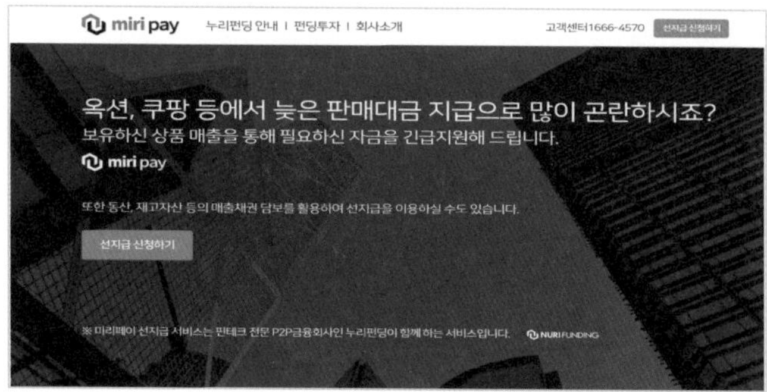

미리페이 홈페이지 www.nurifunding.co.kr/nuripay/#none

비타페이

비타페이는 G마켓, 옥션, 11번가 등의 오픈마켓 대상 정산 서비스이다. 일반적인 오픈마켓의 정산기간은 고객이 구매확정을 하지 않는 경우 10일 이상 걸리게 되는데 이것을 선정산해주는 서비스이다. 수수료는 일일 적용이 아니고 일괄 0.56%이며 신청 후 익일 정산된다. 비타페이 서비스를 이용하려면 오픈마켓 3개월 이상 판매 경력, 반품률 10% 이하, 국세 체납 및 신용상에 문제가 없어야 한다.

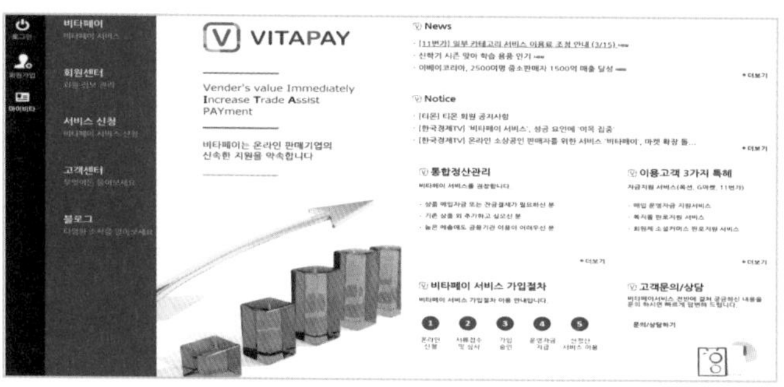

비타페이 : www.vitapay.co.kr

이 외에 위메프 선정산을 해주는 채권 양수도 개념의 어니스트 펀드(하루 수수료 0.04%)와 KB국민은행이 위메프 선정산을 위해 만든 KB 셀러론 대출이 있다. KB 셀러론의 경우는 대출상품이기 때문에 신용도에 영향을 줄 수 있다는 점을 명심해야 한다.

어니스트 펀드 신청 : www.honestnow.co.kr
KB 셀러론 신청 : https://obiz.kbstar.com/quics?page=C059032

프리페이·얼리페이 :
국내 No 1. 소셜커머스 선정산 서비스

프리페이
(https://theprepay.co.kr)

얼리페이
(https://earlypay.co.kr)

소셜커머스 플랫폼들의 긴 정산 주기로 인해 온라인 소상공인들은 자금 유동성 문제를 겪고 있다. 프리페이와 얼리페이는 이러한 문제를 해결하는 선정산 서비스이다. 현재 프리페이와 얼리페이는 각각 티몬과 위메프 판매자들에 특화된 서비스를 제공하고 있다.

서비스 신청과 사용은 매우 간단하다. 온라인을 통해 비대면으로 간편하게 신청할 수 있으며, 각 사업자는 본인 소유 매출 채권의 최대 90%까지(2억 원 한도) 현금으로 유동화할 수 있다. 특히, 매출채권 양도 통지 후 24시간 내 현금화가 가능하다는 점 때문에 서비스를 이용하는 사업자들이 계속 늘어나고 있다.
또 다른 특장점은 프리페이, 얼리페이에서 제공하는 선정산 서비스가 대출이 아니라는 점이다. 해당 서비스는 매출 채권의 양수도를 통한 선정산 서비스이기 때문에, 대출과 달리 판매자의 신용도에 영향을 미치지 않으며 현금 지급속도 역시 빠르다.
서비스 비용 역시 경제적인 편이다. 일 수수료 0.04%(2019년 2월 기준)이며 사용한 기간만큼만 수수료를 지불하면 된다. 전체 선정산 금액의 일정 부분을 수수료로 일괄 취득해 가는 타 선정산 서비스와 비교하면 비용 측면의 장점이 더 돋보인다.

위와 같은 특장점으로 인해 프리페이, 얼리페이의 선정산 서비스는 온라인 판매자들 사이에서 빠르게 인기를 끌며 서비스 출시 1년을 앞두고 이미 300명 이상의 온라인 판매자들에게 300억 원 이상의 선정산 서비스를 제공했다.

최첨단 3PL 온라인 택배·물류·소분 지원업체 : ㈜유앤아이로직스

전 세계에서 식품 등을 수입하여 이마트, 롯데마트, 홈플러스 등 국내 대형 유통업체와 트레이더스, 홈플러스 스페셜 매장, 코스트코 등의 맴버쉽 홀세일 클럽(MWC) 및 40여 개 유통업체를 거래하는 (주)유앤아이엔젤스는 상품 원가 절감, 물류 비용 절감 및 업무 효율화를 위하여 기존 물류 회사와 차별화되는 서비스를 제공하는 전문 3PL 물류 회사인 (주)유앤아이로직스를 설립하였다.

(주)유앤아이로직스는 물류의 중심지인 충북 진천에 10,000제곱평방미터 규모의 물류센터를 기반으로 상품 보관, 상품 소분 및 재포장, 이커머스 업체를 위한 온라인 3PL을 포함한 통합적인 물류 서비스를 제공하고 있으며, 전문 수입업체와 유통업체 양사의 큰 호응을 받고 있다.

특히 소규모 수입업체의 경우 상품의 보관과 소분, 온라인 택배를 함께 진행할 수 있는 기존의 물류 업체를 확보하기 힘들어 상품 이동에 따른 물류 비용이 과중하였으나, (주)유앤아이로직스의 전문적인 서비스를 통하여 내부 물류 비용을 대폭적으로 절감할 뿐 아니라, 전문 재고 관리 프로그램(WMS)을 통한 실시간 재고 현황 파악의 이점을 활용하고 있다. (주)유앤아이로직스는 확대되고 있는 이커머스 시장을 진입하기 위한 많은 회사의 어려움을 해결하기 위하여 진천 물류센터 내에서 온라인 택배 발송 업무도 함께 진행하고 있다.

또한 (주)유앤아이로직스는 서비스를 이용하는 화주사에 한하여 (주)유앤아이로직스가 거래하는 40여 개 유통업체에 경쟁력 있는 상품을 제안하는 서비스를 하고 있어 판매처가 한정적인 제조업체와 수입업체의 매출 확보에 큰 도움을 주고 있다.

- 주소 : 충청북도 진천군 이월면 월촌1길 146
- 전화번호 : 043-753-7222, E-mail : dlee@unilogics.co.kr

[(주)유앤아이로직스 물류센터 전경]

[내부 랙]

[(주)유앤아이로직스 서비스 내역]

03

온라인 유통 마케팅을 통한 손쉬운 해외 수출 & 해외 판매

'수출', '해외 판매' 하면 어떻게 들리는가? 수출을 해본 경험이 없는 업체라면 막막할 것이다. 실제로 수출은 쉬운 일이 아니다. 무역을 모른다면 해외 바이어 찾는 것부터 수출에 필요한 각종 서류 준비, 운송, 관세, 계약 등등 전문성이 필요한 것은 사실이다. 하지만 온라인 유통이 활성화되면서 '수출', '해외 판매'도 이전보다는 훨씬 수월해졌다. 한국에 있으면서 아마존에서 팔고, 알리바바에서 팔고, 라자다에서 팔 수 있다. 예전에는 해외 바이어를 오프라인으로 찾아서 수출을 시도했지만 이제는 B2C, B2B로 바로 해외 바이어, 해외 고객들에게 팔 수 있는 해외 온라인 판매 시장이 활성화되어 있다.

특히 제조업체이거나 나만의 상품을 가진 사람은 그만큼 경쟁력이 있기 때문에 해외에서 판매하기가 쉽다. 이 책에서는 온라인으로 손쉽게 해외에 팔 수 있는 유통 채널 및 해외 수출 & 판매 지원 서비스들에 대해 알아보도록 하겠다.

해외 메이저 온라인 마켓 판매

먼저 해외 메이저 온라인 마켓에 입점해서 판매를 하는 방법이 있다. 국가별 주요 메이저 온라인 마켓들은 다음과 같다.

국가	온라인 마켓	사이트 주소
미국	이베이	www.ebay.com
	아마존	www.amazon.com
중국	알리바바	www.alibaba.com
	타오바오	world.taobao.com
	티몰	www.tmall.com
일본	라쿠텐	www.rakuten.co.jp
	큐텐 일본	www.qoo10.jp
동남아	라자다 (베트남/인도네시아/싱가폴/말레이시아/태국/필리핀)	www.lazada.com
	큐텐 싱가폴	www.qoo10.sg
	쇼피 (싱가폴/베트남/필리핀/대만/태국/말레이시아)	www.shopee.kr

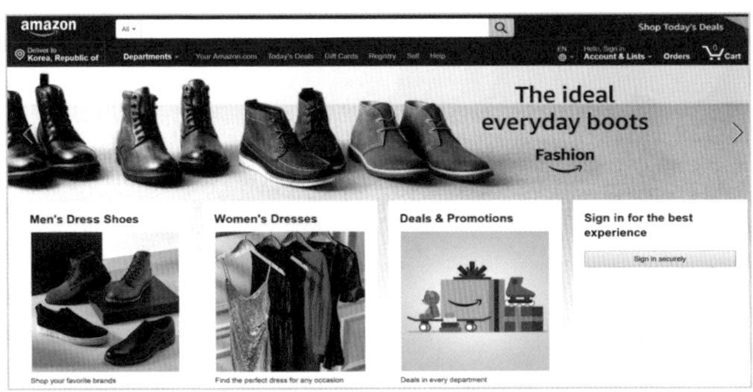

미국 1등 쇼핑몰 아마존

해당 마켓들에서 실제로 판매를 하고 있는 많은 한국인들이 있다. 이들은 주로 일반 개인 셀러들이다. 국내의 글로벌셀러 교육기관에서 교육을 받고 해당 마켓들에서 판매를 하고 있다. 네이버에서 '글로벌셀러'라고 검색하면 많은 교육기관들을 찾을 수 있다. 이런 교육 기관들에서는 세금, 통합솔루션, 마케팅 등 다양한 지원을 하고 있다. 내가 교육을 받고 직접 판매할 수도 있고 아마존·타오바오·라쿠텐 같은 경우는 판매 대행 업체들에게 일정 수수료를 주고 판매를 할 수도 있다. 네이버에서 '아마존 판매', '타오바오 판매', '라쿠텐 판매'라고 검색을 하면 각 온라인 마켓의 판매 대행을 해주는 한국 업체를 찾을 수 있다. 직접 판매하기 어려운 업체들은 판매 대행 업체를 이용하는 것도 하나의 방법이 될 것이다. 또한 무역 수출입 실무 관련해서 자세히 알려주는 많은 교육기관들이 존재하니 이들을 활용하면 해외 수출, 수입이 그리 어렵게 느껴지지는 않을 것이다.

라쿠텐이나 티몰 같은 경우는 일본, 중국에 사업자등록이 되어 있는 경우에만 판매가 가능하기 때문에 제약 사항이 있고 알리바바는 천만 원 정도의 입점비가 필요하다. 아마존 같은 경우는 FBA(Fullfill By Amazone)와 FBM(Fullfill By Merchant) 판매 방식이 있는데 셀러가 직접 상품을 포장하고 배송하는 FBM 방식으로는 판매에 한계가 있고 아마존 물류센터에 상품을 입고하고 판매하는 FBA 방식일 때 일정 수준 이상의 매출을 기대해 볼 수 있다. 이베이, 큐텐이 직접 입점하기도 쉽고 판매하기도 쉬운 시장이며 타오바오 같은 경우는 중국어를 하지 못할 때 판매에 제약이 있다. 라자다도 한국 셀러들이 판매를 많이 해왔으나 한국의 무재고 셀러들이 대량등록해서 이슈가 된 이후로는 무재고 대량등록 판매는 제한하고 있다.

샵링커G : www.shoplinker.co.kr/shoppingMall/gsl/introGsl

쇼핑몰 통합 관리 솔루션 업체인 샵링커에서는 해외 판매를 위한 통합 관리 솔루션인 샵링커G를 개발하여 서비스하고 있다. 샵링커G는 아마존·이베이·라쿠텐·라자다·Q10 쇼핑몰에 대해 통합 관리 솔루션을 지원하고 있다.

글로벌셀러창업연구소(http://cafe.globalseller.kr/) : 국내 최대 크로스보더 이커머스 커뮤니티

글로벌셀러창업연구소는 해외상품을 한국에 팔거나 반대로 한국 상품을 전 세계 온라인에 판매 하는 글로벌셀러 관련 국내 1위 커뮤니티다. 본 카페를 운영하는 글로벌셀러창업연구소(주) 안영신 소장은 2009년 즈음에 1인 글로벌셀러로 판매 활동을 하면서 겪었던 시행착오와 고생을 했던 경험을 바탕으로 이제 막 시작하려는 예비 글로벌셀러들에게 멘토 역할을 하면서 그들에게 필요한 교육, 솔루션, 플랫폼, 물류, 아이템 서비스 등을 제공하면서 카페 회원들과 함께 성장하는 비지니스 모델을 지속적으로 발굴하고 있다.
기존 글로벌셀러 관련 타 카페들은 단순 교육 등을 통해서 수익을 내지만 글로벌셀러창업연구소는 끊임없이 셀러들이 고충을 해결하기 위해서 많은 노력을 하고 있다.

지금까지 카페 회원들과 함께 성장하기 위해서 만든 서비스가

http://ntos.co.kr/ 해외구매대행 사업자들을 위한 대량등록 솔루션
http://www.unit808.com/ 국내 최대 해외 직구 중계 플랫폼
https://gliver.kr/ 전 세계 배대지를 하나로 모은 글리버
https://kr.selluseller.com/ 해외 판매자를 위한 솔루션
https://www.capssion.com/ 동남아 인플루언서 플랫폼
https://www.globalselleredu.kr/ 글로벌셀러 온오프라인 강의 플랫폼

외 그동안 회원들과 함께 만들어 간 서비스가 아주 많다.

최근에는 http://unit-coin.io/ 글로벌셀러와 고객들이 현금 대신 쓸 수 있는 유닛코인을 론칭해서 보다 많은 분들에게 혜택을 주고 있다.
이처럼 글로벌셀러창업연구소 카페 회원들이 앞으로 국내에 해외에 판매할 때 여려운 부분들을 적극적으로 찾아서 해결해줌으로써 고용 창출 및 경제 활동

에 큰 이바지를 할 수 있도록 카페를 더욱 활성화시킬 예정이다.

글로벌셀러창업연구소 홈페이지 : https://cafe.naver.com/fmsmania0

국내 오픈마켓의 해외 판매 서비스 이용

G마켓, 11번가에서는 국내 오픈마켓이지만 해외 판매도 지원하고 있다. G마켓의 경우는 해외 판매를 지원하는 G마켓 영문샵과 G마켓 중문샵을 운영하고 있다.

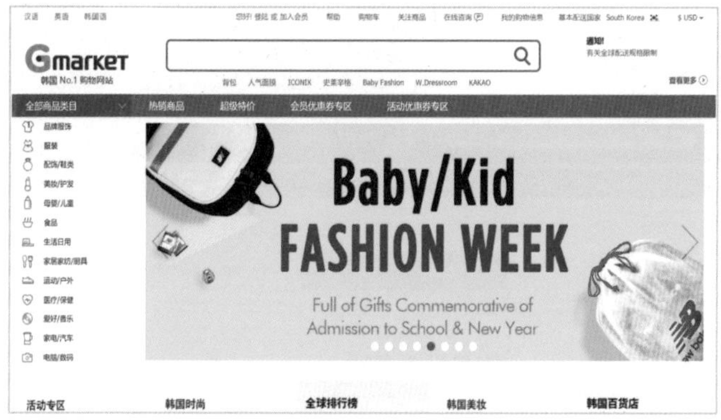

G마켓 중문샵 · 영문샵 : http://global.gmarket.co.kr

G마켓 중문샵·영문샵 입점 및 판매방법이 궁금하면 이베이에듀(www.ebayedu.com)에서 제공하는 무료 동영상 강의를 시청하면 된다.

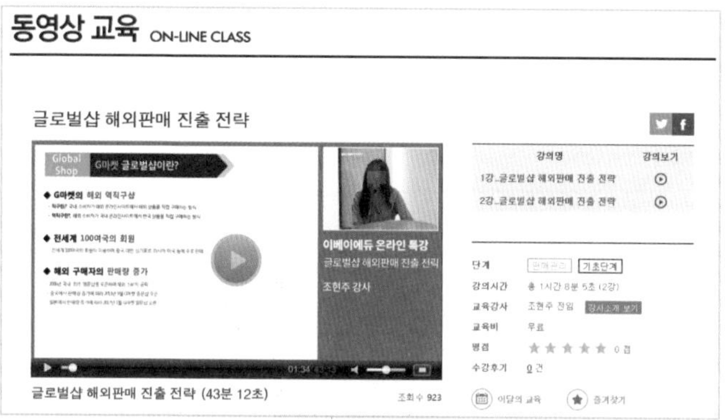

이베이에듀 글로벌샵 해외 판매 진출 전략 : https://www.ebayedu.com/eduinfo/online/view?q.categoryCode=&q.order=&id=4532

11번가도 G마켓과 마찬가지로 영문샵과 중문샵을 운영하며 해외 판매를 지원하고 있다. 11번가 해외 판매에 대해서 궁금하면 11번가 셀러존(http://seller.11st.co.kr)에서 제공하는 무료 동영상 강의를 시청하면 도움이 된다.

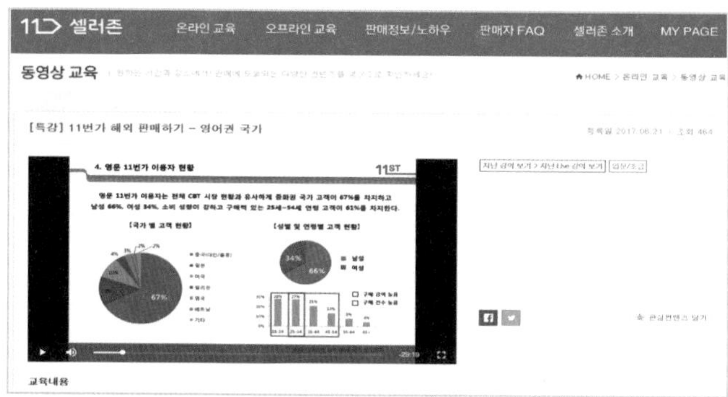

11번가 해외 판매하기(영어권 국가) : http://seller.11st.co.kr/tpost/FrontTPostAction.tmall?method=getTPostBoard&unityBrdNo=12&brdInfoNo=88442383&pageGubun=edu

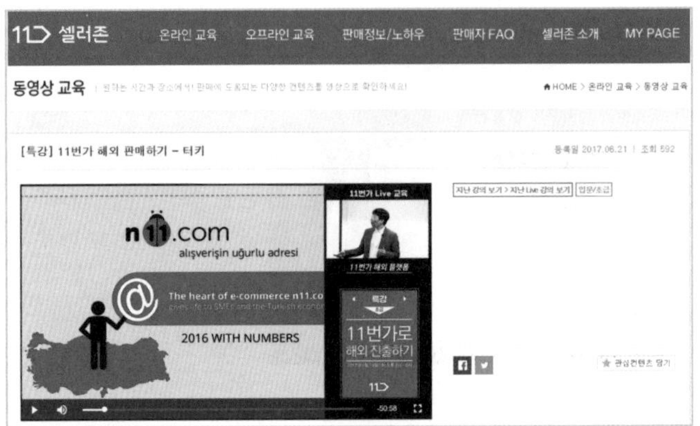

11번가 해외 판매하기(터키) :
http://seller.11st.co.kr/tpost/FrontTPostAction.tmall?method=getTPostBoard&unityBrdNo=12&brdInfoNo=88442989&pageGubun=edu

한국 11번가 사이트의 해외 판매 지원뿐만 아니라 11번가는 터키에서 오픈마켓 사이트를 운영 중인데 현재 터키에서 1등 오픈마켓이다. 터키 11번가는 한국 판매 대행업체도 제휴 운영 중이니 터키 11번가에 상품을 판매하고 싶은 업체는 판매 대행업체를 이용하면 된다. 아무래도 외국인이 주인인 글로벌 오픈마켓보다는 한국 사람과 커뮤니케이션할 수 있는 글로벌 G마켓·11번가가 한국인인 우리들한테는 더욱 유리할 것이다.

에듀트레이드허브(Edutradehub) : 실전 무역실무 교육기관 Tip

에듀트레이드허브는 무역실무자에게 무역과 물류에 대한 실무적인 정보를 강의와 칼럼 등의 형태로 제작하여 실무자들이 업무에 활용할 수 있도록 하고 있는데 제작하는 강의 등의 콘텐츠는 실제로 실무에서 발생되는 사례를 기초로 제작되었다.

무역 현장에서 발생되는 사례를 중심으로 콘텐츠를 제작할 수 있는 이유는 에듀트레이드허브 대표(최주호)가 현장에서 통관 및 물류 서비스 업무를 진행하고 있기 때문이다. 아울러 에듀트레이드허브는 '무역실무카페(https://cafe.naver.com/infotrade)'에서 무역실무자와 지속적인 소통을 통해서 그들이 무엇을 궁금해하고 무엇을 원하는지를 파악하고 있으며, 그 내용을 강의 등의 콘텐츠에 적용하고 있다. 그 결과 에듀트레이드허브에서 제공하는 콘텐츠는 실무자들에게 지난 10년 동안 호평을 받아오고 있다. 수출 · 수입 관련 무역 실무에 대한 다양한 교육을 에듀트레이드허브에서 받을 수 있기 때문에 초보자라도 손쉽게 무역에 뛰어들 수 있을 것이다.

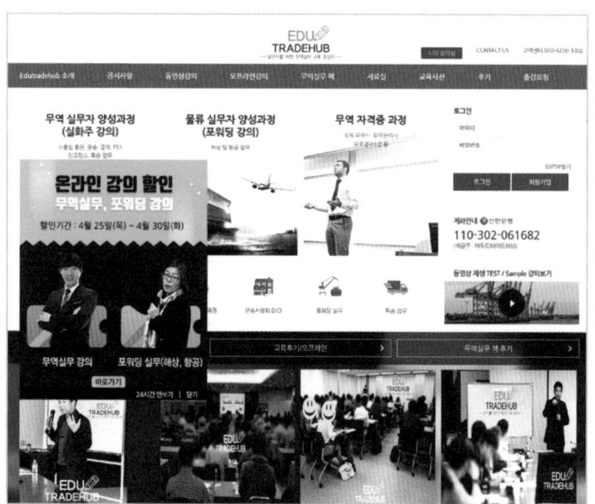

에듀트레이드허브 홈페이지 : www.edutradehub.co.kr

국내 수출지원 사이트 활용 해외 판매

앞에서 언급한 내용들은 국내, 해외 쇼핑몰들을 활용한 주로 B2C 해외 판매에 관한 내용들이다. 국내에도 B2B, B2C를 지원하는 다양한 수출지원 사이트들이 있는데 이런 전문 기관들을 이용해 해외 판매를 할 수도 있다. 해외 쇼핑몰에 직접 판매하기도 그렇고 해외 판매 대행업체를 쓰기도 망설여지는 업체는 이런 국내 수출지원 사이트들을 활용하면 편하고 빠르게 해외 판매를 시작할 수 있다.

바이코리아(BUYKOREA)

바이코리아 홈페이지 : www.buykorea.org

바이코리아는 전 세계 85개국, 10개 지역, 127개 무역관을 보유한 KOTRA(대한무역투자진흥공사)가 우리나라 제조·공급업체를 전 세계 바이어와 연결해주기 위해 운영하는 글로벌 B2B e-마켓플레이스이다. 한국 상품의 해외 홍보, 해외 구매정보 중개는 물론이고 국내 B2B e-마켓플레이스 최초로 온라인 거래대금 결제, EMS 국제 배송 할인 서비스를 도입하는 등 우리나라 중소기업의 수출을 위한 원스탑 온라인 수출마케팅 솔루션을 제공하고 있다.

바이코리아에 상품을 등록하면 검색엔진 최적화(SEO)를 통해 구글, 야후 등 해외에서 주로 이용하는 유명 검색엔진에 보다 잘 노출되어 해외 바이어로부터 인콰이어리를 수신할 수 있다. 바이코리아는 해외 바이어가 직접 등록한 구매 오퍼 이외에도 KOTRA 해외무역관에서 발굴한 구매 오퍼를 함께 제공하는데 구매 오퍼를 등록한 잠재바이어에게 인콰이어리를 송부하는 등 직접 연락을 취하면서 수출 기회를 창출할 수 있다. 또한 바이코리아는 한국 기업이 온라인으로 수출거래대금을 결제 받을 수 있도록 온라인 신용카드 결제솔루션(KOPS)을 제공하고 있는데 바이코리아 협력회사인 (주)올앳과 신용카드 결제가맹점 계약을 통해 쉽고 편리하게 수출 대금을 지급받을 수 있다. 이외에도 바이코리아를 이용하면 EMS 국제배송 할인혜택도 받을 수 있는데 바이코리아 KOPS 서비스 이용 회원이라면 최대 17%까지 할인된 금액으로 바이코리아에서 직접 EMS 배송 신청이 가능하며 실시간으로 배송 현황도 확인할 수 있다.

◎ 바이코리아 수출 거래 프로세스

출처: 바이코리아 홈페이지

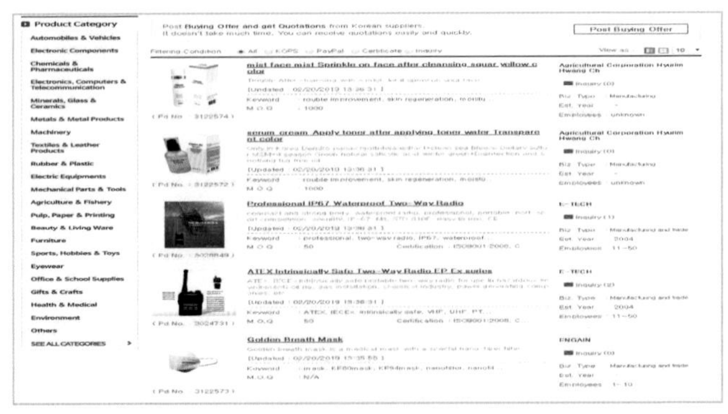

바이코리아 등록 한국 상품 (출처 : 바이코리아 홈페이지)

바이코리아 입점

아래 코트라 홈페이지에 들어가서 회원가입하면 바이코리아에 입점할 수 있다.

http://www.kotra.or.kr/kh/member/KHMMMJ010M.html?&MENU_CD=F0150&TOP_MENU_CD=F0145&LEFT_MENU_CD=F0150&PARENT_MENU_CD=F0150

출처 : 코트라 홈페이지

Kmall24

Kmall24 홈페이지 : www.kmall24.co.kr

Kmall24는 한국무역협회(www.kita.net)에서 운영하는 해외 판매 전용 온라인 쇼핑몰이다. 현재 Kmall24가 자체적으로 운영하는 영문, 중문 쇼핑몰 및 아마존, 이베이 등 글로벌 쇼핑몰을 통해 전 세계 판매 중이며 국내 기업의 온라인 수출 확대를 지원하고 우수한 한국 상품을 해외에 알리고 있다. Kmall24는 한국을 사랑하는 해외 팬들을 위한 한류 온라인 쇼핑몰인데 글로벌 결제서비스(신용카드·페이팔·알리페이)를 탑재하고 실시간 고객 상담(C/S) 서비스 및 해외배송 대행까지 지원하고 있다. 또한 바이어의 대량 주문 문의 유입 시 B2B 매칭서비스를 통해 수출을 지원하고 있다.

대한민국에 소재한 업체라면 누구나 Kmall24 및 기타 서비스를 무료로 이용 가능하며 무역협회 B2B 매칭 서비스(www.tradekorea.com)와 연계하여 B2C를 통한 B2B 수출을 지원한다. Kmall24 입점

업체 중 무역협회 회원사는 아마존, 티몰, 아마존 재팬 등의 해외 오픈마켓에서도 상품을 판매할 수 있도록 지원하고 있다. 그리고 IBK 기업은행과 공동으로 정산 서비스를 진행하여 결제된 통화(USD, JPY 등) 그대로 정산받을 수 있다.

◎ Kmall24 입점 프로세스

STEP 1. KMALL24 입점 자격 확인

- 입점 대상: 본사 소재지가 대한민국인 제조·유통기업·개인, 간이사업자 불가(일반 과세자 가능)
- 판매가능 상품

  패션, 뷰티, 유아, 생활용품, 문화상품 등 국내브랜드 소비재

  항공 운송을 통한 해외 직배송이 가능한 상품이어야 함(무게 20kg 이하, 실온보관)

  수입브랜드 판매불가, 일부 식품의 경우 운송 및 통관 상의 이유로 판매불가

STEP 2. 해외 B2C정보포털(KMALL24.co.kr) 가입 및 서류준비

- Kmall24.co.kr에 가입하여 운영 이해하기
- 필요서류 및 해외 수출에 필요한 재반 사항(통관고유부호, 신고인부호) 준비하기

1. KMALL24 판매약정서 다운로드(하단의 서명 필수)
   별첨: 공급자 운영정책서 다운로드
2. 국내 사업자 등록증
3. IBK 기업은행 정산서비스 약정 확인서
4. 통신판매업 신고증

*통관고유번호, 신고인부호 발급: 관세청 유니패스 바로가기(문의 1544-1285)

STEP 3. 기업은행 정산서비스(페이고스) 약정 체결하기

- 인근 기업은행 방문하여 외화통장 개설 및 페이고스 1.0 약정 체결하기

STEP 4. KMALL24 관리자 계정(KVS) 발급 신청하기

- 상기 서류 준비가 끝난 업체의 경우 kmall24 관리자 계정발급 가능

출처: Kmall24 홈페이지

전화 문의: 02-6000-5614 (10:00~12:00, 14:00~18:00)
이메일 문의: kmall24@kita.net

◎ Kmall24 운영 프로세스

STEP 1. 서류준비

IBK기업은행 내방 후 정산서비스 약정체결
관세청 통관고유부호, 신고인부호 획득
Kmall24 판매약정서 날인

STEP 2. KVS(KMALL24 VENDOR SYSTEM) 계정 신청

준비서류 구비 후 Kmall24 입점신청

STEP 3. 입점사 교육

월 1회 판매자 교육 실시

STEP 4. 상품등록

KVS 로그인 후 상품등록

STEP 5. 해외오픈마켓 등록

아마존, 티몰 등 오픈마켓 연계 상품등록지원

STEP 6. 상품 주문

해외 소비자 상품 구매

STEP 7. 국내 배송

국내 지정물류창고로 배송

STEP 8. 재포장해외배송

국내 창고 집하해외배송

STEP 9. 구매자 수취

구매자 수취후 7일간 반품 가능

STEP 10. 정산

IBK기업은행을 통한 공급가 기준 외화 정산(정산은 월2회로 매월 5일, 20일이며 5일, 20일이 휴일인 경우 직전 영업일 정산)

출처: Kmall 24 홈페이지

Kmall24는 한국에서 무역에 대해 가장 전문적인 공인기관인 무역협회에서 운영하는 수출지원 서비스이기 때문에 해외 판매를 생각하는 모든 업체들은 한번 알아보고 도움을 받으면 좋다.

트레이드코리아(TRADEKOREA)

트레이드코리아 홈페이지 www.tradekorea.com

트레이드코리아는 한국무역협회에서 운영하는 B2B 수출지원 사이트이다. 국내 기업의 온라인 글로벌 시장 개척을 지원하고 국내 수출 중소기업과 해외 기업과의 거래를 활성화하기 위한 e-Marketplace이다. B2B 해외 판매에 관심이 있는 업체들은 반드시 트레이드코리아를 활용해 보길 추천한다. 해외 전시회, 박람회에 비용과 노력을 들여 방문하지 않더라도 한국에서 해외 바이어를 발굴할 수 있는 좋은 기회이다.

✓ 트레이드코리아에서 지원하는 주요 서비스

(1) 빅바이어 상시 거래알선

글로벌 유통 100대 바이어를 온라인상으로 초청하여 국내 업체와 상시적으로 거래알선을 지원하는 무역협회의 온라인 거래알선 서비스이다.

(2) 해외 바이어 구매 오퍼

무역협회로 들어오는 해외 바이어의 인콰이어리를 공개해 국내 업체의 수출 기회를 확대시켜드리는 서비스이다.

(3) 해외 비즈니스 매칭 서비스

한국무역협회 해외지부 및 해외 마케팅 오피스에서 1:1 타깃 마케팅 후 발굴된 복수의 바이어 정보 제공하는 서비스이다.

(3) 바이어 DB 타깃 마케팅

협회가 보유한 DB 검색을 통해 원하는 해외 바이어 정보를 무료 제공해드리는 서비스이다.

(4) 업종·단체 해외 마케팅 지원

지자체·업종 별 단체의 수출유망품목 및 소속 업체에 대해 한국무역협회 본·지부가 융합하여, Minisite 제작, tradeKorea 온라인 관 구축, 해외 비즈니스 매칭 서비스 등 전반적인 온라인 수출 마케팅을 지원해 드리는 서비스이다.

(5) SNS 활용 수출마케팅 지원

SNS를 통해 해외 바이어에게 tradeKorea 국내 회원의 기업·정보를 홍보하고, 관심 있는 바이어와의 매칭을 지원해주는 서비스이다.

(6) Minisite 제작지원 사업

유망 수출 기업에게 무료 영문 Minisite를 제작해 드리는 서비스입니다.

(7) KEB하나은행 금융 우대 서비스

한국무역협회 tradeKorea.com과 KEB하나은행은 날로 급증하고 있는 온라인 무역거래에 대한 수출입금융 서비스를 지원하기 위하여, 수출입 계약 및 국내 업체 간 거래에 대해 아래와 같이 금융 우대 혜택을 제공하는 서비스이다.

(8) 전시회 참가 바이어 재매칭 서비스 안내
국내외에서 개최된 글로벌 전시회에 참가한 바이어 중 지속적으로 소싱을 희망하는 유력 바이어를 섭외하여 온라인 매칭할 수 있도록 지원해 드리는 서비스이다.

(9) 온라인 거래알선 성공 스토리
한국무역협회 tradeKorea.com를 통하여 거래알선 성공 스토리를 제공하는 서비스이다.

해외 빅바이어 알선 및 구매 오퍼 제안 (출처 : 트레이드코리아 홈페이지)

트레이드코리아 입점

트레이드코리아 홈페이지에서 회원가입을 하고 이용하면 된다. 추가로 궁금한 사항들은 이메일(tradekorea@kita.net)이나 대표전화(1566-5114)로 문의하면 된다.

바이코리아, Kmall24, 트레이드코리아 외에도 EC플라자(www.ecplaza.net), EC21(www.ec21.com) 같은 해외 수출지원 사이트들도 있으니 참고하기 바란다.

그리고 한국무역협회와 대한무역투자진흥공사(KOTRA)에서는 다양한 무역·수출·해외 판매 관련 교육과 서비스, 컨설팅, 판매 대행 프로그램들이 다양하게 있으니 해외 판매나 수출을 생각하는 업체라면 반드시 제대로 알아보기 바란다. 이왕이면 무역·수출·해외 판매 쪽으로 수십 년의 경력이 있는 전문기관의 도움을 받는 것이 좋지 않겠는가? 만약 필자가 수출이나 해외 판매를 한다면 필자는 무역협회와 코트라의 홈페이지를 샅샅이 파악한 후 각종 교육에 참가하고 교육 강사나 기관 담당자에게 수출, 해외 판매 노하우를 알려달라고 붙들고 늘어질 것이다.

해외 직판 쇼핑몰 운영

해외 직판 쇼핑몰을 운영하면서 직접 해외에 판매하는 방법도 있다. 해외 직판 쇼핑몰은 해외 B2C 판매의 완결판이라고 할 수 있다. 한마디로 영어, 일본어, 중국어 등 현지어로 소호 쇼핑몰, 전문몰을 만들어서 현지인 대상으로 판매를 하는 것이다. 일단 현지어로 만들어야 하고 현지어를 할 수 있는 직원도 채용해야 하기 때문에 난이도는 가장 높지만 성공했을 때 보상은 확실하다. 앞의 방법들은 남의 플랫폼에 올라타서 판매를 하기 때문에 일순간 판매가 되더라도 장기적으로 보면 안정적이지는 않다. 그러나 해외 직판 쇼핑몰은 나만의 해외 판매 플랫폼을 가지는 것이기 때문에 훨씬 안정적이다. 실제로 티쿤(www.tqoon.com), 제이미(www.thejamy.com), OKDGG(www.okdgg.com), 난닝구(www.naning9.com) 같이 해외 직판 쇼핑몰로 성공한 사례가 많이 있다.

중국 OKDGG 쇼핑몰 : www.okdgg.com

이런 해외 직판몰로 성공하려면 확실한 콘셉트와 현지인에게 어필할만한 아이템이 있어야한다. 티쿤 같은 경우는 한국에서 제조된 명함, 스티커, 현수막, 부직포백, 에어간판 같은 아이템으로 일본 시장에서 큰 성공을 거두었다. 처음 일본에 진출할 당시 일본의 높은 물가 때문에 명함, 스티커 등의 가격이 한국 대비 엄청나게 높았는데 이런 시장 상황을 잘 이용하여 한국에서 제조된 적정 품질의 저렴한 상품들을 판매하여 확실하게 자리를 잡았다. 이런 식으로 가격이든 서비스든 품질이든 현지에서 확실히 통할만한 아이템을 가진 업체라면 해외 직판 쇼핑몰 운영도 검토해 볼만한데 아이템 선정할 때 반드시 현지의 해당 아이템에 대한 철저한 시장조사가 필수이다. 그리고 기본적으로 쇼핑몰을 만들 현지어가 가능한 웹디자이너 및 영업, 마케팅, CS를 담당할 현지어가 가능한 직원을 뽑아서 운영하기 때문에 1년 인건비 및 쇼핑몰 관리 비용을 감안하면 적어도 1.5~2억 정도의 자금은 기본적으로 들어가야 한다. 이런 해외 직판 쇼핑몰을 운영할 때 해외 직판 관련 솔루션 제공 업체를 이용하게 되면 굳이 사무실을 현지에 두지 않아도 한국에서 충분히 운영이 가능하다. 이런 솔루션 제공 업체들은 쇼핑몰 제작, 현지 CS 조직 운영, 현지 사업 관련 업무 처리 등 해외 직판 쇼핑몰에 대한 다양한 서비스를 제공한다.

- **해외 직판 쇼핑몰 솔루션 제공 업체**

  티쿤글로벌 : http://tqoonglobal.co.kr
  메이크글로비 :www.makeshop.co.kr/newmakeshop/front/sub_overseas_mall.html
  에이컴메이트 : www.accommate.com

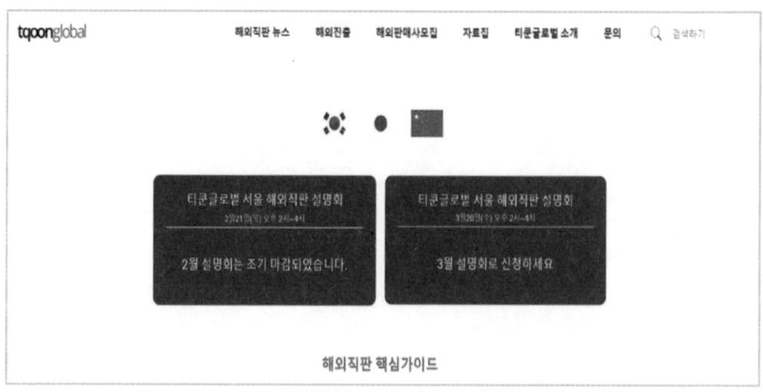

해외 직판 쇼핑몰 솔루션을 제공하는 티쿤 글로벌 (http://tqoonglobal.co.kr)

대한무역투자진흥공사(KOTRA) 해외 판매·수출 지원 서비스 100% 활용하기

정부 기관인 대한무역투자진흥공사(KOTRA)는 국내 기업 지원 프로그램도 많고 해외 네트워크도 잘 되어있기 때문에 이들이 제공하는 서비스를 잘 활용해야 한다. 아래는 수출, 해외 판매를 생각하는 업체들이 이용해볼 만한 주요 서비스들이다.

코트라 홈페이지 : www.kotra.or.kr

수출 상담

☎ 전화 : 고객안내센터(1600-7119) → 2번(수출상담) → 국가별 전문위원 상담

온라인 : 홈페이지(www.kotra.or.kr) → 지원서비스 안내 → 무역 투자 상담 → 온라인 상담 → 신청하기

무료 방문 컨설팅

홈페이지(www.kotra.or.kr) → 지원서비스 안내 → 무역투자 상담 → 이동 KOTRA → 글로벌 역량 진단 실시 → 유선 상담 진행

☎ 내방상담 : 사전예약(02-3460-7218)

무료 수출 상담회

KOTRA(또는 지자체·유관기관) 홈페이지에서 연간계획 확인 → 주최 기관에 사업신청 → KOTRA 해외무역관을 통해 해당품목 바이어 방한 유치 → 주최 기관을 통해 방한 확정 바이어와 1:1 상담주선 추진 → 주최기관 및 KOTRA 해외무역관을 통해 수출 상담 후속 지원

무역사절단

참가비 무료(숙박비, 항공료 등 개인경비 자체 부담)

KOTRA 홈페이지(www.kotra.or.kr)에서 연간계획 확인 → 사절단 파견기관인 지자체(중진공이 대행 수행), 유관기관 등에 참가신청 → 해외무역관에서 수출 희망 품목에 대한 사전 시장성 조사 → 파견기관에서 참가업체 선정 → 사절단 파견 → 해외무역관에서 준비한 바이어와 1:1 수출상담 추진 → 해외무역관 후속 지원

※ 무역사절단 월별 일정은 KOTRA 홈페이지 참고

해외전시회 참가(한국 단체관)

참가비 최대 50% 국고지원, 운송비 100% 지원

글로벌 전시포털사이트(www.gep.or.kr)를 통한 참가기업 모집 및 선정 → 한국관 주관 운송사, 여행사, 장치사 업무협의 → 사전 마케팅 지원(한국관 디렉토리 제작지원, 잠재 바이어 리스트 제공) → 해외전시회 참가 → 사후관리

해외전시회 참가(개별)

기업당 연간 최대 2회, 회당 최대 500만 원 한도 내 실비 지원

지원 내역 : 부스임차료, 장치비, 편도해상(항공) 운송비, 해외시장조사 서비스 비용

글로벌 전시포털사이트(www.gep.or.kr)를 통한 해외전시회 개별참가사업 신청 → 서류 심사 평가 → 선정업체 발표 → 전시회 참가 후 지원금 신청 → 지원금 교부

※ 1차 모집 : 2월 중 · 2차 모집 : 6월 중

온라인 마케팅(BuyKorea)

전 세계 바이어와 한국 공급사 연결 수출상품(50개) 등록, 인콰이어 발송, 수출 대금 결제, 해외 기업 정보 조회, 온라인 전시관 홍보 등

KOTRA 기업회원 가입 → 바이코리아(www.buykorea.org) 접속

신규 수출 기업화 사업

수출전문위원을 '멘토'로 지정, 무역실무에서 수출 계약까지 1:1 밀착 서비스 제공

산업통상자원부에서 업체 모집 공지 → 각 지원 기관 별 온라인 신청 → 신청 심사 및 지원업체 선정 → 종합컨설팅 및 해외 판로개척 지원 → 수출 기업화 및 졸업

소비재·유통 중점 사업

FTA 체결국, 소비재 전략시장의 현지 유력 소비재 유통망과 협업을 통해 해외시장 진출 기회 제공

현지 주요 온 오프라인 유통망과 함께 국내 기업 시장 진출 및 판촉 지원

오프라인 B2B 수출상담, 판촉 이벤트

온라인 입점 판촉전(Korea Sale Festa 연계)

☎ KOTRA 소비재 전자상거래실 : 02-3460-7734

한국수입협회 :
국내 유일의 수입지원 공인 단체

해외 수출 및 해외 판매를 지원하는 공인 기관으로 대한무역투자진흥공사(KOTRA) 및 한국무역협회가 있다고 하면 반대로 국내 수입을 지원하는 공인 기관으로는 사단법인 한국수입협회가 있다. 해외에서 상품을 수입하는데 관심이 있는 업체라면 한국수입협회의 다양한 네트워크와 수입지원 서비스를 이용하는 게 좋다.

한국수입협회(KOIMA) 홈페이지 : www.koima.or.kr

한국수입협회(Korea Importers Associaton)는 1970년 산업통상자원부(당시 상공부)의 허가를 받아 현재까지 49년간 세계 각국에서 국내 산업에 필요한 원부자재와 우수한 해외상품을 발굴하여 한국 시장에 공급해오고 있는 국내 유일의 수입 전문 경제단체이다. 8천여 수입사와 유통사, 수입 관련 서비스 업체들이 회원사로 등록되어 있으며, 국내 유일의 수입(바이어) 경제단체인 만큼 세계 각국의 무역 유관 기관과 주한 외국 대사관과의 교류협력이 국내 어느 단체보다도 가장 활발하다.

최근 한국수입협회(KOIMA)가 주력하는 2가지 사업은 무역 불균형 개선을 위한 민간외교사절의 역할과 해외 상품 소싱을 원하는 국내 중소기업을 지원하는 사업이다.

미국, 중국, 베트남은 우리나라의 주요 수출국이다. 특히 베트남이 포함된 신남방 국가와 인도는 우리 정부가 통상확대를 위해 매우 집중하는 지역이다. 그러나 우리는 통상확대를 내세우면서 수출만 하려고 하니, 상대국에서는 불만이 커질 수밖에 없다. KOIMA를 찾아오는 주한 외국대사나 외국 관계 부처 장관, 해외 정부기관장들과의 만남에서 항상 부탁을 받는 것이 수입을 확대해 무역 불균형을 해소해 달라는 것이다. 국내뿐만 아니라 세계적으로도 수입을 지원하는 단체는 KOIMA가 유일하다 보니 국내외에서 많은 요청을 받고 있다. 이에 KOIMA는 산업통상자원부, 외교부와 협력해 주요 수출 대상국과 무역 불균형이 심한 국가 위주로 수입 사절단을 매년 세계 각국에 파견해 현지 정부에 우리 정부의 수입 확대 노력을 홍보하는 민간외교사절로서의 역할을 수행하고 있다. 작년에는 해외 기업들이 직접 한국의 수입사를 검색할 수 있는 수입 DB 플랫폼을 개발하여 이미 많은 해외 기업들이 이용하고 있다.

한편 교통의 발달로 전 세계가 1일 생활권이 되었고, 인터넷의 발달로 세계의 다양한 상품정보를 쉽게 접할 수 있게 되면서 오프라인 할인점과 더불어 이커머스 시장도 급성장해 세계 각국의 다양한 소비재 상품들을 손쉽게 구할 수 있게 되었다.

이에 KOIMA는 2000년 이전 산업에 필요한 원자재와 기계 등 자본재를 수입하여 국내 산업에 안정적으로 공급하는데 집중했다면, 2000년 이후부터는 국내 중소기업들이 해외 우수 상품을 손쉽게 찾을 수 있도록 상품에 대한 정보와 소싱의 기회를 마련하는데 노력하고 있다.

KOIMA 수입 사절단 파견 시 현지 정부에서 추천하는 우수기업과 국내 바이어와의 B2B 수입상담회를 개최하고, 국내에서는 방한하는 해외 기업 대표단과 국내 바이어와의 B2B 수입상담회, 주한 외국 대사관 및 해외무역 유관기관을 통한 해외 우수 상품정보 제공, 온라인 B2B 매칭 지원, 해외 공급선 발굴 서비스, Korean Buyer DB 구축, 글로벌소싱 가이드 커뮤니티를 개설하는 등 국내 중소기업들이 손쉽고 안전하게 해외상품을 소싱 할 수 있는 기회를 만들어 가고 있다.

✓ 해외에 나가지 않고도 국내에서 다양한 나라의 해외상품을 한자리에서 소싱할 수 있는 기회가 있다?

KOIMA에서는 매년 한차례 코엑스에서 해외상품 B2B 소싱 박람회인 '수입상품 전시회(Import Goods Fair)'를 개최하고 있다. 한국에 수출을 희망하는 해외 기업, 수입은 되었는데 유통 판로개척에 어려움을 겪고 있는 수입사에서 참가한다. 특히 해외 기업은 주한 외국 대사관과 현지 무역 유관기관에서 모집하여 참가하는 만큼 기업 신뢰도 면에서 개인적으로 찾는 것보다 안전하다. 수입사는 전시회 기간 동안 바이어로 참석해 해외 기업 담당자와 직접 B2B 1:1 수입상담을 진행할 수 있다. 2019년 새롭게 시작하는 Korean Buyer DB 사업은 바이어가 한 번만 등록하면 수입·유통을 원하는 카테고리에 적합한 제품 정보를 상시 제공받을 수 있다. 수입상품 전시회를 비롯해 국내에서 개최되는 다양한 전시회에 참가하는 해외 기업 상품정보와 B2B 소싱 상담회 참가, 주한 외국 대사관 및 해외무역 유관기관을 통한 해외상품정보, KOIMA 인증 우수 바이어 위촉, 해외 전시회에 바이어로 초청, 해외 수입 사절단 참가, 온 오프라인 네트워킹 모임, 수입 계약 체결 시 국내 유통 채널 매칭 지원, 무료 세미나 참가 등의 혜택이 있다.

2019년 제17회 수입상품전시회 사진

04

온라인 유통 마케팅 필수 무료 IT 프로그램

이번 챕터에서는 온라인 유통 판매·마케팅을 하면서 유용하게 이용할 수 있는 IT 프로그램 15가지를 소개하고자 한다. 이런 간단한 IT 프로그램들은 당신의 시간, 돈, 노력을 아껴줄 수 있다. 쉐이커, 2CAPTCHA를 제외한 나머지 프로그램들은 모두 무료로 사용할 수 있어서 더욱 효용성이 높다.

M-자비스(무료 키워드 검색량 조회 및 내 스마트스토어 순위 조회)

특정 키워드의 PC, 모바일 검색량과 블로그 문서량을 간편하게 알려준다. 온라인 판매를 하면서 키워드 검색은 필수인데 그것을 모바일 카카오톡에서 간편하게 무료로 검색할 수 있게 지원하는 프로그램이다. 키워드 검색 기능 뿐만 아니라 내 스마트스토어에 등록된 상품의 노출 순위도 알려주는 기능을 지원한다. 카카오톡 검색 화면에서 'M자비스스토어'라고 검색하고 친구 추가를 하면 이용할 수 있다.

M-자비스

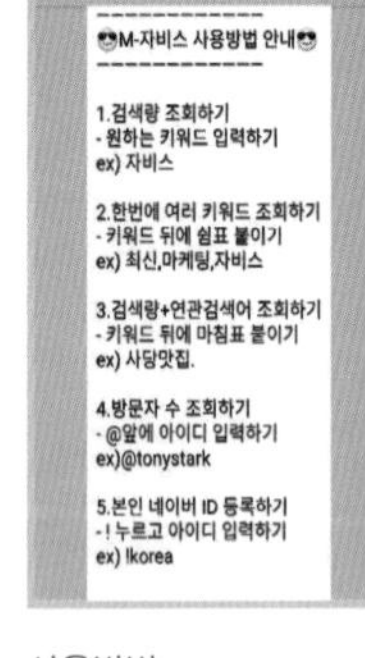

사용방법

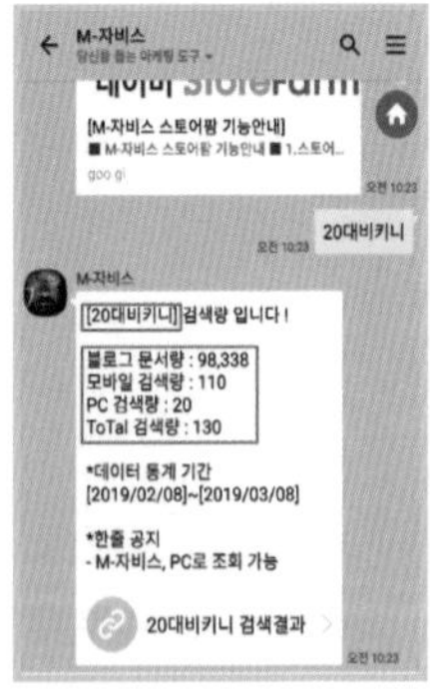

'20대 비키니' 검색결과

모바일 FAX(휴대폰으로 FAX를 보낸다)

모바일로 FAX를 보낼 수 있게 해주는 모바일 무료 어플이다. 이젠 팩스를 보낼 때 모바일 폰을 이용해서 간단하게 보낼 수 있다. 굳이 사업을 하면서 FAX를 구매할 필요가 없다. 구글 Playstore에서 '모바일 팩스'라고 검색해서 다운받으면 된다.

네이버 MODOO 비즈넘버 (무료 비즈니스 전화번호)

온라인 판매를 하다 보면 고객, 거래처에게 신뢰를 주기 위해 휴대폰이나 일반 전화번호가 아닌 유료 비즈니스 전화번호(1688-XXXX, 070-XXXX 등등)가 필요한데 네이버 MODOO 무료 모바일 홈페이지를 만들게 되면 공짜로 비즈니스 전화번호(050-XXX-XXXX)를 만들 수 있다. 유료 비즈니스 전화번호 사용요금을 아낄 수 있다. 내가 소유한 유선 전화, 휴대폰 전화번호를 입력하면 050으로 시작하며 뒷자리는 입력한 전화번호와 유사하게 생성이 된다. 고객 또는 거래처가 나의 비즈넘버로 전화를 걸면 비즈넘버에 연결된 나의 유선 전화, 휴대폰 전화로 착신되어 걸려온다. 보통 쇼핑몰에 노출되는 번호라든지, 블로그, 홈페이지 등에 문의 전화, 상담 전화 등으로 사용할 전화번호를 비즈넘버로 사용한다. 나의 전화번호가 노출되지 않아서 좋으며 비즈넘버로 전화가 걸려오면 MODOO에서 걸려왔다는 통화연결음으로 비즈넘버로 전화가 왔다는 것을 알려준다. MODOO 홈페이지를 만드는 중간에 비즈넘버 설정을 하는 항목이 있는데 여기서 비즈넘버를 만들 수 있다.

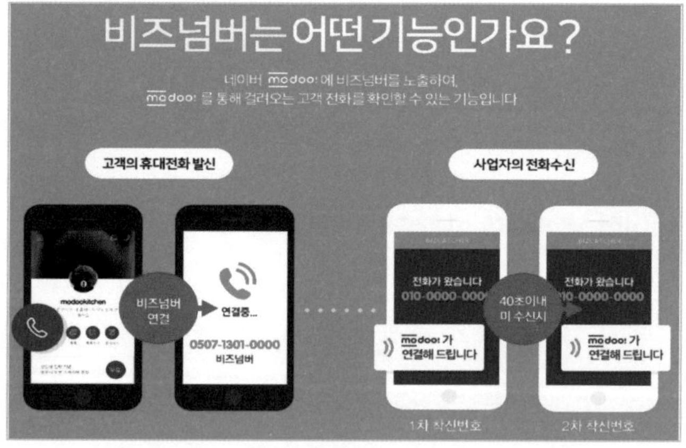

모두 홈페이지 만들기 및 비즈넘버 생성 : https://www.modoo.at/home

PUSHBULLET (PC로 문자메시지 발송)

PC로 문자메시지를 보낼 수 있게 해주는 안드로이드폰 전용 모바일 어플이다. 이외에도 안드로이드폰과 PC 간에 간단한 데이터를 교환할 수 있다. 온라인 판매를 하다 보면 고객 · 거래처와 문자메시지를 보낼 일이 많은 데 그때 유용하게 사용할 수 있다.

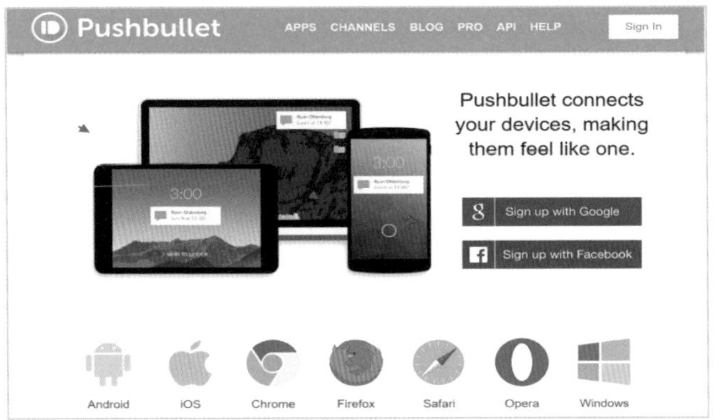

Pushbullet 다운로드 : www.pushbullet.com

네이버 웨일 브라우저 (PC에서 모바일 화면을 본다)

네이버에서 만든 브라우저인데 PC에 나오는 화면을 그대로 모바일 화면으로 볼 수 있는 기능을 제공한다. 오픈마켓, 소셜커머스, 스마트스토어 등의 모바일 화면을 PC로 확인할 수 있다. 그리고 '스페이스' 서비스를 이용하면 화면을 반반 나눠서 동시에 2개의 웹 페이지를 보는 것도 가능하다.

모바일 화면 지원 서비스

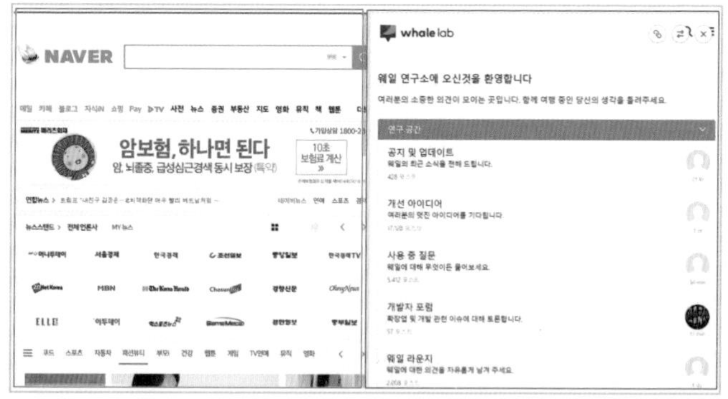

2개의 웹페이지를 동시에 보면서 작업할 수 있는 '스페이스' 서비스

네이버 웨일 다운로드 : https://whale.naver.com/ko/

Bitly (단축 URL 생성)

긴 링크 주소를 짧게 줄여주는 서비스이다. 블로그나 카페, 웹사

이트에 글을 쓸 때 특정 링크 주소를 넣을 때가 있는데 이때 링크 주소가 너무 길면 가독성이 떨어지고 지저분해 보인다. 이때 Bitly를 이용해서 링크 주소를 짧게 만들면 가독성도 좋아지고 해당 Bitly 단축 주소를 클릭한 숫자도 알 수 있게 된다. 그리고 특정 게시물에 대해 클릭 숫자를 알수 있기 때문에 온라인 마케팅의 성과를 측정하는데 매우 유용하게 쓰일 수 있다. 아래 통계표를 보면 알 수 있듯이 일자별 클릭수, 유입 경로, 유입 국가 등을 매일 확인할 수 있다.

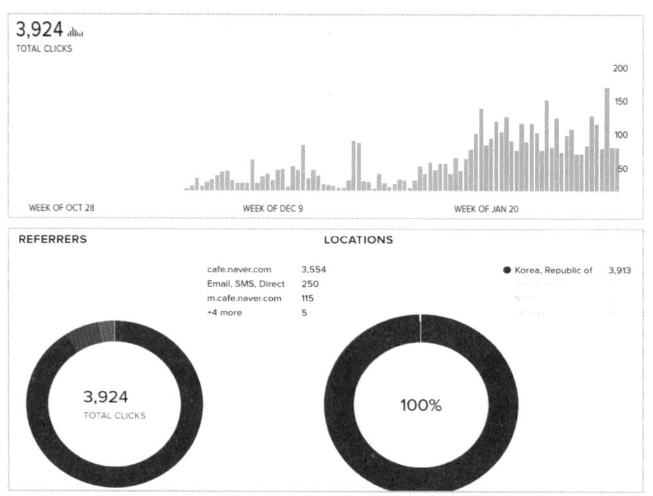

Bitly(https://bitly.com/)를 활용한 유입 분석 결과

예쁜 무료 폰트 (한나체·주아체·도현체·연성체·기랑해랑체)

음식 배달 앱으로 유명한 배달의 민족에서 배포한 예쁜 디자인

의 무료 폰트이다. 배달의 민족을 통해 워낙 많이 알려진 폰트이다 보니 사람들에게 친숙한 폰트이다.

다운로드 : www.woowahan.com/#/fonts

치킨! 시킬까 피자 시킬까?
그래도 이사했는데
짜장면이 좋겠지?
후식으로 커피랑 케이크도
시켜 먹자! 어때

배달의 민족의 무료 폰트

Tip

네이버 소프트웨어(https://software.naver.com)에서 '폰트'로 검색하면 많은 무료/유료 폰트를 찾을 수 있다. 그러나 '무료' 폰트라고 할지라도 사용 범위가 한정돼서 무료인 경우가 많으니 주의해야 한다.

포토스케이프 (이미지 편집 프로그램)

사진 및 각종 이미지를 쉽게 편집할 수 있는 프로그램이다. 포토스케이프의 기본 콘셉트는 사용자가 디지털 카메라나 휴대전화로 찍은 사진 및 기타 이미지들을 '쉽고 재밌게' 편집하도록 하는 것이다. 포토스케이프는 심플한 사용자 인터페이스를 통해 이미지의 색상 조절, 자르기, 보정, 인쇄, GIF 애니메이션 등의 일반적인 이미지 편집 기능을 실행할 수 있다. 간단한 이미지 작업은 포토샵 대신 포토스케이프로 쉽게 가능하다.

포토 스케이프 다운로드 : http://www.photoscape.co.kr/ps/main/download.php

쉐이커 (동영상 제작 프로그램)

페이스북, 인스타그램, 유튜브 등 다양한 SNS 광고 · 홍보 동영상을 만들 때 유용하게 사용되는 동영상 제작 프로그램이다. 고퀄리티 광고 영상 셀프 제작 솔루션으로서 매우 인기가 높다.

쉐이커 홈페이지 : www.shakr.com

망고보드 (디자인 제작도구)

카드뉴스, 인포그래픽, 포스터, 배너, 유튜브 썸네일, 프레젠테이션, 상세페이지 등 제작에 이용되는 디자인도구이다. 특히 카드뉴스로 유명해진 프로그램인데 영상 제작 기능까지 가능하다. 온라인, 모바일, 인쇄용까지 다양한 디자인 템플릿을 잘 활용하면 누구나 고퀄리티 디자인을 할 수 있다

망고보드 홈페이지 : www.mangoboard.net

픽픽 (캡처 프로그램)

화면을 캡처할 때 유용한 무료 프로그램이다. 간단하게 원하는 영역을 선택해서 캡처할 때 편리하고 캡처를 한 모든 이미지들은 자동저장 기능을 통해 저장할 수 있다.

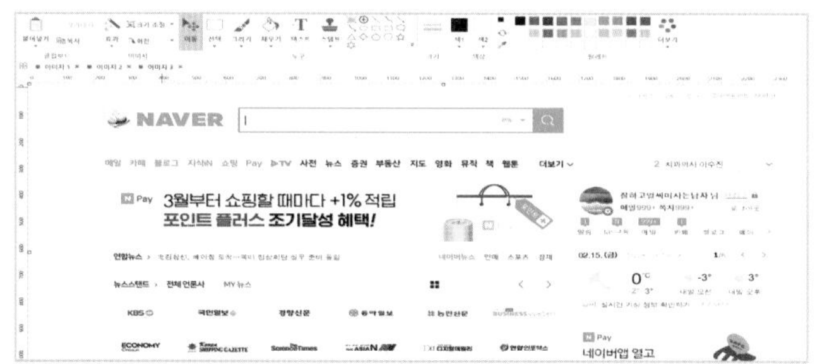

픽픽 홈페이지 : https://picpick.app/ko/

오캠 (동영상 녹화 프로그램)

오캠(oCam)은 간단한 조작만으로 컴퓨터 화면 및 게임을 쉽게 동영상으로 녹화할 수 있는 프로그램이다. 모니터에 표시되는 화면의 동영상과 소리를 녹화하고 녹음할 수 있다. 특히 다양한 동영상 플레이어의 화면과 유튜브 등 동영상 스트리밍 화면도 쉽게 저장할 수 있으며, 무엇보다 20분 이상의 장시간 녹화도 무료로 제공한다는 점이 큰 장점이다.

오캠 다운로드 : http://ohsoft.net/kor/ocam/download.php?cate=1002

캠스캐너 (CamScanner)

핸드폰으로 문서를 스캔하면 바로 고화질 PDF 파일을 생성 가능하게 해주는 모바일 애플리케이션이다. 문서 스캔, 저장, 관리, 공유, 그리고 동기화 기능을 지원해서 핸드폰을 휴대용 스캐너, 팩스, PDF 변환기, 텍스트 변환기로 사용할 수 있게 해준다. 구글 플레이 스토어에서 'Camscanner'를 검색해서 다운받으면 된다.

픽사베이 (무료 이미지 사이트)

사람들에게 가장 많이 알려진 무료 이미지 사이트이다. 160만 개 이상의 고퀄리티 사진, 일러스트레이션, 벡터 그래픽 등이 있는데 매일 업데이트된다. 물론 상업적으로 이용도 가능하다. 보통 블로그 및 개인 홈페이지 또는 SNS 용으로 저작권 없는 이미지를 찾을 때 유용하게 쓰인다.

픽사베이 홈페이지 : https://pixabay.com/

FLATICON (무료 아이콘 사이트)

파워포인트 제작, 이미지 제작시 다양하게 활용할 수 있는 무료 아이콘 사이트이다. 정말 다양한 아이콘을 찾아볼 수 있으며 아이콘을 움직이거나 회전, 상하좌우 반전도 가능하며 사이즈 조절도 가능하다.

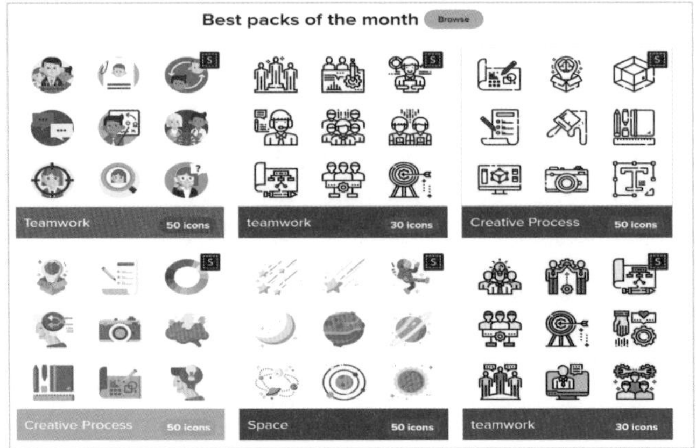

FLATICON 홈페이지 : www.flaticon.com

2CAPTCHA (보안 문자 자동입력 프로그램)

마케팅을 하다 보면 보안 문자를 입력해야 하는 경우가 있는데 2CAPCHA 프로그램을 이용하면 자동으로 보안 문자를 입력할 수 있다. 단 유료이다.

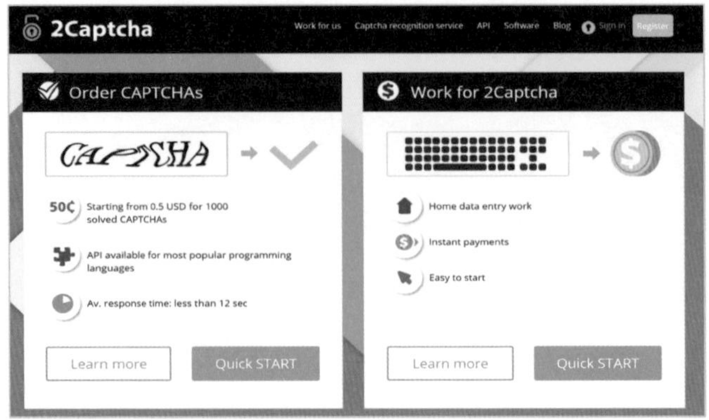

2CAPTCHA 홈페이지 : https://2captcha.com/

Tip

프리랜서 재능마켓 크몽

온라인 유통을 하다 보면 디자인, 마케팅, 솔루션 쪽으로 외주를 주어야 할 일이 많이 생긴다. 이때 프리랜서 재능마켓인 크몽을 이용하면 큰 도움이 될 수 있다. 크몽은 우리나라에서 가장 큰 프리랜서 재능마켓인데 마케팅, 디자인, IT 개발자 등 다양한 전문가들이 본인의 재능을 판매하고 있다. 여러 전문가들이 본인의 재능을 판매하고 있는데 능력 있는 전문가들도 있지만 능력이 떨어지는 전문가들도 있어서 잘 선별해야 한다. 보통 판매 등록한 지 일정 시간이 경과하고 구매건수가 많고 구매후기가 좋은 전문가를 선택하는 것이 좋은데 구매후기를 자작(?) 하는 전문가들도 있으니 조심해야 한다. 일반 외주업체에 맡기는 것보다 가격 면에서는 훨씬 저렴한 편이고 능력 있는 전문가를 만나면 장기적으로도 큰 도움이 된다. 온라인 유통을 하면서 상세페이지 제작, SNS 마케팅, 각종 비즈니스 컨설팅, 디자인 작업, 콘텐츠 제작, IT 프로그래밍 등이 필요로 할 때 이용하면 좋다. 거래가 최종적으로 끝나기 전까지는 크몽에서 결제 대금을 가지고 있는 에스크로 서비스도 하고 있기 때문에 안정성도 어느 정도 보장된다.

크몽 홈페이지 : https://kmong.com/

크몽 이외에도 오투잡(www.otwojob.com), 재능넷(www.jaenung.net) 같은 많은 재능마켓들이 있으니 둘러보고 본인이 원하는 서비스를 찾으면 된다.

트렌드헌터 :
비즈니스 온라인 마케팅 전문 커뮤니티

트렌드헌터는 2012년 네이버 카페(http://cafe.naver.com/trendhunting)를 시작으로 성장한 국내 최정상급의 온라인 마케팅 전문 업체이다. 네이버 카페로 성장하였으나 최근에는 다양한 SNS(카카오스토리 채널, 페이스북, 카카오 채널톡, 카카오 오픈채팅방, 모바일 애플리케이션) 채널로 확장하여 이를 기반으로 100만 명이 넘는 회원을 보유하고 있다.
국내 온라인 마케팅 업계의 최전선에서 탁월한 실적을 보이고 있으며 소유하고 있는 다양한 플랫폼을 통해 마케팅, 비즈니스 관련 최신 트렌드 및 정보를 공유하고 있다. 또한 다양한 온라인 동영상 강의 및 오프라인 강의를 제공하는 비즈클래스(http://bizclass.co.kr)라는 교육 사이트도 운영하고 있으며 최근에는 최정상의 온라인 마케팅 능력을 활용하여 유통업에도 벤더, 셀러, SNS공동구매 운영자로 뛰어들어 놀라운 성과를 내고 있다.
트렌드헌터가 만든 카카오 오픈채팅방에는 수많은 유통업체·제조업체·수입업체·마케터·영업자 · 예비 창업자 등이 참여하며 다양한 사업의 기회를 만들어가고 있다. 다양한 카테고리별 카카오 오픈채팅방에 가입하면 수많은 실전 유통·마케팅 정보를 얻을 수 있고 다양한 상품 공급처 확보 및 인맥을 만들 수 있다.

트렌드헌터 오픈채팅방

마케팅/비즈니스 모임: https://open.kakao.com/o/gdk37Xw
유통인 모임1 : https://open.kakao.com/o/gg6WyYlb
유통인 모임2 : https://open.kakao.com/o/g5RbLDL
쇼핑몰 셀러 모임1 : https://open.kakao.com/o/gqmkgn0
쇼핑몰 셀러 모임2 : https://open.kakao.com/o/g0JJvNK
영업인 모임 : https://open.kakao.com/o/gjlnGDL
요식업/자영업자 모임 : https://open.kakao.com/o/gMhcwNK

TREND HUNTER
트렌드헌터
제조 · 유통 · 자영업자 · 소상공인 · 1인 기업을 위한
비즈니스 온라인 마케팅의 모든 것
전체글보기 · 1.공지사항 · 가입인사 · 베스트게시글 · 자유게시판 · 유머/엽기자료 · 1.트렌드헌터 정영민 .. · 나의 마케팅/사업 경..
카페정보 나의활동
매니저 트렌드헌터
since 2012.09.05.
카페소개
가지5단계
112,752 초대하기
즐겨찾는 멤버 16,421명
게시판 구독수 1,667회
우리카페앱 수 714회
카페 가입하기
카페 채팅
검색
전체글보기 126,829
카페 캘린더
Intro
0.트렌드헌터 소식
1.공지사항
2.출석체크
3.가입발자취
3개월 만에 매출 100배 상승
억만장자가 되는 그날을 위해
사업자의 소통 공간
집에서 하는 공부
내 사업에 도움이 되는 정보
내 사업의 돈과 시간을 절약
초고수 온라인
마케팅 강의 바로가기
트렌드헌터의
비전 및 운영 방향
카카오톡
오픈 채팅방 바로가기
온라인 강의
비즈클래스 바로가기
무료콘텐츠 리스트
바로가기
유료콘텐츠 리스트
바로가기

05

반드시 알아야 할 필수 온라인 유통 마케팅 용어 TOP 50

온라인 유통을 하는 사업자라면 기본적인 온라인 유통 마케팅 용어를 알고 있어야 한다. 광고 대행사를 만나서 광고 대행 계약을 할 때 기본적인 온라인 마케팅 용어조차 모르고 상담을 진행한다면 얕잡아 보여서 불리한 조건으로 계약을 하게 될지도 모른다. 또한 온라인 유통 채널들의 MD들과 상담을 할 때도 내가 기본적인 온라인 마케팅 용어를 모른다면 상담이 원활하게 진행되지 않을 것이다. 필자의 책을 읽고 이제 온라인 유통 마케팅에 대해 강의, 책, 교육 등을 통해 더 집중적으로 공부하게 될 텐데 이때도 온라인 유통 마케팅 용어들의 기본 개념에 대해 알아야 하는 것은 필수적인 사항이다. 특히 온라인 유통을 할 때 필수적으로 따라오는 마케팅, 광고, 홍보 쪽은 이런 유통 용어를 반드시 알아야 제대로 진행을 할 수가 있다. 자주 보고 해당 관련 실무를 진행하다 보면 자연스럽게 개념이 머리에 정립될 것이다. 정말 다양한 온라인 유통 마케팅 용어가 있지만 우리 온라인 유통인에게 필수적인 용어만 정리해 보겠다.

대표 키워드

개별 업종 카테고리 상의 메인 키워드로 상품명, 브랜드 등 사용자 인지도가 높은 검색어로 포괄적이고 일반적인 의미의 키워드이다.

(예) 노트북, 원피스, 오렌지주스

세부 키워드

대표 키워드에서 한 단계 더 나아가서 명확한 범주나 세부적인 검색어가 추가된 키워드. 단일 상품명이나 서비스에 그치지 않고 관련 수식어 및 기타 설명 등을 조합해 만들 수 있는 키워드이다.

(예) 경량 노트북, 봄 원피스, 착즙 오렌지 주스

시즌 키워드

특정 시기나 계절에 따라 조회 수가 올라가는 키워드를 말한다.

(예) 수영복, 패딩, 빼빼로, 스노보드

핵심 키워드

집중해야 할 키워드를 의미한다. 보통 광고 전환 효과가 좋은 키워드를 뜻한다.

연관 키워드

포털사이트 또는 대형 쇼핑몰에서 제공해주는 검색 키워드와 연관성이 있는 키워드를 뜻한다. 연관 키워드는 보통 실제 검색하는 사람들이 만들어가는 키워드인데 주로 세부 키워드와 겹친다.

자동완성 키워드

검색창에 키워드를 입력하면 해당 키워드를 검색하는 사람의 선호도 순서로 자동으로 배열해주는 키워드를 말한다.

노출(Impression)

광고나 상품이 고객에게 보이는 것을 말한다. 광고나 상품이 고객과 처음으로 만나는 접점을 말한다. 여기서 노출이 발생한 만큼의 횟수를 '노출 수'라고 한다.

도달(Reach)

특정 광고나 메시지에 최소 한번 또는 그 이상 노출된 사람의 숫자를 말한다. 도달과 노출의 차이는 가령 1명이 특정 광고를 5번 보았다면 노출 수는 5이지만 도달 수는 1이라는 것이다.

랜딩 페이지(Landing Page)

검색 광고의 텍스트나 배너 광고를 클릭했을 때 연결되는 페이지를 의미한다. 랜딩 페이지는 주로 광고주의 홈페이지나 이벤트 페이지로 연결된다. 랜딩 페이지 제작을 어떻게 하느냐에 따라 전환율 차이가 발생하기 때문에 전환율과 깊은 관계가 있다.

PV(페이지뷰, Page View)

웹사이트 한 페이지에 사용자가 접속한 수를 세는 단위이다. 1명이 여러 번 접속할 수도 있기 때문에 페이지뷰 숫자가 방문자 숫자를 의미하는 것은 아니다

UV(Unique Visitor)

순 방문자를 말한다. 사용자가 특정 웹사이트에 방문한 수를 나타내며 중복 방문을 제외한다. 실제 방문한 총 이용자 수를 파악하기 어렵고 고의로 숫자를 늘릴 수 있는 PV의 단점을 보완하는 차원

에서 쓰인다.

체류 시간(DT, Duration Time)

사용자가 웹사이트에서 머물다 떠나는 순간까지의 시간을 말한다. 체류 시간이 길면 길수록 사용자 활동이 많아지고 원하는 목적이 달성될 확률이 높기 때문에 PV와 함께 충성 고객을 파악하는 지표가 되기도 한다.

전환율(CVR, Conversion Rate)

전환은 광고 등을 통해 웹사이트를 방문한 사람이 제품 구매, 장바구니 담기, 회원가입, 뉴스레터 신청 등 광고주가 의도한 행위를 취하는 것을 뜻한다. 광고 성과를 직접적으로 파악하는 중요 지표 중 하나이며 쇼핑몰과 같은 전자상거래 업종은 주로 고객 결제를 전환으로 잡는다. 전환률은 의도한 행위를 취한 비율로 '전환수/유입수×100'으로 표현된다.

이탈률(Bounce Rate)

방문자가 특정 홈페이지를 방문하고 다른 홈페이지로의 유입 없이 한 페이지만 보고 나가는 경우를 반송수라고 한다. 이때 방문수 대비 반송수의 비율을 이탈률이라고 한다. 이탈률은 '반송수/방문수×100'으로 표현된다.

리드(Lead)

상품에 관심이 있는 소비자, 즉 '관심 고객'을 말하는 용어이다. 리드를 많이 만들고 유인하는 것이 단순히 노출이나 도달을 높이는 것보다 중요하다. 페이스북에서는 '리드를 딴다'라는 표현도 많이 사용된다.

CPM(Cost per Mille)

광고비를 책정하는 방법의 하나이다. 1천회 광고 노출(impression)을 기준으로 가격을 책정하는 방식이다. 'Mille'은 라틴어로 '1천'을 의미한다. CPM은 '광고비용/광고노출회수×1000'으로 계산된다.

CPC(Cost per Click)

광고비를 책정하는 방법의 하나이다. 광고 노출(impression)과 관계없이 클릭이 한 번 발생할 때마다 요금이 부과되는 방식이다. 광고를 보는 사용자가 광고를 클릭할 때마다 게시자가 이익을 얻는다. 금액은 매체, 광고상품, 입찰가에 따라 다르다. 웹 광고에서 흔히 쓰이며, 이를 적용하는 광고는 구글 애드센스, 애드워크, 네이버

클릭초이스 등이 있다. CPC는 '광고비용/총클릭수'로 계산되며 클릭수는 '노출수/클릭률'이다.

CPA(Cost per Action)

광고비를 책정하는 방법의 하나인데 행동 당 단가를 의미한다. 잠재 고객이 온라인상에 노출된 광고를 클릭하고 랜딩페이지에 진입해서 광고주가 원하는 특정 행동을 수행했을 때 과금하는 방식. 주로 구매를 기준으로 삼지만 상담신청, 이벤트 참가, 다운로드, 회원가입, 애플리케이션 설치 등을 기준으로 삼기도 한다. 제휴 마케팅에서 많이 이용된다.

CPI(Cost per Install)

모바일앱 마케팅에서 생겨난 용어다. 광고 노출(impression)과 관계없이 모바일 애플리케이션 설치 건당 요금이 부과되는 방식이다. CPA 방식의 하위 개념이다. 주로 모바일 게임과 관련해 많이 적용된다. 해외에서는 CPI를 따로 사용하기보다는 CPA로 묶어서 말하는 경우가 많다고 한다.

CPV(Cost per View)

사람이 광고를 뷰(시청)한 만큼, 재생 당 비용을 지급하는 방식. 유튜브 같은 동영상 광고에서 진행되는 경우가 많다.

CTR(Click Through Rate)

클릭률. 광고를 본 사람 중 클릭한 수가 얼마나 많은지를 보여주는 비율이다. 평균적으로 최고 0.1%, 최대 2% 안팎의 수치를 보인다. 클릭률이 높을수록 광고가 올바른 대상에게 노출됐다고 판단할 수 있다. CTR은 '클릭수/노출수×100'으로 계산된다.

CPS(Cost Per Sales)

광고를 통한 구매완료가 이루어졌을 때 수익을 나누는 방식을 의미한다. 영업 수익 배분 방식이다. CPS 형식의 광고가 광고주에게는 효과적이고 좋으나 일반적으로 광고업체 및 광고대행사들은 확실한 수익이 보장이 안 되기 때문에 꺼려하는 방식이다.

바이럴마케팅(Viral Marketing)

바이러스처럼 빠르게 퍼진다는 의미의 광고 기법이다. 보통 블로그, 카페, 지식인 플랫폼을 통한 광고를 의미한다.

소셜미디어광고

페이스북, 인스타그램, 트위터, 네이버밴드, 카카오스토리, 유튜브 등 소셜미디어를 이용한 광고를 말한다.

스크래핑(Scraping)

자동으로 시스템에 접속해 데이터를 화면에 나타나게 한 후 필요한 자료만을 추출해 가져오는 기술이다. 웹사이트에 있는 정보를 끄집어내 다른 사이트나 데이터베이스에 저장하기 때문에 웹스크래핑이라고도 한다. 데이터를 저장하므로 필요에 따라 수시로 조회가 가능하며, 저장된 데이터를 가공하여 비교분석 자료로 활용할 수도 있다. 아마존, 이베이, 타오바오 등 해외 오픈마켓의 상품 상세페이지들을 스크래핑하여 국내에서 재가공해 국내 오픈마켓에 올려놓고 판매하는 경우도 있다.

크롤링(Crawling)

온라인상에 분산되어 있는 문서를 수집하여 검색 대상의 색인으로 포함시키는 기술을 말한다. 포털사이트에는 가상의 봇들이 돌아다니며 크롤링을 한다. 최근 웹검색의 중요성에 따라 지속 발전하고 있다. 온라인 어뷰징 프로그램 중의 상당수가 크롤링과 스크래핑 기법을 이용하여 만들어진다.

GIF(Graphics Interchange Format)

통신용 그래픽 파일형식으로서, 브라우저나 플러그인 등 사용자 의 환경에 영향을 받지 않으면서도 제작이 용이하고 용량도 작아 대부분의 배너광고에서 사용되고 있는 광고기법이다. 하지만, 인터랙티브한 요소가 떨어지고 적절한 용량에 맞추다보면 이미지의 질이 떨어진다는 것이 흠으로 지적되고 있다. 우리나라에서는 '움짤'이라고 불리기도 한다.

쿠키(Cookie)

웹브라우저에서 현재 상태를 보관하기 위해 임시로 사용하는 데이터 파일 이름 쿠키라는 것은 개인을 식별하기 위해 사이트가 발행하는 ID번호와 같은 것이다. 쿠키를 정기적으로 삭제해주지 않으면 컴퓨터 사용자의 사용 경로가 추적이 된다.

픽셀(Pixel)

모니터에서 표현되는 길이와 크기를 측정하는 단위. 그림을 구성하기 위한 최소 단위, 픽셀(pixel), 혹은 화소(畵素)라고 한다.

Traffic

특정 사이트의 사용자 접속 횟수, 혹은 방문하는 이용자의 수를 의미한다. 사용자가 많으면 '트래픽이 높다'라고 하면 사용자가 적으면 '트래픽이 낮다'라고 한다.

AE(Account Executive)

대행사를 대표해서, 광고주와 연락업무를 담당하는 사람으로서 광고주의 account를 집행하는 사람을 의미한다.

배너 광고(Banner Advertising)

홈페이지 내에 띠 형태의 이미지를 만들어 노출하는 광고 형태를 말한다. 현수막과 비슷한 모양을 하고 있어서 배너(banner)광고 라고 불린다. 대표적인 DA(Display Advertising) 형태이며 일반적으로 불특정 다수를 대상으로 노출하지만 GDN(Google Display Network)과 같은 네트워크 광고의 경우 타깃팅 광고도 가능하다.

롤링배너 광고(Rolling Banner Advertising)

배너광고의 한 형태로 하나의 배너에 한 광고주의 광고만 걸리는 것이 아니라 두 개 이상의 광고가 번갈아 가며 보이는 광고형태를 말한다. 일정 시간이 지나면 배너 내의 광고가 바뀌거나 새로 고침 등 페이지에 리셋이 적용될 때 광고가 바뀌는 형식 등이 있다.

네트워크 광고(Network Advertising)

네이버나 다음 등 특정 매체와 계약을 맺고 광고를 집행하는 것이 아닌 신문사 사이트들이나 각종 커뮤니티 사이트들의 배너에 동일한 광고를 집행하는 것을 말한다. 주요 포털 매체보다 상대적으로 저렴한 비용으로 여러 매체에 광고를 집행할 수 있으며 타깃팅이나 리타깃팅 등 특정 관심사를 가진 소비자들을 대상으로 광고가 가능하다. 대표적인 네트워크 광고로 구글 GDN이 있다.

DA(Display Advertising, 디스플레이 광고)

통상적으로 보는 웹사이트에서 사용자에게 노출되는 광고를 말한다. 포털 사이트의 메인 화면이나 뉴스 사이트에서 쉽게 볼 수 있다. 인터넷을 통해 할 수 있는 온라인 광고의 가장 기본적인 방식을 말한다. 배너, 이미지, 동영상 등 여러 가지 형태가 있을 수 있다.

네이버 디스플레이 배너광고 예시

SA(Search Advertising, 검색 광고)

검색엔진에서 검색어와 관련된 광고주 사이트를 검색 결과에 포함하는 광고를 말한다. '키워드 광고'라고도 한다. 한 키워드에 여러 광고주가 광고 요청을 하게 되면 경쟁 입찰을 통해서 노출 순위가 정해진다. 찾아오는 고객에게 광고를 노출한다는 점에서 이전 광고보다 적극적이고 적중률이 높은 광고로 여겨진다.

또한 검색하는 것 자체가 타깃팅이 된 상태이기 때문에 다른 광고에 비해 광고 효율이 상대적으로 높은 편이라고 평가된다.

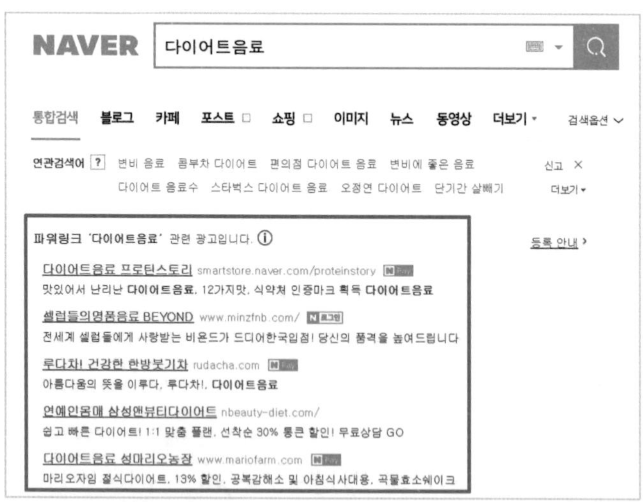

네이버 검색광고 '파워링크' 예시

보상형 광고(Rewarded AD)

사용자에게 상품권, 포인트, 이모티콘 등 어떤 특정 보상을 지급하는 조건으로 앱 설치나 설치 후 행동을 유도하게 하는 광고를 말한다.

카카오페이 보상형 광고 예시

비보상형 광고(Non-rewarded AD)

보상형 광고와 반대로 특별한 보상 없이 앱 설치나 앱 설치 후 행동을 유도하게 하는 광고다. 이전에는 보상형 광고가 주를 이뤘다. 하지만 보상만 받고 앱을 삭제하거나 사용하지 않고 이탈하는 경우가 많아져, 요즘에는 비보상형 광고로 진성 이용자를 더 끌어들이려는 전략을 많이 쓰는 추세라고 한다.

네이티브 광고(Native ad)

해당 웹사이트나 앱 환경이 콘텐츠에 자연스럽게 결합해 있는 광고이다. 대표적으로 페이스북 뉴스피드에 올라오는 홍보 글, 뉴스 사이트에 일반 기사와 동등하게 배치되는 협찬 기사 등이 있다. 기존 광고와는 달리 매체나 콘텐츠의 주제에 자연스럽게 어울리는 광고이기 때문에 보는 사람이 상대적으로 거부감을 적게 느낀다는 점이 네이티브 광고의 장점이다.

리치미디어 광고(Rich Media AD)

기존 텍스트 위주의 콘텐츠를 넘어 비디오, 오디오, 사진, 애니메이션 등을 혼합한 고급 멀티미디어 형식의 광고이다. 주로 텍스트 위주의 배너광고에 신기술을 적용해 풍부하다는 의미에서 '리치(rich)'가 쓰였다. 광고 위에 마우스를 올려놓거나 클릭하면 광고 이미지가 변하거나 동영상이 재생되는 등 이용자와 상호작용이 가능해 기존 방식의 광고보다 거부감이 낮고 주목도가 높은 편이라고 평가된다.

타게팅 광고(Targeting Advertising)

불특정 다수에게 광고를 노출하는 것과 달리 특정 지역, 성별, 나이, 관심사, 구매내역 등 광고주가 원하고 필요한 계층에게만 광고를 맞춤식으로 노출해 효율을 높이는 광고를 말한다. 타깃팅을 하기 위해서는 정보, 데이터가 필요하다. 따라서 쿠키나 광고 아이디 등과 같이 타깃팅 광고를 실행할 수 있는 기반이 필요하다.

리타게팅 광고(Retargeting Advertising)

타깃팅에 '다시(re)'라는 말이 붙어 있듯이, 특정 웹사이트나 앱을 방문하거나 행동을 취한 적이 있는 사용자를 대상으로 광고를 보여주는 방식의 광고를 말한다. 사용자가 웹이나 앱을 방문하면 쿠키나 광고 아이디와 같은 흔적이 남는다. 이 흔적을 기반으로 다른 웹페이지로 옮겨가더라도 사용자가 봤던 물품을 기반으로 광고가 나오는 식의 방식이다. 쿠키가 삭제되거나 광고 아이디가 재생성되면 집행하기 어렵다는 단점이 있다. 구글의 GDN 광고나 픽셀을 이용한 페이스북 타깃광고가 리타게팅 광고에 속한다.

ROI(Return Of Investment, 투자수익률)

투자 대비 수익률로, 투자한 것에 대비해 합당한 이윤 창출을 만들어내고 있는지를 보여주는 지표이다. 기업의 순이익 비율을 파악하고자 할 때 사용된다. ROI가 클수록 수익성이 크다는 것을 의미한다. 다양한 분야에서 널리 사용되는 용어이긴 하지만 상품을 홍보하고 판매 촉진해야 하는 마케팅 분야에서도 많이 쓰인다. ROI를 측정하기 위해서는 투자비용(Investment)과 성과 및 부가가치(Return) 분석이 함께 필요하다. ROI는 '영업이익/총비용×100'으로 계산된다.

ROAS(Return On Ads Spending, 광고 수익률)

광고나 마케팅 효율 측정을 위한 지표이다. 집행하고 있는 캠페인이 어떤 상황인지 점검해볼 수 있는 지표가 된다. 이를 바탕으로 마케팅을 어떻게 집행할 것인지 통찰을 얻을 수도 있다. ROAS는 '매출/비용×100'으로 계산된다.

GDN(Google Display Network)

구글 디스플레이 네트워크의 줄임말로서 구글 배너 광고를 말한다. 구글 GDN 광고는 리타게팅 광고의 대명사이다.

AIDA 이론

인간이 행동을 일으키기까지는 주의(attention)하고, 흥미(interest)를 갖고, 욕망(desire)을 느끼고 그리고 행동(action)을 한다는 커뮤케이션의 기초이론 중의 하나이다.

KPI(Key Performance Indicator, 핵심 성과 지표)

기업이 달성해야 할 최종적인 목표를 위한 전략을 말한다. 과거 실적을 나타내는 것과 달리, 미래 성과에 영향을 주는 핵심 지표를 묶은 평가 기준이다. 예를 들어 달성하고자 하는 목표가 '매출 상승'이라면 KPI는 '전년도 대비 10% 매출 상승'과 같이 구체적인 수치를 말한다. 모든 수치적 데이터가 KPI가 될 수 있다.

(예) 페이스북 핵심 성과 지표가 될 수 있는 것들 : 좋아요 수, 지역 비율, 성별 또는 나이 비율, 포스팅별 도달 수, 일일·주간·월간 포스팅 수

로그 분석(Log Analysis)

광고주의 웹사이트에 접속한 사용자의 방문수, 접속 경로, 페이지뷰, 체류시간 등 다양한 정보를 추출하고 분석하는 서비스를 말한다. 이 분석을 바탕으로 향후 온라인 마케팅 방안이나 웹페이지의 구조 변경 작업 등을 진행한다.

어뷰징(Abusing)

오용, 남용, 폐해라는 뜻으로, 포털 사이트나 매체가 의도적으로 클릭 수를 늘리기 위해 조작하는 행위, 부정한 방식으로 트래픽을 늘려 수익을 챙기는 행위를 일컫는다. 정상적인 트래픽 유입이라기보다 봇, 컴퓨터로 이상 트래픽을 발생시키는 사기 수법이 대표적이다. 불법 프로그램을 활용해서 또는 타인의 계정을 도용해서 혹은 다중 계정을 활용해서 부당한 이득을 취하는 것이다

SEO(Search Engine Optimization, 검색엔진 최적화)

검색엔진 최적화. 네이버, 구글, 다음 등과 같은 검색엔진은 사

용자에게 최상의 정보를 전달하기 위해 특정 알고리즘을 통해 정보를 선별한다. 이 알고리즘을 잘 파악해 자신의 웹사이트 또는 콘텐츠가 검색엔진에서 잘 검색되게 하는 것을 검색엔진 최적화라고 한다. 검색엔진 최적화를 하는 방법은 각 검색엔진에 따라 다르다.

결론

그럼 나는 어떻게 유통 마케팅을 해야 하나?

Part1에서 전반적인 국내 유통의 과거·현재·미래와 국내 온라인 유통 채널들을 다루었고 Part2, 3, 4, 5에서는 내 상품을 판매할 수 있는 가성비 좋은 최신 유통 채널들과 유통 마케팅 방법에 대해 다루었다. 너무 많은 유통 채널과 유통 마케팅 방법들을 다루었기 때문에 아마 독자분들은 소화하기가 벅찰 것이다. 그리고 어떻게 시작해야 할지 고민이 될 것으로 생각한다.

이 책에서 다룬 방대한 유통 채널 및 유통 마케팅 방법들을 모두 하나하나 당신의 사업에 적용해 보는 것은 가능하지도 않고 그럴 필요도 없다. 모든 일에는 궁합이라는 것이 있다. 아무리 좋은 유통 채널 및 유통 마케팅 방법도 나의 아이템과 맞지 않으면 의미가 없다. 그러나 당신은 전반적인 유통 채널과 최신 유통 마케팅 기법들에 대해 알고는 있어야 한다. 이런 전반적인 유통 채널 및 유통 마케팅에 대한 지식들은 지금 당장 적용하지는 못한다 할지라도 당신을 더욱 성장시켜줄 것이다. 지금은 당신의 아이템과 맞지 않는 유통 채널 및 유통 마케팅 방법이라고 하더라도 언젠가 당신이 다른 아이템을 취급할 때 그리고 다른 사업을 할 때는 필요할 수도 있다. 게다가 공부라는 것은 하면 할수록 시너지 효과를 일으킨다. 필자도 당장 업무에 필요한 분야만 콕 집어서 공부해왔더라면 이런 방대한 유통 마케팅 책을 쓸 수도 없고 전체적인 국내 유통을 이해하는 데 한계가 있었을 것이다. 다양하게 유통 채널 및 온라인 마케팅 전반에 대해 공부를 하면서 습득한 지식들이 합종연횡을 일으키며 필자의 전체적인 성장을 이끌어왔다. 당신의 사업과 지금 당장 관계가 없는 분야라 할지라도 그 분야에 대해 공부하다 보면 당신의 사업에 적용해 볼 만한 다른 아이디어가 떠오르게 된다. 게다가 당신이 지금 공부하는 분야가 대중적으로 지금 유행하고 통하는 최신 분야라 하면 분명히 당신의 사업에 창의적으로 응용할 아이디어를 줄 수 있다.

이 책에서 다룬 많은 최신 유통 채널 및 유통 마케팅 방법 중에 당신의 아이템과 궁합이 맞다고 생각되는 것들은 당장 적용해 보고 테스트해 보아야 한다. 당신이 명심해야 할 것은 한번 대충 적용해보고 결과가 그저 그러면 당신의 아이템과 맞는 방법이 아니라고 지레짐작하고 포기하면 안 된다는 것이다. 한 가지 노하우를 적용하더라도 다양한 방법으로 테스트해 보고 충분한 시행착오를 겪은 후에 결론을 내려야 한다. 가령 필자가 신선식품 전문몰인 마켓컬리가 지금 핫하다고 해서 입점을 하고 상품 등록을 하고 판매를 했는데 결과가 좋지 않았다고 하자. 이럴 때 '아! 마켓컬리는 판매가 잘 안 되는 걸 보니 내 상품과는 맞지 않는구나' 하면서 바로 포기하면 안된다. 똑같이 비슷한 상품을 가지고 마켓컬리에 입점을 하더라도 단순히 입점하여 상품만 등록한 사람과 마켓컬리 MD와 커뮤니케이션을 잘 해서 좋은 위치에 노출이 되고 네이버의 각 영역에 자신의 상품에 대한 콘텐츠 구축을 잘 해놓고, 인스타그램, 페이스북 등 SNS를 활용하여 사전 마케팅 홍보 활동을 하여 판매를 한 사람과는 결과가 하늘과 땅 차이일 것이다. 그렇기 때문에 이 책에서 나온 노하우를 적용할 때는 다양한 방법으로 테스트해 보고 필요한 추가 마케팅·홍보 작업들을 동시에 진행을 해야 한다.

그리고 책에 나온 모든 유통 마케팅 노하우를 나 혼자 힘으로 다 한다는 생각은 버려야 한다. 위에서 언급한 것처럼 당신에게 맞는 몇 가지 방법에 대해 선택과 집중을 하고 당신에게 필요하지만 당신 힘으로 할 수 없는 방법들은 업무 제휴나 아웃소싱 대행을 통해 적용을 하여야 한다. 당신 혼자 어떻게 이 모든 것을 다 할 수 있겠는가? 아마 독자들 중에는 1인 기업도 많을 것이고 직원 수 5명 미만의 소규모 업체도 있을 것이다. 이런 업체들은 아무리 본인의 아이템과 맞는다고 할지라도 스스로 할 수 있는 방법에 한계가 있을 것이다. 그리고 열 개의 방법을 얕게 대충대충 하는 것보다 한 두개의 방법을 제대로 하는 것이 훨씬 낫다. 실제로 다양하게 유통 채널에서 판매하지 않고 한 두개의 유통 채널에 집중해서 큰 매출을 올리고 있는 업체들도 많이 있다. 1인 기업 또는 소기업의 경우에는 골고루 대충 하느니 잘 할 수 있는 소수의 유통 채널에 집중하는 것을 추천한다. 솔직히 스마트스토어 한 개 유통 채널만 잘해도 또는 오픈마켓 한 개만 잘해도 매출이 아니고 월 순수익 1~2천만 원은 충분히 올릴 수 있다. 다양한 유통 채널들을 골고루 못하면 그게 더 문제가 아닐까?

그리고 자신의 상황에서 할 수 없는 다른 유통 채널 입점 및 유통 마케팅 방법 적용은 벤더업체 및 대행업체들을 활용해서 접근하는 것이 맞다. 물론 신뢰할 만한 실력 있는 벤더업체 및 대행업체를 찾아야 한다. 많은 업체와 거래하고 규모가 큰 업계에 유명한 벤더·대행업체가 좋은 업체가 아니고 나의 아이템 나의 상황과 맞는 벤더

·대행업체가 좋은 업체이다. 규모가 큰 업체들의 경우 아무리 실력이 좋다고 할지라도 이미 기존에 거래하고 있는 업체가 많기 때문에 나의 아이템에 집중해서 판매·마케팅 대행을 해주기가 쉽지 않다. 특히 마케팅 업체의 경우 내가 지불하는 마케팅 비용이 많지 않다고 하면 업계에 유명한 큰 마케팅 업체와는 같이하지 않는 편이 낫다. 가령 네이버 광고 대행을 맡길 때 내가 한 달에 3백만 원의 마케팅비를 지급한다고 하면 나에게는 큰 돈일 수 있지만 대행사는 겨우 한 달에 40~50만 원을 가져갈 뿐이다. 이런 경우에 그 마케팅 업체가 유명한 이름있는 업체라고 하면 과연 내 상품에 집중해서 열심히 대행해줄 수 있을까? G마켓, 11번가 같은 오픈마켓 검색창에 '1', '2', '30' 이런 숫자들을 검색해 보라 이해할 수 없지만 광고 상품들이 쫘르륵 나온다. 내가 직접 광고를 한다고 하면 이런 키워드로 광고를 할까? 대행사들이 단순히 상품명 또는 상품정보에서 키워드 별로 잘라서 광고를 집행하기 때문이다. 이런 이유 때문에 필자에게 벤더업체·대행업체를 소개해 달라는 부탁이 정말 많이 오지만 필자는 웬만하면 소개해 주지 않는다. 아무리 실력 있는 벤더·대행업체라도 부탁하는 업체와 잘 맞을지는 알 수 없기 때문이다. 그리고 벤더·마케팅 대행을 맡기더라도 내가 어느 정도 해당 분야에 대해 지식이 있어야 효율적인 업무 수행이 가능할 것이다. 사실 본인의 상품에 대해 가장 잘 아는 것은 본인이다. 날고 긴다는

벤더업체, 마케팅 업체라고 할지라도 본인 상품에 대해 본인만큼 잘 알 수는 없다. 일단 당신이 대행을 맡기려는 분야에 대해 당신이 디테일한 부분은 모르더라도 대략적인 지식을 알고 있어야 이들과 효율적인 커뮤니케이션 및 업무지시도 가능하고 대행업체들도 업무를 수행하기가 훨씬 원활해진다. 예를 들어 페이스북 광고판매를 대행을 맡길 때 페이스북 광고에 대한 기본 원리와 타깃 선정, 광고비 집행, 콘텐츠 구성에 대한 기본적인 내용을 당신이 알고 있어야 대행사와 만나서도 효과적으로 대행 업무를 맡길 수 있다. 당신이 해당 대행 분야를 전혀 모르기 때문에 100% 대행업체에 의지하면 서로 결과가 좋지 않을 확률이 높다. 페이스북 광고판매도 실제 디테일하게 업무를 진행하는 데는 많은 노력 및 시간이 필요하지만 대략적인 페이스북 광고판매에 대해 공부하는 데는 시중에 나온 페이스북 책들을 읽고 교육이나 강의를 몇 번 들으면 충분히 대행사들과 얘기할 수준은 충분히 된다. 다른 유통 판매 하나도 안 해도 페이스북 광고 판매로만 엄청난 매출을 올리는 업체도 많고 실제로 에이프릴 스킨, 미팩토리, 블랭크 코러페이션 등은 페이스북 광고로 몇 년 만에 수 백억대 중견기업으로 성장하였다. 이들의 초기 페이스북 광고들을 한 번 보면 어떻게 페이스북 하나로 중견기업으로 성공했는지 알게 된다. 다시 한 번 강조하지만 당신 혼자서 모든 것을 다 할 수는 없으며 타인과 제휴 또는 타인에게 업무대행을 맡길 때는 당신이 그 분야에 일정 수준의 지식은 가지고 있어야 성공 확률이 높아진다.

필자가 하나하나 자세히 설명해 주고 싶지만 지면의 한계상 온라인 유통 및 온라인 마케팅에 대해 디테일한 내용까지 다루지는 못하였다. 가령 네이버 콘텐츠 구축, 스마트스토어 판매, 카스채널·인스타그램·페이스북 판매, 무재고 판매에 대해서 디테일하게 쓰면 각각이 책 한 권이 나올 것이다. 그래서 이 책은 전반적인 온라인 유통 마케팅에 대해 넓게 다뤄야 했기 때문에 중요한 핵심 내용들만 다루게 되었다.

필자처럼 유통 경험이 많고 어느 정도 유통 마케팅 지식이 있는 독자라면 이렇게 핵심 내용들만 집고 넘어가도 충분히 본인의 사업에 적용해 볼 수 있을 텐데 예비 유통인이나 유통 초보자들의 입장에서는 책을 보면 이해는 되는데 어떻게 시작해야 하고 적용해야 할지 힘들 것이라 생각된다. 그래서 그런 독자들을 위해 필자가 책 출간과 동시에 유통 채널 및 유통 마케팅 방법에 대한 디테일한 추가 해설 및 책에서 다루지 못한 다양한 추가 유통 마케팅 노하우 그리고 공개적인 책에서 말할 수 없는 은밀한 내용(?)이 들어가 있는 30시간, 80강 분량의 동영상 심화 강의를 론칭하였다. (유통마케팅 사관학교, www.retailcampus.co.kr) 책만 읽고는 어떻게 내 사업에 적용해야할지 갈증을 느끼는 독자들은 동영상 심화 강의를 통해 공부하면 좋을 것이다. 굳이 강의를 듣지 않더라도 필자의 유통카페인 유노연(유통 노하우 연구회, https://cafe.naver.com/aweq123)와 온노연(온라인 판매 노하우 연구회, https://cafe.naver.com/ehfkdpahd12345678)에는 실전에서 바로 써먹을 수 있는 많은 무료 유통 노하우 및 정보들이 있고 유통 현업에 있는 카페 회원들의 다양한 경험담이 공유되고 있으니 카페에 가입해서 공부하면 좋을 것이다.

필자가 운영하는 네이버 유통카페
유노연(유통 노하우 연구회)과 온노연(온라인 판매 노하우 연구회)

18년 9월에 나온 온·오프라인 유통 전반에 대해 다룬 필자의 첫 번째 책 『매출 100배 올리는 유통 마케팅 비법』에서도 언급하였지만 유통 초보들이 명심해야 할 유통업계에 진리로 통하는 3가지 격언이 있다.

첫째, 좋은 상품이 잘 팔리는 것이 아니라 잘 팔리는 상품이 좋은 것이다.

국내에 출시되는 상품들은 웬만하면 모두 품질이 우수하다. 누구나 자기 상품에 대해 환상을 가지고 있다. 필자도 20년 전 대기업 제조업체의 상품개발팀에서 사회생활을 시작했을 때 내 상품에 대한 애착이 어마어마했다. 대기업이었으므로 얼마나 많은 시장조사와 테스트를 거쳐서 출시되었겠는가? 이런 좋은 상품이 안 팔린다는 것은 말이 안 된다고 생각했다. 그러다가 유통업체 바이어로 전직을 하고 유통, 마케팅에 대해 경험하고 공부하면서 생각이 많이 바뀌었다. 웬만한 상품은 모두 우수하기에 결국은 잘 팔리는 상품이 좋은 상품인 것이다. 그러니 효율적인 유통 마케팅을 통해 내 상품을 잘 팔리게 만드는데 집중해야 한다. 주위 사람들한테 내 상품은 정말 좋은 데 고객들이 몰라줘서 안 팔린다는 얘기는 더 이상 하지 말자.

둘째, 유통에서는 매출이 인격이며 유통은 숫자로 말한다.

당신이 대형 유통업체 MD나 바이어들을 만나면 경험할 것이다. 대형 유통업체 입점 상담을 할 때 반드시 묻는 질문이 당신 업체의 매출은 얼마이며 이 상품의 월 매출은 얼마인가이다. 상품에 대한 나의 생각은 주관적이지만 매출 및 각종 숫자들은 주관적이지 않고 객관적이다. 매출이 많은 상품이라는 것은 일반 대중들이 좋아한다는 의미이다. 물론 아직 잘 안 알려져서 매출이 없을 수도 있지만 여하튼 매출이 높은 상품, 업체라는 것은 유통업계에서 신뢰의 보증수표이다. 아무리 다른 특성, 조건들이 좋더라도 매출이 적다는 것은 유통하는 입장에서 치명타이며 반대로 다른 특성, 조건이 나쁘더라도 매출이 많다고 하면 유통업계 관계자들은 다시 한 번 생각해볼 것이다.

셋째, 세 발 앞선자 망한 사람, 두 발 앞선자 빛을 못 본 사람, 한 발 앞선자 성공한 사람

이 내용은 상품을 기획할때 명심해야 하는 내용이다. 시대를 너무 앞서 출시된 상품(세 발 앞선자)은 망할 것이고, 시장이 형성되기 전에 출시된 상품(두 발 앞선자)은 충분한 매출을 올리지 못할 것이고, 딱 한 발 앞서 출시된 상품은 대박을 칠 것이다. 가령 시즌성 또는 트렌디한 상품의 경우 너무 일찍 출시해도 안 되고 늦게 출시해도 안 되고 딱 시즌·트렌드보다 반발 또는 한발 앞서 출시해야 제 값을 받고 팔면서 선점 효과로 매출도 많이 올릴 수 있다. 상담이나 컨설팅을 하다 보면 우리나라 현실에서 너무 앞선 상품들을 많이 볼 수 있다. 물론 개발한 업체 담당자는 필자에게 이 상품이 얼마나 혁신적이고 비전이 있고 우수한지 입에 침이 튀도록 설명을 하고 필자도 앞으로 이 시장이 언젠가는(?) 올 것이라는 것은 알고 있다. 그러나 지금 또는 단기간 내에는 안 팔릴 상품이면 그게 무슨 의미가 있겠는가? 위의 첫째 격언에서도 설명했지만 '잘 팔리는 상품이 좋은 상품이다'라는 것을 명심해야 한다. 트렌드보다 딱 반 발 또는 한발 앞서야 상품의 성공 가능성이 높아진다. 시대를 너무 앞선 상품은 일단 생각만 해놓고 트렌드가 올 때까지 기다려야 한다.

예전 오프라인 시대와 달리 현대 온라인 시대에는 변화가 극심하다. 이 책을 집필하면서도 수시로 변하는 유통 마케팅 상황 때문에 계속 수정 작업을 하게 되었다. 갑자기 선별적으로 특정 대행사를 통해서만 입점이 되던 카카오톡 스토어가 누구나 입점이 가능하게 되고 몇 십만 개 상품 등록이 가능하던 스마트스토어가 상품 등록 숫자를 제한하는 등 현대 유통 마케팅은 정말 변화무쌍하다. 그렇기 때문에 항상 유통, 마케팅에 대해 정보를 수집하고 공부를 하여야 한다. 좋은 상품을 찾아 헤매는 많은 사람들이 있다. 물론 상품도 중요하긴 하지만 필자가 생각하기에 더 중요한 것은 유통 및 온라인 마케팅 능력이다. 내가 유통에 대한 지식과 온라인 마케팅에 대한 능력이 있다고 하면 웬만한 상품은 다 판매할 수 있다. 실제로 똑같은 상품도 누가 판매하느냐에 따라 결과는 하늘과 땅 차이다. 당신도 아마 그렇게 생각할 것이다. A라는 상품이 있는데 유통 채널 및 유통 관계자들을 잘 알고 온라인 마케팅을 잘 할 줄 아는 업체가 판매하는 것과 유통 초보자가 판매하는 것은 결과에서 당연히 틀릴 것이다.

필자는 두 가지를 강조하고 싶다. 첫째 끊임없이 유통 및 마케팅을 공부하라는 것과 둘째 반드시 계획한 것을 실행해 보라는 것이다. 필자의 책들과 온라인 동영상 강의(유통마케팅 사관학교, www.retailcampus.co.kr)를 보고 고개만 끄덕이고 실행은 안 한다면 그것은 아무 의미 없는 것이다. 설사 실패를 하더라도 실행을 해보면 분명히 그 사람은 발전하게 된다. 실패를 통해 부족한 점을 깨닫고 다시 도전하거나 다른 업무를 수행할 때 분명히 도움이 된다. 필자가 유통 및 마케팅을 경험하고 공부해 오면서 속칭 책·강의·교육 컬렉터들을 많이 보았다. 이들은 책도 많이 보고 고가의 강의, 교육들도 수강하지만 최종적으로 실행을 안 하는 경우가 많다. 이들은 이론은 빠삭(?)하지만 실전 경험이 없다 보니 결국 보면 아무 성과도 없다. 아무리 많이 알고 있어도 실행을 안 한다면 무슨 의미가 있겠는가? 실패를 하더라도 반드시 실행을 하라.

아무쪼록 필자의 두 번째 책이 당신이 유통을 하는 데 도움이 되고 당신의 인생을 바꾸는 데 도움이 되기를 바란다. 이 책을 두 번, 세 번 정독하고 나면 당신은 유통에 대한 시각이 바뀌고 유통에 대한 방향성과 자신감을 가지게 될 수 있을 것이다. 이 책을 읽고 더욱 열심히 유통 마케팅을 공부하여 주변에 유통하는 지인들이 아마추어로 보이게 되는 경험을 빨리하게 되었으면 좋겠다.

감사의 말

필자도 첫 책을 쓰고 이렇게 빨리 두 번째 책을 쓰게 될지는 몰랐다. 워낙 실전 온라인 유통 마케팅에 대해 궁금해하시는 분들의 요청이 쇄도해서 첫 책이 나온 지 일 년 만에 두 번째 책을 쓰게 되었다. 이 책이 나올 수 있게 도움을 주신 모든 분들께 감사를 드린다. 필자도 유통 마케팅 전체적으로는 어느 정도 고수라고 할 수 있지만 특정 세부영역에 대해서는 그 분야에 잔뼈가 굵은 분들에 비하면 많이 부족하다. 그래서 그런 영역에 대해서 책에 쓸 때는 관련 분야의 고수들께 문의도 드리고 해당 분야의 책, 강의, 교육들을 통해 하나하나 공부하면서 내용을 보강하였다. 외부 전문가들의 도움도 많이 받았지만 아무래도 필자의 유통노하우연구회 카페 내의 유통·마케팅 분야의 고수분들에게 많은 도움을 받았다. 다시 한 번 감사의 말씀을 드린다. 이번 책과 필자의 첫 번째 책 『매출 100배 올리는 유통 마케팅 비법』을 읽고 필자가 운영하는 네이버 카페 유통 노하우 연구회(유노연), 온라인 판매 노하우 연구회(온노연)에서 열심히 공부를 한다면 누구나 유통 초보에서 유통 중수 이상은 갈 수 있으리라 확신한다. 그 이상의 심화 유통마케팅 공부를 원한다면 필자가 직접 강의한 30시간, 80강 분량의 심화 온라인 동영상 강의(유통마케팅 사관학교, www.retailcampus.co.kr)를 들으면 큰 도움이 될 것이다.

마지막으로 항상 필자를 응원해주는 가족들에게 감사의 말씀을 드린다. 특히 지금도 병마와 투병 중인 어머니와 아빠가 책을 두 권이나 쓴 작가가 되었다는 사실을 항상 자랑스러워하는 사랑하는 우리 딸 비비아나에게 사랑하고 고맙다고 말해주고 싶다.

참고 문헌

『매출 100배 올리는 유통 마케팅 비법』 유노연, 중앙경제평론사

『리테일매거진 19년 1월호』 코카리테일인사이트

『스마트스토어 마케팅』 김태욱, 임헌수, 이코노믹북스

『온라인 마케팅의 함정』 이상규, 나비의 활주로

『바보야, 문제는 유통이야! 』 박근창, 최일식, 더블유미디어

『1등 온라인 쇼핑몰의 비밀』 오완구, 라온북

『페이스북인스타그램 통합마케팅』 임헌수, 최규문, 이코노믹북스

『홈쇼핑 판매 불변의 법칙』 이상발, 스포트라잇북

『네이버 마케팅트렌드 2018』 오종현, e비즈북스

〈오씨네 학교〉 오종현, 동영상강의

〈전옥철 아이보스 유통칼럼〉 전옥철, 아이보스 홈페이지

〈입소문 마케팅〉 고영창, 오프라인 교육

저자가 직접 운영하는 커뮤니티 네이버카페 '유통노하우연구회' (약칭 유노연, 회원수 5만 명 국내 최대 유통 노하우 공유 커뮤니티)

'유통노하우연구회(cafe.naver.com/aweq123)'는 유통에 어려움을 겪고 있는 중소기업, 초보 유통인, 예비 유통 창업인, 유통에 관심이 많은 직장인들을 위해 만들어진 유통 노하우 공유 커뮤니티다. 타 유통 커뮤니티는 주로 회원이 판매하는 상품의 홍보 및 판매가 주를 이루는 반면에 '유통노하우연구회'는 회원 각자의 유통 노하우·경험 공유, 유통 마케팅 정보 공유, 유통 궁금증 질의·응답이 주를 이루고 있다. 그리고 다양한 분야 유통 마케팅 전문가들의 수준 높은 실전 무료 칼럼만 봐도 현업을 하는데 큰 도움을 얻을 수 있다.

실제 유통 현업에 종사하는 사람들도 궁금한 점이 많은데 가령 쿠팡 로켓배송의 수수료·정산 조건은 무엇인지, 스마트스토어 뷰티윈도의 입점 조건은 무엇이며 어떻게 신청하는지, 이마트 외곽 몽골텐트 특별 행사의 운영 조건은 어떤지 등등 실전 유통의 세부 정보들을 알고 싶어 한다. '유통노하우연구회'에서는 매일 회원들 간에 이런 실전 유통 정보 및 노하우들을 공유한다. '유통노하우연구회' 내의 검색창에 키워드만 입력하면 웬만한 실전 유통 정보 및 노하우들을 무료로 찾을 수 있다. 만약 찾고자 하는 내용이 없는 경우 카페 내에 질문 글을 올리면 해당 내용에 대해 알고 있거나 경험이 있는 회원들이 답변을 해준다.

또한 '유통노하우연구회'에는 벤더업체 등록 게시판이 운영되는데 여기에는 각 유통 채널의 전문 벤더들이 등록을 한다. SNS 공동구매, 복지몰·폐쇄몰, 할인점, 편의점, 뷰티 스토어, 종합몰, 중국·태국·동남아수출, 소셜커머스 전문 벤더들이 등록되어 있다. 만약 특정 유통 채널에 벤더를 통해 입점·판매를 하고 싶은 회원이 있다면 이 게시판을 통해 전문 벤더를 선택하여 내 상품을 유통시킬 수 있다. 현재 매월 1천3백 명씩 신규 회원이 가입하고 있으며 가입 회원의 만족도도 아주 높다.

☞ '유통노하우연구회' 카페에 회원가입하시면 많은 실전 유통 마케팅 정보를 얻으실 수 있습니다.

유통 마케팅 마스터클래스 심화 온라인 동영상 강의:
유통마케팅 사관학교

저자의 두 권의 저서(『3개월내 99% 성공하는 실전 온라인 유통마케팅』, 『매출 100배 올리는 유통마케팅 비법』)를 읽고 난 후 추가로 더 유통 마케팅에 대해 공부하고 싶은 사람들은 필자가 직접 강의한 총 30시간 80강의 심화 온라인 동영상 강의(〈유통 마케팅 사관학교〉, www.retailcampus.co.kr)를 들으면 큰 도움이 될 것이다.

〈유통 마케팅 사관학교〉 온라인 심화 동영상강의는 유통의 A부터 Z까지 모든 것을 다룬 국내 최초 마스터클래스 명품 유통 마케팅 강의인데 최신 유통 마케팅 정보와 노하우를 배울 수 있다. 특히 유통 초보자나 우수한 상품을 가진 제조·수입 업체 사장님들에게 큰 도움이 될 것이다. 〈유통 마케팅 사관학교〉는 모바일 표준화도 잘 되어 있어서 출퇴근길, 휴식시간 등에 핸드폰으로 강의 원고를 동시에 보면서 손쉽게 시청할 수 있다.

온라인 동영상 강의 수강 신청은 "유통마케팅 사관학교" 홈페이지(www.retailcampus.co.kr)에서 할 수 있다. 그리고 "유통노하우연구회" 유튜브(https://www.youtube.com/channel/UCOxxN0iUUl3mcwMs_9kjFhg)에서 2시간 분량의 무료 샘플 강의를 볼 수 있다.

〈유통마케팅 사관학교〉 온라인 동영상 강의 (PC 버전)

'유통마케팅 사관학교' 강의 커리큘럼 (총 30시간 80강)

Part1	유통마케팅 입문	Part5	최적의 상품 공급처 확보 노하우
1강	당신이 유통/마케팅이 안되는 이유?	1강	국내 오프라인 도매시장
2강	급변하는 유통시장 최신 트렌드	2강	국내 온라인 도매사이트
3강	실전 온라인마케팅 최신 트렌드	3강	온라인 커뮤니티
		4강	해외 온라인/오프라인 도매몰
Part2	유통채널 완벽분석 & 실전 공략 노하우	5강	상품 공급조건 결정
1강	유통채널의 종류		
2강	온라인 유통채널1(오픈마켓/소셜커머스)	Part 6	마진율 극대화하는 유통 가격 결정 노하우
3강	온라인 유통채널2(종합몰/복지몰)	1강	가격의 중요성 및 유통채널별 가격 수준
4강	온라인 유통채널3(홈쇼핑/기타 채널)	2강	유통고수들의 최적의 가격 결정 전략
5강	오프라인 유통채널1 (할인점/백화점/슈퍼마켓)	3강	상품별 특징에 맞는 가격 운영 전략 (단기운영 구색상품, 장기운영 주력상품)
6강	오프라인 유통채널2 (편의점/뷰티스토어/전문몰/기타 채널)		
		Part 7	내 상품을 확실히 각인시키는 상품 브랜딩 노하우
Part3	나의 상황에 맞는 유통마케팅 전략 수립	1강	상품 브랜딩이 필요한 이유?
1강	나의 현실 & 내 상품의 특징을 파악하라	2강	고객에게 강력히 어필하는 상품 차별화 전략
2강	제조/수입업체 실전 유통마케팅 전략1	3강	온라인 상품브랜딩 프로세스
3강	제조/수입업체 실전 유통마케팅 전략2	4강	온라인 상품브랜딩 프로세스네이버 상품 브랜딩 : 거인의 어깨에 올라타라
4강	온라인 개인셀러 실전 유통마케팅 전략1	5강	SNS 상품 브랜딩
5강	온라인 개인셀러 실전 유통마케팅 전략2		
6강	벤더업체/총판업체 실전 유통마케팅 전략	Part 8	온라인판매 핵심 노하우
		1강	반드시 알아야 하는 온라인판매 핵심 포인트 1
Part4	최적의 상품 선정 노하우	2강	반드시 알아야 하는 온라인판매 핵심 포인트 2
1강	상품 생명주기를 파악하라	3강	고객 구매 결정 요소 : 고객은 최저가만 구매한다?
2강	어떤 상품을 선정해야 하나?	4강	시장조사 & 경쟁사 벤치마킹
3강	빅데이터를 활용한 실패할 수 없는 상품 선정 노하우	5강	"키워드" 완벽분석 :온라인판매 시작과 끝
		6강	고객을 끌어당기는 상세페이지 핵심 노하우
		7강	유통판매 배송전략 결정
		8강	내 상품과 딱 맞는 타겟 고객 발굴 노하우
		9강	매출 급상승 프로모션 노하우
		10강	온라인 판매 서포터 : 돈/시간/노동력 절감

Part9	매출을 비약적으로 올려주는 유통마케팅 노하우	Part12	매출 100배 실전 유통광고 노하우
1강	스마트스토어 운영 실전 노하우	1강	유통 광고의 종류 및 특징
2강	네이버 통합검색 상위노출 노하우1	2강	네이버광고 집중 분석 & 공략 포인트
3강	네이버 통합검색 상위노출 노하우2	3강	오픈마켓광고 집중 분석 & 공략 포인트
4강	오픈마켓 운영 실전 노하우	4강	SNS광고 집중 분석 & 공략 포인트
5강	광고? 정보? 자연스런 네이티브 광고 노하우	5강	가성비 좋은 광고 대행업체 선정 노하우
6강	매출 100배 체험단 운영 노하우		
7강	어둠의 마케팅 : 어뷰징 집중분석	Part13	유통 MD/바이어 집중분석 & 협상 노하우
8강	유통을 쉽게 만들어주는 실전 인맥 구축 노하우	1강	MD/바이어는 누구인가?
		2강	MD/바이어의 현실
Part10	최신 실전 유통판매 노하우1	3강	제안서 작성 및 협상 노하우1
1강	단기간 고매출 특가 행사	4강	제안서 작성 및 협상 노하우2
2강	신제품/신규브랜드 런칭 HOT 플랫폼 : 크라우드펀딩 사이트		
3강	SNS채널 유통판매1(카페, 커뮤니티)	Part14	유통의 끝. 오프라인 대형유통 입점
4강	SNS채널 유통판매2 (카카오스토리채널, 밴드)	1강	왜 오프라인 대형유통인가? 대형유통업체 현황
5강	SNS채널 유통판매3 (모바일어플, 페이스북)	2강	오프라인 대형유통 최근 트렌드 & 내부 시스템 집중분석
6강	SNS채널 유통판매4(인스타그램)	3강	오프라인 대형유통 실전 입점 노하우1
7강	SNS채널 유통판매5(유튜브)	4강	오프라인 대형유통 실전 입점 노하우2
8강	모바일강자 카카오커머스 판매		
9강	틈새 파워 전문몰 판매		
Part11	최신 실전 유통판매 노하우2		
1강	손쉬운 도매라인 구축 : B2B도매 판매		
2강	한번 터지면 고매출 : 특판 판매		
3강	무재고 B2B배송대행 판매		
4강	충성고객 막강 재구매 : 식품 유통판매		
5강	국경을 없애는 손쉬운 온라인 해외 판매		
6강	선진국형 Win-Win 제휴마케팅 판매		
7강	고객을 유혹하는 네이티브 뉴스기사 판매		
8강	대박을 노리는 인포머셜 홈쇼핑 판매		
9강	급성장 Data 홈쇼핑(T커머스) 판매		

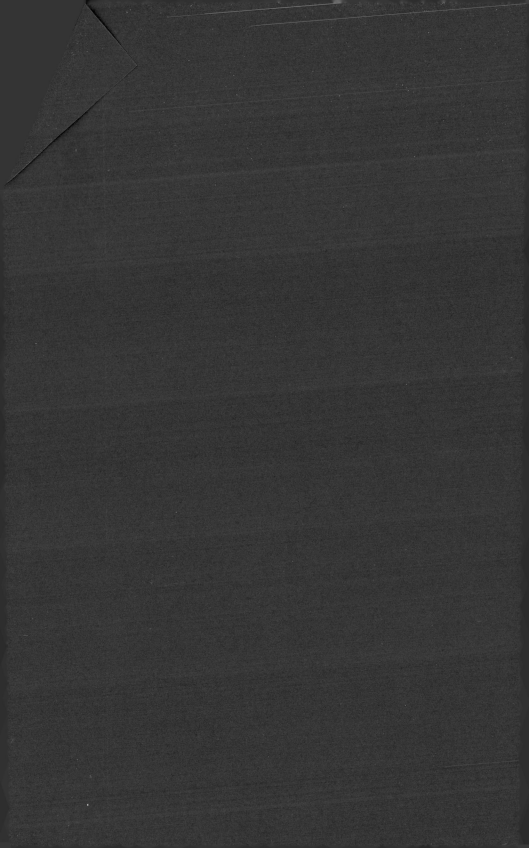